双循环
新发展格局

贾 康 刘 薇 ◎著

中国出版集团
中译出版社

图书在版编目（CIP）数据

双循环新发展格局 / 贾康，刘薇著 . -- 北京：中译出版社，2021.5（2021.7 重印）
　ISBN 978-7-5001-6629-0

　Ⅰ.①双… Ⅱ.①贾… ②刘… Ⅲ.①中国经济—循环经济—经济发展—研究 Ⅳ.① F124.5

　中国版本图书馆 CIP 数据核字（2021）第 044464 号

出版发行：中译出版社
地　　址：北京市西城区车公庄大街甲 4 号物华大厦六层
电　　话：（010）68359827；68359303（发行部）；
　　　　　68005858；68002494（编辑部）
邮　　编：100044
电子邮箱：book @ ctph. com. cn
网　　址：http://www.ctph.com.cn

策划编辑：于　宇
责任编辑：于　宇
封面设计：仙　境
排　　版：聚贤阁

印　　刷：北京顶佳世纪印刷有限公司
经　　销：新华书店
规　　格：787mm×1092mm　1/16
印　　张：23
字　　数：276 千字
版　　次：2021 年 5 月第 1 版
印　　次：2021 年 7 月第 2 次印刷

ISBN 978-7-5001-6629-0　　定价：69.00 元

版权所有　侵权必究
中 译 出 版 社

目　录

第一章　绪论：提出双循环的时代背景
新格局"新"在哪里　003

第二章　双循环的历史渊源
（一）初步发展时期：后发优势完成"原始积累"　012
（二）经济起飞：中国力量开创"中国奇迹"　019
（三）高质量升级发展：创新引领，实施供给侧改革　027

第三章　内循环为主体和双循环的学理逻辑
（一）"内循环为主体"与稳中求进、扩大内需方针一脉相承　043
（二）"内循环为主体"是对我国本土雄厚市场潜力释放更为倚重的认识框架　050
（三）"内循环为主体"体现了更好把握防风险、稳增长、追求升级发展主动权的战略思维　060
（四）"内循环为主体"绝不意味着重回闭关锁国　066
（五）内循环与外循环的"相互促进"　069

第四章　以双循环形成新发展格局的要领
（一）"内循环为主体"视角　073
（二）"外循环"视角　134

第五章　双循环与"两新一重"

（一）双循环与"新基建"　145

（二）双循环与新型城镇化　160

（三）双循环与作为重点的传统基建　166

第六章　双循环与数字经济创新发展

（一）数字经济平台在现实生活中的发展及其意义　180

（二）数字化平台价值认知　185

（三）以"新基建"直接支持的数字化平台企业的相关认识和辨析　204

（四）双循环中支持数字化平台健康可持续发展的若干问题与政策建议　210

第七章　双循环与实体经济升级发展

（一）实体经济升级发展的重大意义及其形态认识　219

（二）双循环新发展格局中实现实体经济的升级　221

（三）实体经济的可持续发展要以"六新"为重点　228

（四）以金融改革创新支持实体经济发展　231

第八章　双循环与"一带一路"倡议

（一）"一带一路"倡议的背景、要义和实质追求　241

（二）"一带一路"倡议的实施与其"共赢"机制　248

（三）"一带一路"建设将成为内外循环相互促进的举足轻重的舞台　259

第九章　双循环与本土的区域发展战略

（一）粤港澳大湾区　270

（二）长三角一体化　287

（三）海南自贸港区　291

（四）京津冀协同环渤海区域发展战略　295

（五）东北再振兴　300

（六）自贸区发展中的其他区域战略　304

第十章　双循环与跨越"中等收入陷阱"

（一）"中等收入陷阱"的概念与争议　311

（二）居安思危，如何直面"中等收入陷阱"真问题　322

（三）中国如何在双循环中跨越"中等收入陷阱"　331

结语　在危机中育新机，于变局中开新局

参考文献　351

后　记　359

第一章
绪论：提出双循环的时代背景

新格局"新"在哪里

2020年5月14日,中央首次提出"构建国内国际双循环相互促进的新发展格局"。2020年7月30日,中共中央政治局会议提出"面对复杂严峻的经济形势和较大的不确定性,我们遇到的很多问题是中长期的,必须从持久战的角度加以认识。加快形成以国内大循环为主体,国内国际双循环相互促进的新发展格局"。

此后,党中央、国务院的一系列会议和文件都对构建双循环新发展格局明确地给出了重要指导方针。2020年10月29日,党的十九届五中全会通过的《中共中央关于制定国民经济和社会发展第十四个五年规划和二〇三五年远景目标的建议》中,明确要求"畅通国内大循环"和"促进国内国际双循环",并提出了一系列相关要领的指导意见。2021年1月11日,习近平总书记在省部级主要领导干部学习贯彻党的十九届五中全会精神专题研讨班上的重要讲话中,强调加快构建以国内大循环为主体、国内国际双循环相互促进的新发展格局,是我国发展全局的重大战略任务。只有立足自身,把国内大循环畅通起来,才能任由国际风云变幻,始终充满朝气地生存和发展下去。

回溯到2019年10月,中国共产党第十九次全国代表大会指出我国面对"强起来"的新时代而确立了2020年实现全面小康后"新的两步走"现代化战略目标，要求以供给侧结构性改革作为构建现代化经济体系的主线，在已形成的这些重要指导方针基础上，于我国"扩大内需"、追求"高质量发展"的轨道上，进一步提出"加快形成以国内大循环为主体、国内国际双循环相互促进的新发展格局"，这是中央推进全面建设社会主义现代化国家的战略决策，是事关全局的系统性深层次变革，有其深刻的时代背景。自20世纪70年代末实行改革开放以来，生产力的解放促使我国经济发展突飞猛进，2000年加入世界贸易组织（WTO）后，中国特色社会主义市场经济在全球化世界大舞台上的超常规发展，更是令世人瞩目。经济总量超越日本位居全球第二，贸易总量超越美国位居全球第一，制造业在规模和产能上领先于所有的经济体，被称为"世界工厂"。

我国成长为全球性大规模经济体后，继续通过20世纪80年代中后期确立的国际经济大循环战略推进经济社会发展，但又合乎发展逻辑地发生了明显的阶段性变化。2010年之后，中国经济运行告别年度两位数增长，在"认识、适应和引领新常态"的过程中，转为降低一些速度而追求"中高速"的高质量发展。在地方、企业经受"阵痛"而侧重于优化结构以提升可持续发展水平与后劲的过程中，2015年下半年后出现了长达12个季度在6.7%~6.9%的增速区间内波动的平台状态，其后本来很有希望乘势转换为"L型"走势，但2018年开始，由于叠加中美贸易争端影响因素，使原来引领新常态中已初具形态的中高速平台状况未能得到稳固而导致经济继续下行。2020年年初，新冠肺炎疫情发生，又对经济造成严重冲击。由此，我国面临了"三重压力叠加"的经济下行形势，所以必须力求掌握更多主动权，调动一切潜力对冲下行压力，更好地应对种种不确定性,在继续推进和平发展的现代化进程中,调整原本较高的经济对外依存度,将支持经济持续发展的支撑重点更多地转移到已逐渐雄厚的本土市场,处理好国际关系的调整,优化我国发展战略和相关策略的组合,使其更好地服务于实现中国经济、社会现代化"新的两步走"目标。在双循环框架下,以内循环为主体、内外循环相互促进形成的新发展格局正是在这一背景下提出的。

中国作为开放的经济体,早已形成国内、国际供需互动的"双循环"格局,而现阶段面对"三重压力叠加"等中长期问题带来的我国经济下行压力,必须努力加以对冲;面对来自国际方面更加明显的种种不确定性,要在宏观调控的"相机抉择"中,更加注重扩大内需的指导方针,"做好自己的事情",把握相对明显的一些确定性因素。这就顺理成章地要求我们更加倚重"内循环",将其作为扩张需求使经济升温的主体因素。但是注重扩大内需、更依靠内循环,绝不意味着重返闭关锁国,而是在决不放弃维系与发展外循环努力的同时,更多依靠内循环来控制和收敛不确定性,以求在内外循环结合的新发展格局中,形成国内国际供需循环升级版式的相互促进。

这种双循环相互结合、相互促进,内循环更多充当主体角色的新格局也将体现出其长期性,因为中国当下面临的最大的外部压力与不确定性,是来自美国意欲遏制中国的战略企图,这是构成中国需消解的巨大外部不确定性的主要因素,而正确处理好这一因素,将是未来相当长时期内中国新发展格局的伴随特征。我们必须对此有充分认识,形成足够长期的思想准备,以应对百年未有之变局和可能难以预料的惊涛骇浪,把握好内循环与双循环中内生潜力的释放,及其对外部不确定性和不利因素的抵御。

自 2010 年以来,我国的发展阶段转换与引领新常态需要解决的基本问题是什么?中央的分析认识十分明确:在"黄金发展期"特征还未消退的情况下,"矛盾凸显期"特征却已到来,我们必须抓住不放、有效解决的"矛盾主要方面"是供给侧的结构问题;在实现"强起来"的新时代推进"新的两步走"的现代化发展,所需正确处理的社会主要矛盾是人民群众日益增长的美好生活需要与不平衡、不充分的发展之间的矛盾,不充分的发展主要是不平衡的结构问题带来的,所以追求高质量的"升级版"发展,关键在于坚持好结构优化调整的战略方向。

基于这个重要认识判断,党中央明确提出了"供给侧结构性改革"的战略方针,党的十九大把这一由制度结构优化带来整个供给体系质量与效率提高的改革,明确表述为打造现代化经济体系、提高国家治理能力与水平,这表明覆盖"新的两步走"战略实施是全时段的,是一个跨越若干经济周期的长期乃至超长期概念。在当前复杂严峻的形势下,中央明确表述的"掌握好跨周期调节",正是把我们调控任务的前瞻视界,放在风云变幻、潮来潮去的"跨周期"战略高度,以指导我们的全局部署、总体协调和各项工作,以求能够立足当下,放眼未来,有备无患,处变不惊,在掌握好跨周期调节的同时,稳步实现中国和平发展与中华民族伟大复兴的战略目标。

由此可知,中央的战略思维在立足中长期、跨周期推动"稳中求进"的现代化进程思路中,顺理成章地强调了"持久战"的认识角度和"双循环"的全局视野,我们要保持战略耐心、前进定力,持久地应对全球竞争中的挑战与风险,完成中国"行百里者半九十"的现代化冲关。这一思想要领合乎逻辑地落在实现"稳增长和防风险的长期均衡"上。

中国的经济成长性是我们长时期追求稳定增长的客观基础。经过40多年改革开放,我国已成为全球经济总量居第二位的经济体,但仍是世界上最大的发展中国家,一方面要认识我国的"发展中"特征，另一方面要认识我国的"发展潜力"特征。就全国而言，我国的工业化还处在中期向中后期、后期的转变中，与工业化伴随的城镇化真实水平，可以基于户籍人口城镇化率（2019年末为44.38%），再适当依靠常住人口城镇化率（2019年末为60.6%）来认识——大体上可取50%左右的量值，那么完成工业化、走过城镇化高速发展期，至少还要向前再走15年以上的时间段，伴之以坚定不移的市场化、国际化、高科技化（即信息化）与法治化、民主化，中国经济社会的成长性较为可观——经济增速近年虽下行，但未来我国经济将完成"L型"转换、实现较长期中高速稳增长，我们是有弥合二元经济进程中客观的潜力释放空间、回旋余地和强大韧性等客观条件的。我国推进现代化战略实施指导方针，主观视角上为提升主动权而合乎逻辑地强调"内循环为主体"，正是对应客观上已经形成的本土雄厚的统一市场所具有的巨大发展支撑力和成长潜力。若问双循环新发展格局"新"在哪里，可一言以蔽之，"新"在相互促进的"双循环"中，我们要以"内循环为主体"。

中国长期稳增长的实现，与我们"做好自己的事情"、正确处理预防风险紧密相连，这是必须把握好的主观因素。复杂严峻局面中风险因素的来源，就内部而言，是如何在深水区攻坚克难以完成进一步解放生产力的挑战；就外部而言，是如何应对百年未有之变局中的国际挑战，两方面所形成的矛盾与压力交织在一起。但只要我们坚定不移地坚持以经济建设为中心的基本路线不动摇，"思想再解放，改革再深化，工作更抓实"，并继续坚定不移地推进全面开放，在自身稳增长的同时拥抱全球化，处理好打造人类命运共同体的国际合作与竞争，我们就有望在跨周期的"持久战"中，掌握好升级版、高质量发展、绿色发展的稳增长与防范、化解内外风险因素之间的长期平衡，并在宏观调控中以财政金融改革创新和供给管理与需求管理的优化结合,支持实体经济升级发展、产业结构升级优化,稳中求进地争取"中国制造"的世界工厂向"中国创造""中国智造"高端水平的上升,使中国的现代化与"和平与发展时代"的人类文明进步并行不悖,相得益彰。

在这样的时代背景下,本书对"双循环"作出条理化的阐述和讨论。

第二章
双循环的历史渊源

经过传统体制的开拓与曲折探索,从20世纪80年代开始,中国转轨中的改革开放,引出"国际经济大循环"战略,"两头在外"带动国内的商品经济、市场经济发展,并以资金、技术、管理与观念的引入,以及商业文明规则的对接,在本土完成了"原始积累"。

经济起飞的"中国奇迹",托举出14亿人口基数的巨型"世界工厂",成为"经济总量全球第二",其后大规模经济体必然要合乎逻辑地控制和降低对外依存度,更多以本土为主体以寻求可持续、有后劲的成长。

面对近10年"三重叠加"的经济下行与复杂严峻形势,中国必须追求更多掌握主动权的高质量发展。

(一）初步发展时期：后发优势完成"原始积累"

追溯到中华人民共和国成立之初，国内经济基础极度薄弱，在国际上政治被孤立、经济被封锁、军事被威胁的局面。在物质财富极度匮乏且缺少经验的情况下，我国开始以苏联为模板建设社会主义。在与苏联签订了《中苏友好同盟互助条约》后，我国大规模从苏联引进成套技术设备，新建和改建了一大批工程项目，使我国能够较快地进行国内建设。同时，没收官僚资本为建立国营经济奠定了基础，开展"三反""五反"运动力求节约生产资料、营造良好的发展环境，并进行土地改革解放农村生产力。三年经济建设恢复期又加上其后三个五年计划时期，在优先发展重工业的政策指导下，我国在曲折探索中初步建立起了独立的、比较完整的工业体系和国民经济体系，在一个落后的农业国夯实了工业化的基石，为经济发展奠定了基础。20世纪50年代，随着社会主义三大改造的逐步完成，我国从新民主主义社会转变为社会主义社会，逐步建立起高度集中的计划经济体制，基本由政府来分配全部资源，农业集体化和工农业产品价格剪刀差可以为当时重工业的发展提供支持。20世纪70年代初，我国在联合国合法席位的恢复以及对外建交高峰的到来，为后来实行对外开放政策创造了有利条件。

受之前优先发展重工业等政策以及"大跃进""文化大革命"严重失误政策主张的负面影响，我国的社会主义经济建设事业在曲折中不断努力前行，虽然在总体上取得了巨大的成就，但也积累了许多问题。产业结构失衡、技术落后、经济发展水平低、人民生活贫苦等问题十分突出。面对这种困难局面，党在总结经验教训、向先进国家学习和拨乱反正的基础上，于党的十一届三中全会上作出了实行改革开放的伟大战略决策，把全党的工作重心转移到社会主义现代化建设上来，集中力量发展社会生产，把以经济建设为中心确立为新时期"一百年不动摇"的党的基本路线。我国经济发展以对内实施经济体制改革和对外实施开放为动力，开启了新篇章。改革开放的范围也逐步扩展到科技、教育、文化、行政等社会生活各个领域的制度安排与运行机制上。

我国渐进式"摸着石头过河"的经济体制改革，是从农村和基层、局部开始的。农村区域这种"保证国家的，留足集体的，剩下都是自己的"包产到户、包干到户的生产形式，有效地激发了农业劳动者的积极性，显著地促进了生产力发展。随着家庭联产承包责任制的实行，我国农业生产发生了巨大的变化：改革了管理过于集中和分配追求平均主义的弊端，通过给予生产和分配自主权，充分调动了农民的生产积极性，使农业得以快速发展。同时，这也极大地解放了农村生产力，提供了更大量的农村剩余劳动力。这种情况下，户籍管理制度的放松也使得农村劳动力的转移能够成为现实。家庭联产承包责任制实施和政社合一的人民公社取消后，更多的农业经济合作组织转变为乡镇企业。伴随农村产业结构和劳动力就业结构的重大调整，农村经济迅速发展中，乡镇企业异军突起。绝大多数乡镇企业属于劳动密集型行业，对于劳动者的技术水平要求一般不高。因此乡镇企业可吸收大量农业剩余劳动力，既可大大提高农民的生活水平，又在推进工业化进程方面起到了重要作用，还创造了国家税收。20世纪80年代初农村改革的迅速成功，使得农村经济开始向商品经济转变，进而要求大量农村剩余劳动力参与开拓城市市场的进程。国家在以扩大企业自主权为重点的城市经济体制改革中，于1984年初步确立了建立以公有制为基础的计划商品经济的改革目标。积极探索城市经济体制改革，给予企业经营者充分自主权、提高企业和职工生产积极性，并以低成本吸纳农村转移来的剩余劳动力，推动了经济快速发展。

与发展重工业和三线建设中将重点放在内陆地区不同，改革的对外开放主要是从东南沿海地区开始的。充分利用各地区得天独厚的地缘条件，先行利用外资发展补偿贸易。特别是允许广东、福建两省在经济活动中实行不同的经济管理体制和优惠政策，设立经济特区，然后再将基础经验推广到其他具备条件的地区。在开放初期，资本和外汇短缺成为我国发展对外贸易最突出的瓶颈，而在沪、粤、闽等地尝试性创立的大批"三来一补"（即来料加工、来样加工、来件装配和补偿贸易）企业，走出了一条新道路。在这种模式下我国企业只需要提供劳动力、厂房和土地，避开了劣势，使中国的国际贸易沿着新路径发展。所以，我国的对外开放以"出口创汇"为切入点，"三来一补"充分发挥了我国劳动力成本低的比较优势，形成了市场和资源"两头在外"的国际经济大循环，我国也成为世界加工厂和装配厂。如表2-1所示，我国进出口贸易总额不断增长，从1978年的206.4亿美元增长到1998年的3 239.3亿美元，外汇储备不断增加。同时，在加工贸易的发展过程中，随着出口产品结构的变化，我国的产业结构和经济结构也得到了升级和优化，工业制成品占出口总额的比例不断增长。1978年，我国出口商品中初级产品占53.5%，工业制成品占46.5%，1985年，工业制成品所占比重提高到了49.5%，1986年工业成品所占比重则大大超过初级产品，迅速达到63.6%。自此，出口商品结构由以初级产品为主转变为以工业制成品为主。

表2-1 1978—1998年进出口贸易总额　　　　单位：亿美元

年份	进出口总额	出口总额	进口总额	差额
1978年	206.4	97.5	108.9	-11.4
1980年	381.4	181.2	200.2	-19.0
1985年	696.0	273.5	422.5	-149.0
1986年	738.5	309.4	429.1	-119.7
1987年	826.5	394.4	432.1	-37.7
1988年	1 027.9	475.2	552.7	-77.5
1989年	1 116.8	525.4	591.4	-66.0
1990年	1 154.4	620.9	533.5	87.4
1991年	1 356.3	718.4	637.9	80.5
1992年	1 655.3	849.4	805.9	43.5
1993年	1 957.0	917.4	1 039.6	-122.2
1994年	2 366.2	1 210.1	1 156.1	54.0
1995年	2 808.6	1 487.8	1 320.8	167.0
1996年	2 898.8	1 510.5	1 388.3	122.2
1997年	3 251.6	1 827.9	1 423.7	404.2
1998年	3 239.3	1 837.6	1 401.7	435.9

资料来源：《中国统计年鉴1999》。

此外，积极有效利用外资是对外开放的核心内容之一。我国大力引进外商投资，在严格限定外商投资领域的同时，给予各种超国民待遇优惠政策，吸引外商投资，利用外资的规模不断增长。改革开放初期，我国虽然设立了深圳、珠海、汕头、厦门四个经济特区，但由于准备工作不足，立法不够完善，外商投资顾虑多，实际利用外资额增长缓慢，从表2-2中可以看出，1979—1983年外商直接投资额为 18.02 亿美元，平均每年只有 3.604 亿美元。以后随着沿海开放城市、沿海经济开放区的设立，我国对外开放范围由特区逐步扩大到了沿海、沿江、沿边地区，初步形成了从沿海向内地推进的格局，同世界各国的经济技术合作也在不断加强。同时，国务院先后采取了一系列的有力措施，如下放吸收外商投资审批权、减税、颁布《鼓励外商投资的规定》等，改善了我国的投资环境，充分调动了外商投资的积极性。如表 2-2 所示，1983 年后，我国实际利用的外资数量稳步提高，对外经贸交流从贸易领域扩展到投资和生产领域，外向型经济得到长足发展。当时我国利用外资的主要形式是对外借款，这一时期，利用对外借款金额一直大于外商直接投资金额，外商直接投资所占比重相对较小。

表2-2 1979 — 1991年我国实际利用外资额　　　　单位：亿美元

年份	对外借款额	外商直接投资额	外商其他投资额
1979—1983 年	117.55	18.02	8.81
1984 年	12.86	12.58	1.61
1985 年	26.88	16.61	2.98
1986 年	50.14	18.74	3.70
1987 年	58.05	23.14	3.33
1988 年	64.87	31.94	5.45
1989 年	62.86	33.92	3.81
1990 年	65.34	34.87	2.68
1991 年	68.88	43.66	3.00

资料来源：《中国统计年鉴1999年》。

乡镇企业和加工贸易形成的市场和资源"两头在外"的国际经济大循环，充分利用了我国拥有大量廉价劳动力的优势，发展劳动密集型产业依靠出口，赚得外汇，再从国际市场引进先进技术和设备，改造老企业，进而支持乡镇企业和继续发展劳动密集型企业出口创汇，有力地推动了经济发展。这种"外循环"在经济发展中起到了举足轻重的作用，产生了可观的溢出效应，带来了国外发达经济体的资金、技术和管理经验，更带来了市场经济理念意识与规则，带动了中国本土的资本原始积累、产业结构升级和技术水平的提高，推动着中国企业开始进入和开拓国际市场。

深圳等经济特区的建立意义重大。邓小平曾说："特区是个窗口，是技术的窗口，管理的窗口，知识的窗口，也是对外政策的窗口。"经济特区成为体制改革中的"试验田"，又是对外开放的最前沿。经济特区探索建立多种经济成分并存的所有制结构，在对外开放中以吸引外资为主，利用外资和技术发展经济，打造以市场取向为特点的经济运行体制，以实行"特事特办"为"切入点"，充分发挥市场调节作用，在投资、土地出让、贸易政策等多方面摆脱了旧体制的束缚。经济特区经济体制和运行机制的探索为全国经济体制改革和对外开放的进一步深入积累了宝贵经验。

改革开放后的初步发展时期，还无可回避地伴随着价格体系改革。先是调整不合理的价格体系，之后通过生产资料价格"双轨制"，逐步转换价格形成机制。价格体系的改革使我国由计划经济逐步转向计划经济与市场经济并存的商品经济，从而不断增强经济活力，为更好地发挥市场作用打下了基础。

总之，改革开放的起步阶段是一个基于探索和初步发展的时期。这一时期，我们极力地调动各经济主体和地方政府的积极性，使个体经济、合作经济、集体经济迅速发展，由政府加大对农业、轻工业、第三产业的支持力度，使它们得到迅速发展，并使产业结构得到优化调整。同时也由于主客观条件制约，这一时期我国的对外贸易总量和外资利用水平，都表现为较缓慢的增长，并且对外进出口长期处于逆差状态，尽管经济有了快速增长，却由于基础薄弱，经济总量依旧相对较小，与世界经济大国相比还有很大的差距。

（二）经济起飞：中国力量开创"中国奇迹"

1992年初，在改革开放进展已经放缓且进入瓶颈期的时候，邓小平视察南方，沿途作了重要讲话："计划多一点还是市场多一点，不是社会主义与资本主义的本质区别。计划经济不等于社会主义，资本主义也有计划；市场经济不等于资本主义，社会主义也有市场。计划和市场都是经济手段。"[①]这一"南方谈话"中的关键性论断，在多年争议不休的改革核心问题——如何认识市场的功能和作用上，进一步解放了思想，排除了困扰，为中国经济沿现代化之路的发展指明了前进方向。之后，党的十四大明确了我国经济体制改革的目标，即建立社会主义市场经济体制，要求全党抓住机遇，集中精力加快经济建设，这些促使我国改革开放迅速出现新的高潮。

1994年，作为整个经济体制改革新一轮的主要突破口，我国进行了人们称为分税制财政体制改革的财税配套改革，由过去实行的多种形式的财政"分灶吃饭"包干办法，转变为实行分税制财政管理体制。事实证明，这项难度大、涉及范围广的改革取得了巨大

[①] 邓小平.在武昌、深圳、珠海、上海等地的谈话要点,邓小平文选第3卷[M].北京：人民出版社,1995：373.

成功，使中国总体的分权改革由"行政性分权"转入适应市场经济"间接调控"要求的"经济性分权"轨道，形成了各类企业公平竞争和要素无壁垒流动机制所需的"一条起跑线"，建立了较为规范的中央和地方分配关系，增强了中央财政的宏观调控能力，并调动中央和地方的积极性，形成了财政收入可持续增长机制，同时采用渐进式的改革模式，较好地处理了稳定与发展的关系。与之呼应的还有金融体制的改革，推进利率市场化机制，加强中央银行的职能，使其在国务院领导下独立完成货币政策和宏观调控；推进政策性银行和商业性银行的分离，建立了以商业银行为主体、多种金融机构并存的金融组织体系；加快金融业对外开放步伐，使人民币汇率的形成机制趋于市场化。通过一系列的具体改革措施，加快计划经济体制转向社会主义市场经济体制的速度，增强市场配置资源的作用，日益完善市场经济环境，进一步释放企业活力，使经济得以高速发展。

建立现代企业制度也是发展社会主义市场经济的必然要求，国有经济除了在关系国民经济的重要行业和关键领域应处于重要地位外，在其他领域的比重是可以、也应当降低的。明确这一认知，为国有企业改革和非国有经济的发展提供了广阔空间。在开展试点和总结经验的基础上，以国有企业"抓大放小"为改革战略，不再拘泥于搞活每个国有企业和具体的生产经营。1997年的亚洲金融危机导致国有企业面临前所未有的困难，也倒逼式地加快了改革步伐。1998年实行的政企分开和公司制、股份制改造，在国有企业改革过程中具有重要意义，使国有企业经营状况得到明显改善，增强了竞争力，国有经济布局和结构得到优化，能够更有效地发挥其在国民经济中的作用。

非公有制经济在这一时期也得到了较快的发展。十四大报告指出："在所有制结构上，以公有制（包括全民所有制和集体所有制）为主体，个体经济、私营经济、外资经济为补充，多种经济成分长期共同发展。"十五大报告指出："非公有制经济是社会主义市场经济的重要组成部分"，明确地提升了非公有制经济的地位和作用，使非公有制经济发展的政策环境得以改善。这一时期，非公有制经济的数量和规模都得到了迅速增长，为国家经济发展做出了重要贡献，成为促进社会生产力发展的重要力量。

党的十四大制定了多层次、多渠道、全方位开放的目标。1992年，我国相继开放沿江城市和三峡库区、边境和沿海地区省会城市、沿边城市，开放太原等11个内陆省会城市。随后几年又陆续开放了一大批符合条件的内陆县市，在许多有条件的地区设立了经济技术开发区和保税区。我国还大力引进外资企业，放宽其投资准入领域，实行分类管理，对于符合条件的外商投资适当放宽限制，并调整外资企业的税收减免政策，使外资企业在这一时期实现高速发展。我国在"引进来"的同时鼓励"走出去"，使两者相结合，顺应经济全球化趋势，鼓励本土企业积极拓展国际市场，进行对外投资和跨国经营，更好地利用国内国外"两个市场、两种资源"，并采取对外贸易多元化、发展外向型经济等一系列战略举措。为了与国际经济接轨，我国用外贸进口指导性计划代替了指令性计划，扩大了企业的自营进出口权，使之能够更好地适应国际经济规则，也为后来加入WTO奠定了基础。

1992年，我国利用外商直接投资金额达110.08亿美元，首次超过对外借款79.11亿美元。此后，如图2-1所示，我国利用外商直接投资金额呈现蓬勃发展势头，规模稳步扩大，成为我国利用外资最主要的方式，我国日益发展为全球投资热点，是世界上吸收外资最多的发展中国家。

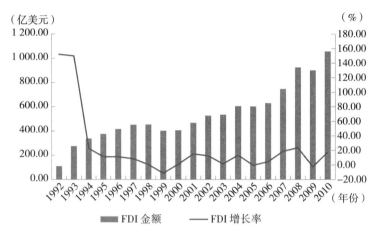

图2-1　1992—2010年外商直接投资（FDI）金额及增长率

资料来源：国家统计局官网。

加入WTO是我国对外开放过程中具有里程碑意义的一件大事，标志着我国积极参与经济全球化进程并与世界经济全面接轨，成为世界市场经济和多边贸易化体系的一部分，使政府主导型的、政策性的对外开放，转变为市场主导型的、体制性的对外开放，由区域性推进的对外开放转变为全方位的对外开放，使对外开放和经济建设进入全新发展阶段。加入WTO使我国进出口贸易风险大大降低，助力我国经济高速发展，并且我国由此成为经济全球化的积极参与者和推动者，又反过来推动了国内社会主义市场经济体制改革相关的制度建设。

我国抓住国际产业加快转移的历史性机遇，赢得了对外开放后的超常规发展时期，使对外贸易规模快速扩大，产品结构持续优化，净出口对经济增长的贡献和拉动作用十分显著，外向型经济迅速发展。2004年我国进出口贸易总额首次突破1万亿美元大关，并于2007年突破2万亿美元大关；我国在国际贸易中的位次由改革开放初期的第32位上升至2007年的第3位；从一个外汇捉襟见肘的国家，一跃成为世界第一大外汇储备国（2006年10月一举跨过万亿美元大关）。同时，我国的贸易方式更加合理，产品结构优化升级。在改革开放初期，由于是以加工贸易促进对外贸易发展，其占进出口总值的比重逐步提高，从1981年的6%增长到了1998年的53.4%。之后，随着我国货物贸易结构的调整和转型升级的推进，一般贸易的占比开始逐步上升，自2010年开始超过50%。自2001年起，在我国出口商品中，工业制成品所占比重超过90%，占据绝对的主导地位。在工业制成品中，我国实现了由原来以轻纺等劳动密集型产品为主向以机电和高新技术产品等资本、技术密集型产品为主的转变。2007年，我国机电产品占出口总额的比重上升为57.6%，高新技术产品占出口总额的比重上升为28.6%。受2008年金融危机影响，2009年的外贸对GDP增长的贡献率和拉动的百分点为负值，除此之外，2002—2010年的数据均为正值，其中2005年达到最高，外贸对GDP增长的贡献率为23.1%，拉动的百分点为2.6。

加入WTO后，作为国际经济贸易体系的组成部分，我国仍然需要在诸多方面进行改革，以更好地融入国际市场。与之前相比，这轮改革更具有综合性，要完善社会主义市场经济体制，推动经济结构战略性调整，基本实现工业化，大力推进信息化，加快建设现代化，保持国民经济持续、快速、健康发展，不断提高人民生活水平。在国有经济领域，国有资产监督管理机构的建立进一步推动了政资分开和政企分开，形成国有资产监督管理体系，能够更好地巩固和发展公有制经济和实现其保值增值目标。在非公有制经济领域，十六大报告指出："必须毫不动摇地鼓励、支持和引导非公有制经济发展。个体、私营等各种形式的非公有制经济是社会主义市场经济的重要组成部分，对充分调动社会各方面的积极性、加快生产力发展具有重要作用。"这进一步明确了非公有制经济的地位。2005年出台的《关于鼓励支持和引导个体经济等非公有制经济发展的若干意见》以及后续出台的一系列政策法规,放宽了市场准入条件,加大了对非公有制经济的支持,进一步改善了非公有制经济经营环境。我国坚持走新型工业化道路,以信息化带动工业化、以工业化促进信息化,使得装备制造业实力显著提升,既从容应对了加入WTO后的新变化,又经受住了国际金融危机和其他不利因素带来的冲击,推进产业结构优化升级、实行科教兴国和人才强国战略支持高新技术产业的发展,推进高新技术制造业快速发展。

在这一时期,我国国民经济规模不断扩大,保持长期、高速、稳定增长,"中国奇迹"托出"世界工厂",我国取得了举世瞩目的成就。如图2-2所示,经济的快速增长使经济总量呈现加速扩张的态势。从1978年的约3 600亿元上升到1986年的1万亿元用了8年时间,上升到1991年的2万亿元用了5年时间,此后10年到2001年平均每年上升近1万亿元,2001年超过10万亿元大关,2002—2010年进入高速增长期,平均每年上升约3万亿元,2010年超过40万亿元。经济增长速度在30年间达世界上少有的年均9.8%。我国国内生产总值从1978年的3 645.2亿元,在世界主要国家中位居第十,到2010年达401 202.0亿元,超过日本成为世界第二大经济体,经济总量的加速扩张,大大缩小了我国与世界主要发达国家之间的差距。

在我国经济蓬勃发展、综合国力显著增强的同时,以出口为导向的外向型经济也实现了快速发展,2009年我国出口总额跃居世界第一,而同期我国的对外贸易依存度整体呈上升趋势,如图2-3所示,于2006年后达到顶点64.48%,之后开始缓慢下降,但仍处于较高水平。比较而言,美国和日本这两大发达经济体的对外贸易依存度就相对比较稳定,维持在较为合理的水平上。高的对外贸易依存度意味着国家的经济发展对外部经济环境的依赖程度高,外部环境变化会对本国经济产生较大的影响，使国家的发展受到制约，易处于较被动的状态甚至会受制于人，使国内经济风险增加。

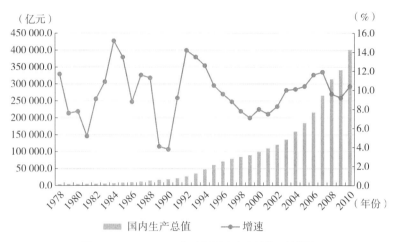

图2-2　1978—2010年中国国内生产总值及其增速

资料来源：国家统计局官网。

图2-3　1978—2010年中国、美国和日本的对外贸易依存度

资料来源：世界银行数据库。

总之，在这一时期，日趋完善的市场经济机制、稳定连续的经

济政策创造了较好的制度环境，对外开放程度也与日俱增，加入WTO使我国的经济建设和对外开放均进入新的阶段，我国与世界经济全面接轨，融入经济全球化，进入高速发展时期，经济实力和综合国力显著增强。但是，较大程度上依赖国际市场的外向型经济，在外部环境存在较大不确定性的情况下，会加大我国经济发展面临的风险，影响我国经济社会的稳定。像我国这样一个大规模的经济体，到了一定阶段必然要注意控制和降低对外依存度，更多依托国内市场，释放我国本土雄厚的市场潜力，从而掌握更多的主动权。

（三）高质量升级发展：创新引领，实施供给侧改革

近10年我国的经济增速开始放缓。如表2-3所示，自2011年第三季度起，我国经济告别了两位数的增长速度，2012—2015年的增速维持在7%以上，2016—2019年的增速则维持在6%以上，进入了中速增长阶段，出现了增长阶段的转换。这与我国国民经济总量基数大以及人力资源、自然资源、制度安排和经济政策等要素发生变化有很大的关系，2010年发展为稳定的中等收入经济体后经济增速的向下调整，与其他中等收入国家大同小异，很大程度上是经济向前发展而发生阶段转换的正常现象和必然结果。但2018年之后，我国的这个调整、转换过程又叠加了中美贸易争端的影响因素，以及2020年新冠肺炎疫情的冲击。

表2-3　2011—2020年GDP同比增长速度　　　　单位：%

年份（年）	第1季度	第2季度	第3季度	第4季度
2011	10.2	10.0	9.4	8.8
2012	8.1	7.6	7.5	8.1
2013	7.9	7.6	7.9	7.7
2014	7.5	7.6	7.2	7.3
2015	7.1	7.1	7.0	6.9

续表

年份（年）	第1季度	第2季度	第3季度	第4季度
2016	6.9	6.8	6.8	6.9
2017	7.0	7.0	6.9	6.8
2018	6.9	6.9	6.7	6.5
2019	6.3	6.0	5.9	5.8
2020	-6.8	3.2	4.9	6.5

资料来源：国家统计局官网。

增长速度换挡期的背后是潜在增长率的下降，是由经济发展的客观规律所决定的。国际上演变过程的经验表明，世界上许多国家在经历高速增长的经济起飞阶段后，由于受到忽视"技术进步和结构优化＋投资拉动模式"的不可持续、可利用技术减少以及人口红利接近枯竭等综合因素的影响，会出现经济增速明显下降的情况。其中较为典型的是日本和韩国。"第二次世界大战"后日本经过20世纪50年代、60年代国内生产总值年平均增长率在9%以上的高速增长之后，在70年代中期至80年代初，进入了低速增长期，1974—1992年的平均增长速度下降到3.7%，之后又进一步下降，进入了调整与停滞期。高速增长期结束之后，日本也对经济发展战略进行了调整，由贸易立国转向科技立国，由外需主导型向内需主导型转变。韩国在20世纪60年代工业化打下的较为牢固的基础上于70年代、80年代进入了全面发展阶段，这一时期韩国经济高速增长，自1962年开始实施经济发展计划以来，其GDP年平均增长率在8%以上，直到90年代中后期才开始下降，1996—2008年期间降为4.6%，韩国经济自此进入中速增长阶段。

2010—2018年我国经济发展增速放缓，是顺应经济起飞后经济增速下调必然过程的表现，也是党中央、国务院主动调控的结果，"牺牲一些速度"是进行经济结构调整和产业升级的"必要成本"。

一直以来，我国固定资产投资都保持了较高的增长速度，如图2-4所示，2003—2012年各年的全社会固定资产投资增速均在20%以上，并从2010年开始放缓。随着投资的高速增长，我国的建设用地日益紧张，供给不足，使用成本上升，同时需要消耗大量建筑材料，而这些建筑材料的生产又需要消耗大量的能源和资源，也会对空气和水资源造成较严重污染。由于老龄化进程加快、用工等原因，人口红利消失、成本不断上升。土地、资源环境及人口结构的变化对投资增长的制约越来越大，导致了投资的潜在增长能力下降。

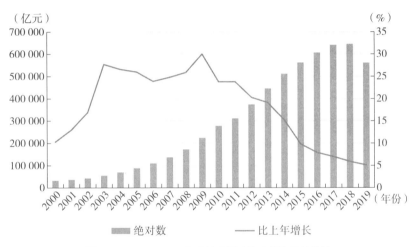

图2-4 2001—2019年全社会固定资产投资及其增速

资料来源：《中国统计年鉴2020》。

前期投资的高速增长带动了产能的快速增加。在经济快速增长、市场需求旺盛时期，产能过剩问题并不突出，但随着我国经济增长速度放慢、追求高质量发展时，产能过剩问题就逐渐凸显出来。产能过剩是工业领域的普遍问题。如表2-4至表2-9所示，水泥、平板玻璃、焦炭、化纤、钢材、电解铝这些传统行业的产能过剩问题尤为突出。不仅如此，光伏、风电等新兴行业由于前期产能增长过快,金融危机后国外需求放缓,国内供需对接的机制性堵点未打通等原因,也存在着较明显的产能过剩问题。而将过剩的产能消化掉,往往需要较长的时间。因此,经济结构调整和产业升级是推动经济持续健康发展的机遇,同时也面临着由此导致的一些地方、行业受到较大冲击,有些企业甚至退出市场的阵痛。总之,我国进入结构调整阵痛期,过去高消耗、粗放型的增长方式亟须改变为集约型、高效益的新增长方式。

表2-4 2011—2014年水泥的产量和产能对比

年份(年)	产量(万吨)	产能(万吨)	产能利用率(%)
2011	209 925.86	293 236.35	72
2012	220 984.08	311 995.57	71
2013	241 923.89	337 512.77	72
2014	249 207.08	346 613.70	72

资料来源:2013—2015年中国统计年鉴。

表2-5 2011—2014年平板玻璃的产量和产能对比

年份(年)	产量(万重量箱)	产能(万重量箱)	产能利用率(%)
2011	79 107.55	86 185.14	92
2012	75 050.50	85 850.08	87
2013	79 285.80	92 786.86	85
2014	83 128.16	94 678.84	88

资料来源:2013—2015年中国统计年鉴。

表2-6 2011—2014年焦炭的产量和产能对比

年份(年)	产量(万吨)	产能(万吨)	产能利用率(%)
2011	43 270.78	60 748.64	71
2012	44 778.87	64 173.70	70
2013	48 179.38	65 316.70	74

续表

年份（年）	产量（万吨）	产能（万吨）	产能利用率（%）
2014	47 980.86	66 472.62	72

资料来源：2013—2015年中国统计年鉴。

表2-7　2011—2014年化纤的产量和产能对比

年份（年）	产量（万吨）	产能（万吨）	产能利用率（%）
2011	3 390.07	3 996.95	85
2012	3 837.37	4 596.38	83
2013	4 160.28	5 175.22	80
2014	4 389.75	5 340.24	82

资料来源：2013—2015年中国统计年鉴。

表2-8　2011—2014年钢材的产量和产能对比

年份（年）	产量（万吨）	产能（万吨）	产能利用率（%）
2011	88 619.57	118 310.40	75
2012	95 577.83	131 679.23	73
2013	108 200.54	145 777.90	74
2014	112 513.12	153 842.59	73

资料来源：2013—2015年中国统计年鉴。

表2-9　2011—2014年电解铝的产量和产能对比

年份（年）	产量（万吨）	产能（万吨）	产能利用率（%）
2011	1 767.89	2 202.77	80
2012	2 020.84	2 448.81	83
2013	2 543.81	3 121.80	81
2014	2 752.54	3 549.42	78

资料来源：2013—2015年中国统计年鉴。

2008年次贷危机爆发后，我国经济受到严重冲击。为了进一步扩大内需，促进经济平稳较快增长，我国政府推出了一揽子刺激政策,产生了明显效果,对于拉动全社会投资和稳定经济发挥了重要作用,使我国率先走出危机,成功扭转了增速的快速下滑,还建设了一大批重大基础设施,为未来发展奠定了基础。同时,一揽子刺激政策也带来了一些副作用,如形成房地产泡沫、工业领域产能过剩、由于基础设施建设具有很强周期性不易形成持续的增长等,从而使我国经济随后进入了刺激政策的消化期。

2010年后,我国经济处于增长速度换挡期、结构调整阵痛期、前期刺激政策消化期,我国经济面对下行压力进入新的发展阶段。面对新阶段、新特点,2014年5月,习近平总书记在河南考察时首次提出"新常态"这一论断:"我国发展仍处于重要战略机遇期,我们要增强信心,从当前我国经济发展的阶段性特征出发,适应新常态,保持战略上的平常心态。"当年的中央经济工作会议阐明了新常态的九大特征:模仿型、排浪式的消费需求转变为个性化、多样化的消费需求;传统产业相对饱和,新的投资机会大量涌现;出口对经济发展的支撑作用减弱,需要加紧培育新的比较优势;传统产业供过于求,产业组织新特征凸显;老龄化进程加快,创新需要成为新引擎;由数量扩张和价格竞争转为以质量和差异化为主的竞争;环境承载能力已达到或接近上限;各类隐形风险逐步显化;全面刺激政策的边际效果明显递减。这一时期,我国坚持稳中求进的总基调,经济建设需要适应和引领新常态,转变发展方式,优化经济结构,转换增长动力,进行质量变革、效率变革、动力变革,从而推动高质量发展。

2012年7月,在全国科技创新大会上,我国首次提出要实施创新驱动发展战略,之后这一战略被写入党的十八大报告,做出了实施创新驱动发展战略的重大部署。科技是国家强盛之基,创新是民族进步之魂,从"让创新成为驱动发展新引擎"到"创新是引领发展的第一动力",提出以创新为首的新发展理念,我国逐渐将创新摆在国家发展全局的核心位置,以畅通科技成果转化为生产力的路径,破除增强自主创新能力的体制机制障碍。党中央和各级政府出台了《深化科技体制改革实施方案》《促进科技成果转移转化行动方案》等一系列文件,为体制机制问题的解决提供有力的指导与支持。作为创新主体的人,是支撑和驱动创新的重要因素,国家高度重视人才培养,不断加大对教育的投入,尊重人的创造性、积极性和主动性,培养和提高人的创新能力。2016年5月19日,中共中央、国务院颁布《国家创新驱动发展战略纲要》,对创新驱动发展战略进行了顶层设计和系统谋划,我国进入全面构建国家创新体系的新阶段。

我国的研发投入保持较快增长,如图2-5所示,2019年研发经费投入达22 143.6亿元,已经连续四年实现两位数的增长,投入总量稳居世界第二。研发经费投入强度(研发经费与GDP之比)不断提高,于2014年突破2%,2019年达到2.23%,已超过2018年欧盟平均水平,与美国、日本等发达国家的差距逐年缩小。

供给侧结构性改革是中国"生产关系自我革命"的改革在"经济建设为中心"的党的基本路线指导下,于深水区的承前启后继往开来,"三去一降一补"仅是其较初步的切入点,在未来我国全局的和长远的推进现代化战略历史过程中,供给侧结构性改革的深化与攻坚克难,是"纲举目张"的主线,也是我们构建双循环新发展格局从而进一步解放生产力,实现高质量发展的主线。

虽然我国的科技创新事业快速发展,科技创新实力不断提高,取得了很大的成就,但在原始创新、颠覆性创新、协同创新等方面与其他科技强国相比,还有很大的差距,还存在着基础科学研究的短板,面临着关键核心技术受制于人的局面,因此要继续深入实施创新驱动发展战略，持续改善科技创新生态，激发创新创造活力，以科技创新带动全面创新，为2035年跻身创新型国家前列而努力。

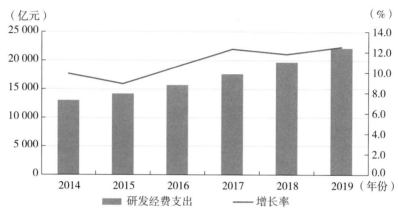

图2-5　2014—2019年研发经费投入及增长率

资料来源：2019—2020年中国统计年鉴。

2015年11月10日，在中央财经领导小组第十一次会议上，习近平总书记第一次提出了供给侧结构性改革，强调"在适度扩大总需求的同时，着力加强供给侧结构性改革，着力提高供给体系质量和效率，增强经济持续增长动力，推动我国社会生产力水平实现整体跃升"。2016年，《国民经济和社会发展第十三个五年规划纲要》进一步明确了要以供给侧结构性改革为主线。围绕供给侧结构性改革，我国出台了一系列政策举措，努力抓好去产能、去库存、去杠杆、降成本、补短板这五大任务。

第一，我国主要运用市场化和法治化手段来化解产能过剩，严格控制新增产能并加强环境保护，加快淘汰低端、落后产能，将资源更加高效地集中到高端供给上。产能过剩大多集中在钢铁、煤炭等基础工业中，所以钢铁、煤炭行业的去产能得到了重点关注。2016年钢铁、煤炭分别去产能6 500万吨和2.9亿吨以上。2017年钢铁去产能5 000万吨左右，煤炭去产能1.5亿吨以上。2018年钢铁产能减少3 000万吨，煤炭产能减少1.5亿吨。同时，我国全国工业产能利用率也在逐步提高。如图2-6所示，除去疫情这一特殊因素的干扰，我国工业产能利用率在2017—2019年均值达到了76.6%，整体呈上升趋势。

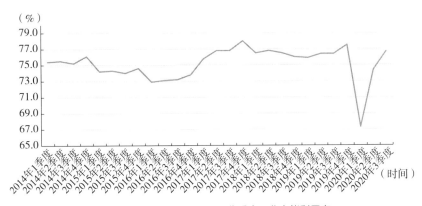

图2-6　2014Q1—2020Q3分季度工业产能利用率

资料来源：国家统计局官网。

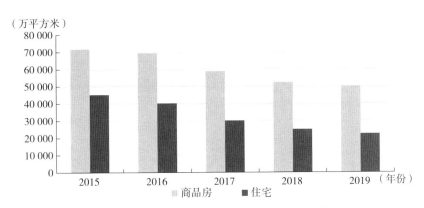

图2-7　我国2015—2019年各年末商品房及住宅待售面积

资料来源：国家统计局官网。

第二，我国坚持"房子是用来住的，不是用来炒的"这一理念，坚持分类调控，因城因地施策，如图2-7所示，2016—2019年各年末商品房及住宅待售面积不断减少，即房地产库存持续减少，既较好地保障居民住房需求，又防止房地产行业泡沫破裂。

第三，为保证经济平稳发展，我国对债务的控制继续实行积极稳妥政策，使宏观杠杆率大幅收紧并整体趋于稳定。同时积极推进市场化兼并重组，实施债转股试点，强化企业负债自我约束，如表2-10所示，企业杠杆率逐年降低。

表2-10 2016—2019年年末规模以上工业企业资产负债率及对比表　　单位：%

年份（年）	资产负债率	同比下降
2016	55.8	0.4
2017	55.5	0.6
2018	56.5	0.5
2019	56.6	0.2

资料来源：中华人民共和国2016—2019年国民经济和社会发展统计公报。

第四，2016年"营改增"试点全面推出，全年企业税负成本降低了5 700多亿元[①]。2016年规模以上工业企业每百元主营业务收入中的成本为85.52元，比2015年下降0.1元；2017年为84.92元，比2016年下降0.25元；2018年则为83.88元，又比2017年下降0.2元[②]。随着"放管服"改革持续深化，企业创建更加便利，大众创业、万众创新力度加大，加上"营改增"政策、下调用电价格、行政事业性收费清理、部分企业所得税减半征收等措施的实施，营商环境不断优化，新兴市场主体不断增加，微观主体活力不断增强。2019年全年新登记市场主体2 377万户，日均新登记企业2万户，年末市场主体总数达

---

① 2017年《政府工作报告》。
② 中华人民共和国2016—2019年国民经济和社会发展统计公报。

1.2 亿户①。据统计，2018 年减税降费规模约 1.3 万亿元②，2019 年减税降费规模约为 2.36 万亿元③。

第五，我国积极推进结构优化措施，加大对基础设施、脱贫攻坚、城乡发展、民生建设和生态环保的投入，公共服务总量和质量得到提升。各地区、各部门从制约经济发展的重要领域和关键环节入手，围绕中小水利工程除险加固、重大基础设施建设和脱贫攻坚等重点工作，扩大有效投资，加快建设进程，整体取得很好的效果。2016—2019 年高新技术产业投资、农业投资、社会领域投资年均分别增长 16.0%、15.2%、15.4%④。2018 年教育、生态保护和环境治理固定资产投资（不含农户）分别比上年增长 7.2%⑤和 43.0%⑥，2019 年更分别比上年增长 17.7% 和 37.2%⑦。

"三去一降一补"使供给结构更加适应需求结构，经济趋稳向好，发展质量得到提升，国民经济结构得到升级优化。如图 2-8 所示，2015—2019 年，第三产业增加值占 GDP 的比重逐渐上升，第一产业的比重总体呈下降趋势。2019 年三次产业对经济增长的贡献率分别为 3.8%、36.8% 和 59.4%，分别拉动经济增长 0.2、2.2 和 3.6 个百分点，第三产业对经济发展的拉动作用日益突出。

自由贸易区在推进贸易投资自由化、便利化方面具有标准高、便利度高、覆盖面宽等优点，在扩大开放方面起着重要作用。我国一直以来都高度重视自由贸易区的作用，加入 WTO 后开始把双边或区域

---

① 中华人民共和国 2019 年国民经济和社会发展统计公报。
② 财政部官网：国新办举行落实中央经济工作会议精神新闻发布会，2019 年 1 月 15 日。
③ 2020 年《政府工作报告》。
④ 宁吉喆. 以经济发展新成效确保开好局起好步［N］. 人民日报，2021-01-04（09）.
⑤ 《中国统计年鉴 2019》。
⑥ 2018 年国民经济和社会发展统计公报。
⑦ 2019 年国民经济和社会发展统计公报。

自贸区的签订提升为自由贸易区战略。在这一时期，我国的自由贸易区战略一直稳步推进。2020年11月，我国正式签署《区域全面经济伙伴关系协定》（RCEP），至此，我国累计签署了19个自由贸易协定，与26个自贸伙伴的贸易覆盖率从27%增加到了35%左右，自由贸易区协议范围内的贸易额占我国对外贸易额的比例也不断提高。

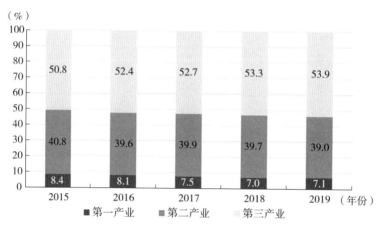

图2-8　2015—2019年我国三次产业增加值占国内生产总值比重

资料来源：国家统计局官网。

此外，RCEP的签署还具有划时代的意义，因为此前我国签订的均为传统的自由贸易协定，RCEP作为我国签署的第一个经济伙伴关系协定，不仅标志着我国自由贸易协定开始采取经济伙伴关系的新形式，还昭示着我国自由贸易区实施提升战略的开端。同时我国也在积极考虑加入全面与进步跨太平洋伙伴关系协定（CPTPP）。在经济逆全球化、贸易保护主义有所抬头的情况下，我国始终高举自由贸易的旗帜，大力维护全球多边贸易体系。

2013年我国提出了建设"一带一路"倡议，以亚欧大陆为核心区域，形成陆地和海上两个方向的网状联通，涵盖欧亚非三个大洲，推动世界经济整合。此后我国坚持"共商共建共享"的基本原则和

"和平合作、开放包容、互学互鉴、互利共赢"的丝路精神,不断加强与沿线国家的沟通磋商,以政策沟通、设施联通、贸易畅通、资金融通和民心相通为要领,稳步推进合作计划,拓展我国对外经贸关系。在"一带一路"建设中,我国已取得丰硕的成果,在本书第六章还将详细述及。

2016年10月1日,人民币正式加入了国际货币基金组织特别提款权(SDR)货币篮子,不仅成为贸易结算货币,还开始成为石油贸易的计价货币之一。人民币加入SDR,意味着人民币国际化迈出重要步伐。此外,亚投行的成立、以人民币结算的贸易投资规模的不断扩大、其储备价值的不断提高、计价功能的逐渐强大等因素,也使得人民币的国际化程度越来越高。这为我国提供了进一步扩大开放的有力工具,使我国在世界经济贸易中的影响力进一步扩大。

总之,近10年在"三重叠加"的经济下行和复杂严峻的形势下,我国必须更多地追求掌握主动权的高质量升级发展。坚持稳中求进的总基调,实施创新驱动发展战略,以推进供给侧结构性改革为主线,加之对外开放的迅速发展和全面对外开放新格局的逐步形成,将使我国更多地依靠内需拉动经济发展,并实现新旧动能转换、发展质量提升、结构升级优化,使国民经济趋稳向好。

第三章
内循环为主体和双循环的学理逻辑

（一）"内循环为主体"与稳中求进、扩大内需方针一脉相承

1. "内循环为主体"联通于"稳中求进""扩大内需"

稳中求进工作总基调反映了我国经济建设正反两方面历史经验的深刻总结[①]。1996年，中央政治经济工作会议中曾提出"稳中求进"的指导方针。当时，经过近3年努力，以治理通货膨胀为首要任务的宏观调控基本上达到预期目标，不仅成功抑制了通货膨胀，而且保持了经济增长的较快速度，有效避免了以往经济发展大起之后的大落现象。

中华人民共和国成立以来特别是改革开放以来，党在领导社会主义现代化建设的过程中积累了宝贵经验，其中很重要的一条就是保持经济稳定发展，对于我国这样一个人口众多、自然资源和环境容量有限的发展中国家极为重要。历史的教训是经济运行不稳定特别是大起大落，不仅会给经济社会发展造成巨大损失，影响社会稳定和人民生产生活，也会影响改革的进程，增加改革的难度。稳中

---

① 穆兆勇."稳中求进工作总基调"的缘起与意义[J].人民论坛，2020（Z2）:100-102.

求进的方针正是在深入总结这两方面经验教训的基础上提出的。我国经济在1998年后成功抵御了世界金融危机冲击，2010年经济增速再上两位数水平，但在当年年末的中央经济工作会议上，中央重提"稳中求进"这一方针，强调把握和处理好改革、发展与稳定的关系。在亚洲金融危机和国际金融危机的冲击带来的影响仍未消退的同时，"矛盾凸显期"的问题已无可回避，因此我们更要稳中求进，保持经济和社会发展的良好态势。

一直延续至今的稳中求进工作总基调，又是新时代治国理政的全新伟大实践和新鲜经验的科学总结。党的十八大以来，面对世界经济复苏乏力、局部冲突和动荡频发、全球性问题加剧的外部环境，以及我国经济发展需认识、适应和引领新常态等一系列深刻变化，以习近平同志为核心的党中央始终坚持稳中求进工作总基调，统筹推进"五位一体"总体布局、协调推进"四个全面"战略布局，同时进一步深化和丰富了对稳中求进这一工作总基调的认识。2016年12月，习近平总书记在中央政治局会议上明确提出，稳中求进工作总基调是我们治国理政的重要原则。同月召开的中央经济工作会议指出："稳中求进工作总基调是治国理政的重要原则，也是做好经济工作的方法论。"这样，就把稳中求进工作总基调从经济建设的重要方针，提升为治国理政的重要原则和做好经济工作的方法论，把党对治国理政的规律性认识、把握和运用，提升到新高度。在党的十九大报告中，习近平总书记用"极不平凡"四个字点明党的十八大以来五年的实际状态。用"坚持稳中求进工作总基调，迎难而上，开拓进取"的表述，深刻阐明了五年来的"极不平凡"是怎样得来、如何实现的。在此基础上，党的十九大报告把坚持稳中求进工作总基调作为"坚持党对一切工作的领导"的重要内容，纳入坚持和发展中国特色社会主义基本方略之中。2017年中央经济工作会议又把它纳入习近平新时代中国特色社会主义经济思想的重要内容中,进一步凸显了稳中求进工作总基调在治国理政中的重要地位和作用。

自 2010 年再提"稳中求进"至今,在实际工作过程中"扩大内需"也已耳熟能详。党中央、国务院和有关管理部门反复表述的扩大内需,是从国内已经形成具有大规模特征的统一市场这一基本国情出发,考虑到在经济低迷运行过程中,宏观调控中也应该利用一系列的政策组合手段,调动内部需求而得到有效供给的回应,来支持经济在一定水平之上的可持续发展。从经济学的角度来说,作出扩大内需的努力以后,就要形成以供给的有效性状态来回应需求的一种更为活跃的经济循环,而现在直接把它表述在"内循环"的概念上,实际上是更加强调了原来所说的经济循环基于本土的这一部分,从而有了一种合乎逻辑的认识和表述的延伸。

扩大内需以后,首先形成的是我国本土的市场潜力所支持的对于需求的有效供给的回应。当然,内需得到有效供给回应,也必然伴随着我们坚定不移推进开放所带来的外部供需的回应与内外循环的互动。内循环与外循环的相互促进所形成的经济运行模式,植根于中国走向现代化、弥合二元经济进程中经济社会的"成长性",就是将以一轮又一轮的开发来扩大城镇建成区,以接纳从农村进入城镇区域的原农村人口,一轮又一轮的基础设施建设及其升级换代,一轮又一轮的产业结构优化互动和产业升级,一轮又一轮的人力资本培育,这样不断释放巨量的需求而得到本土和外部所有可能的有效供给的回应,来支撑经济双循环。实际上要基于这样一个历史过程来认识和把握中国经济供需互动的"双循环"及其中的"内循环为主体",首先是要认知经济生活的一种自然机理,而现在是在表述方面,使用文字概念把它更明确地表达了出来。

2. 基本认识：双循环是政策组合的大框架

双循环是一个完整的方针，也是政策组合的大框架。任何一个有开放度的经济体，其经济运行必然采用双循环模式，我国改革开放后的发展格局，也早已是双循环格局，但现在的新意主要是体现在强调"内循环为主体"上。实际上这与前面我们论述的特别强调"扩大内需"，同是宏观调控"阶段性相机抉择"的逻辑——既然又要立足于本国，又要拥抱全球化来实现现代化的发展，那么双循环应该是一个可长期坚持的完整的大框架，但是在新时期特定的背景情况之下，强调扩大内需和强调现在的"内循环为主体"，又有现实的突出意义。

现在强调以"内循环为主体"，是在原本已有的国际经济大循环发展过程中做加法，而非否定原本的国际经济大循环。随着生产力的发展，全球"地球村"已共享一个产业链，在生产、贸易和投资等方面形成了共同发展、不可分割的格局。内循环与外循环的共同背景是不可能被完全颠覆的全球化——这决定了两者必然是"相互促进"的关系。20世纪80年代国家计委经济研究所的王建同志最初提出国际大循环发展路径的相关战略设计思路，而为国务院领导所肯定，其所关联的基本情况是基于国内的市场还处于初步发展阶段，自身内循环中可以调动的潜力还相当有限，所以必须优先考虑"两头在外""三来一补"等经济形式的发展，促进国内市场的发展，激发本土活力在带动原始积累过程中潜力的发挥。其间可看到，"两头在外"不仅使国内大市场中有生意可做，而且带来了外部的生产要素，即与生产加工相应的资金、技术、管理经验，特别是带来了商品经济的意识和规则，从而促进了本土资本的原始积累，使中国依靠本土低廉劳动力成本、国土开发成本的相对优势与外部资金、技术、管理的相对优势相结合，推动我国做到了"经济起飞"，又进而发展到"世界工厂"状态。

如今我国的整体形势已今非昔比，国内市场发展水平相当可观——当然仍需进一步地完善与升级，在继续维护国际大循环的同时，我国已拥有把内循环作为主体的客观条件。同时，国内市场的升级发展必然带动国际竞争力的提高，国内与国际的双循环必然继续相互促进。但是合乎逻辑的是：在全局的规模部署中，国际大循环的分量要减少，内循环的分量要提升，以适当控制和降低对外依存度，应对和抵御外部巨大的不确定性，提升我国经济向高质量状态升级发展的确定性与主动权。我们开始时很弱，很多原始积累和当初的蓄势过程要更多依靠引进外资，再来培育国内的各种相关要素与市场的条件发展，"两头在外"就是先引进，再推出，通过这样的大循环，带动整个中国的发展。这是一个意义非常重大的战略框架。但是随着中国逐渐富强并发展壮大，已经在制造业方面成了世界工厂的新局势下，国内循环的市场潜力可以更多地转变为现实支撑力量，国际大循环方面的分量由增再到减是必然的，原因可能包括近来外部不确定性的剧增。

自 2008 年国际金融危机以来，我国经济客观上已经在向以国内大循环为主体转变，经常项目顺差同国内生产总值的比率，已由 2007 年的 9.9% 降至 2019 年的不到 1%。但是国际大循环还要长期坚持——只是相对减少它的分量，这是合乎逻辑的。原主体仍然在，但是要升华，要提高市场和资源在外循环中的具体形式和品质，还要处理好内外循环间的此消彼长。我们过去可能是"三来一补"为主的两头在外，而现在我们更多的是把全球各种要素供给引到了国内，产业链升级更有利于产出中高端产品，既满足国内需要，又要有输出——品质提升是必须努力追求的。那么扩大内需以后，我国就要更多地释放内循环的潜力以支撑经济运行。中央现在强调的"内循环为主体",提升"为主"的分量,就是为了适应当下外部巨大的不确定性——毕竟我们内部的确定性因素是相对好掌握的。更多地依靠内循环,扩大内需,这是中国在更高的发展阶段中对"双循环"的必要优化调整,但其中内循环的具体分量也是可以相机调适的,并不是一成不变的。

3."双循环相互促进"是结合当下宏观经济运行的合理抉择

在扩大内需方面,中央特别安排了一揽子宏观政策。货币政策要在"稳健"方针下进一步强调灵活和保持流动性。2020年,财政政策在原来的"更加积极"的基础上"三箭齐发",提高赤字率,更有力度地运用地方专项债(对应建设项目的,包括成为重点的新基建),以及作为非常时期代表性非常之策的特别国债。这种扩大内需的宏观政策,带有强刺激的一揽子方案特征。

中央给出的扩大内需方针强调了消费和投资。从经济学原理角度来说,消费是一切经济活动的出发点与归宿,是人民对美好生活的需求得到满足的具体形式,是经济循环的原生动力。但从可持续过程看,投资却是关键的支撑力量,消费是由投资带动出来的经济社会发展中的潜力释放。当然,消费的重要性毫无疑问,但是如果没有有效投资带出活力释放,带出预期调整中的向好,社会居民消费就会变成无源之水、无本之木。现在在我国财政"过紧日子"的情况下,要倒逼出一个更好的机制:在扩大内需的调控过程中,财政应力求"少花钱多办事",提高资金使用效率;在基础设施、公共工程的建设领域,财政的钱主要是"招商引资"的引子钱,更多是要借助好的制度机制、政策手段,引导民间资本、社会资本的投入,形成开发建设的合力，所以要继续积极运用政策性金融的引导手段及政府和社会资本合作（PPP）机制创新。企业的加入非常关键，不仅能够带来政府有限资金融资模式发挥乘数放大效应的创新，而且会带来管理模式的创新、治理模式的创新，因为所谓规范的PPP，就是法治化、专业化、阳光化的政府和社会资本合作，企业的加入是绩效提升的条件，政府与专业机构在一起，形成伙伴关系，产生"1+1+1>3"的相互加持效应，风险共担、优势互补、造福民众，提高供给体系的质量和效率，增强造福人民群众的经济增长后劲。

（二）"内循环为主体"是对我国本土雄厚市场潜力释放更为倚重的认识框架

构建以"内循环为主体"的新发展格局，是对我国本土雄厚市场潜力释放更为倚重的认识框架。我国发展到当下阶段，通盘考量国内外形势，有必要充分利用、更多依靠国内本土已得到长足发展的、社会主义市场经济所形成的市场潜力优势条件，进一步"做好自己的事情"。配合改革开放解放生产力而发展壮大起来的过程，新旧动能转换与动力体系升级的要领，要配套于利用客观支持条件的通盘考虑。

前已论及，最初提出和制定国际大循环发展路径，是基于我国国内市场还处于初步发展阶段，自身的内循环中可以调动的潜力相当有限，所以必须先以"两头在外""三来一补"的外循环为重点作为市场积蓄发展的条件基础。外循环在当年不仅使得国内市场上有生意可做，而且相应地带来了外部充裕的资金，以及可贵的技术、管理经验和商品经济的意识、市场经济商业文明的规则，等等。在这些因素共同作用下，我国逐渐完成了本土市场的"原始积累"过程。

但是今非昔比，中国经济社会发展至当下，总体而言，已经具备了在继续维护国际大循环的同时，把内循环作为主体和可依靠的基本盘的客观条件。同时，新发展阶段国际国内形势的演变，又使更多地依靠内循环的必要性和迫切性成为基本现实。合乎逻辑的是，在中国继续推进现代化的全局部署中，要减少国际大循环的分量（相对比重），提升内循环的分量。

从我国整个发展过程来看，中华人民共和国成立后已走过70余年的历程，改革开放后依靠40多年的较高速经济增长，国内已积累了相当雄厚的物质基础，综合国力已大幅提升。2020年，我国GDP总量超过100万亿元人民币，稳居世界第二大经济体、制造业第一大国、商品消费第二大国的地位，形成了超大规模的大国经济基本盘，并将作为世界上最大规模的发展中国家和新兴市场经济体，在工业化、城镇化、市场化、国际化、信息化和法治化、民主化发展进程中，继续表现出一般经济体难以比拟、发达国家望尘莫及的成长性。在2020年经受突发新冠肺炎疫情的考验之后，我国的战略部署调动了发展支撑的潜能，推动全面抗疫迅速取得初步胜利，我国成为全球主要经济体中唯一实现经济总量正增长的国家。站在突破GDP总量100万亿元大关的新台阶上，面对"十四五"新时期的规划布局，我国将在2020年实现全面小康社会目标之后，按照跨越"中等收入陷阱"和"新的两步走"的发展顺序，开启中国特色社会主义现代化国家新征程。整体而言，从国内经济循环和国际经济循环互动、结合的发展基础和前瞻态势来看，我国已经具备了以国内经济循环为主体的基本条件。

1. 居民消费水平大大增长

党的十一届三中全会以来，伴随改革开放的有力推进，我国国民经济和社会发展取得举世瞩目的成就，国内居民消费水平伴随GDP的增长出现长足进步（如表3–1与图3–1、图3–2），2019年底，居民消费水平达27 563元，是1978年可比口径（指数）的近22倍，这表明以"内循环为主体"的抉择在民生层面的国内消费支撑力上，已有较为可靠的依仗。

表3-1　1978—2019年国内居民消费水平

年份（年）	绝对数（元）	指数（上年=100）	指数（1978年=100）
1978	183	104.1	100.0
1980	237	109.2	116.9
1990	825	102.8	227.4
2000	3 698	110.5	493.3
2010	10 550	107.5	908.0
2011	12 646	109.8	1 185.6
2012	14 075	109.3	1 295.7
2013	15 615	108.1	1 400.9
2014	17 271	108.5	1 519.7
2015	18 929	109.6	1 665.8
2016	20 877	108.2	1 801.7
2017	23 070	106.7	1 922.9
2018	25 378	107.5	2 066.5
2019	27 563	106.0	2 190.2

资料来源：《中国统计年鉴2019》。

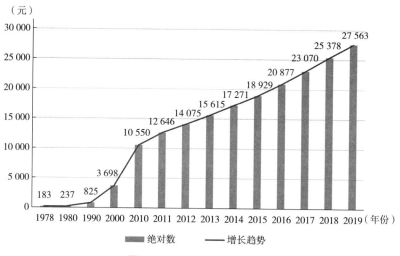

图3-1　居民消费水平增长趋势

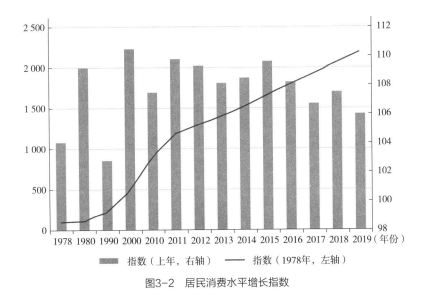

图3-2 居民消费水平增长指数

2. 居民收入的人均水平稳步上升

在我国规模广阔、需求多样的国内消费市场中,支撑可持续消费的居民人均收入水平,也在发展中稳步上升。从表3-2和表3-3中可看出,全国人均可支配收入在2019年底已接近3万元,相比1978年城镇居民人均可支配收入仅为343.4元、农村居民人均纯收入仅为133.6元的状况,已有超百倍的增长。

表3-2 1978—2012年城乡居民人均收入水平　　　单位:元

年份(年)	城镇(人均可支配收入)	农村(人均纯收入)
1978	343.4	133.6
1979	405	160.2
1980	477.6	191.3
1981	500.4	223.4
1982	535.3	270.1
1983	564.6	309.8
1984	652.1	355.3

续表

年份（年）	城镇（人均可支配收入）	农村（人均纯收入）
1985	739.1	397.6
1986	900.9	423.8
1987	1 002.1	462.6
1988	1 180.2	544.9
1989	1 373.9	601.5
1990	1 510.2	686.3
1991	1 700.6	708.6
1992	2 026.6	784
1993	2 577.4	921.6
1994	3 496.2	1 221
1995	4 283	1 577.7
1996	4 838.9	1 926.1
1997	5 160.3	2 090.1
1998	5 425.1	2 162
1999	5 854	2 210.3
2000	6 280	2 253.4
2001	6 859.6	2 366.4
2002	7 702.8	2 475.6
2003	8 472.2	2 622.2
2004	9 421.6	2 936.4
2005	10 493	3 254.9
2006	11 759.5	3 587
2007	13 785.8	4 140.4
2008	15 780.8	4 760.6
2009	17 174.7	5 153.2
2010	19 109.4	5 919
2011	21 809.8	6 977.3
2012	24 564.7	7 916.6

资料来源：中国统计年鉴。

表3-3 2013—2019年全国居民人均收支情况变化　　单位：元

年份（年）	全国人均可支配收入	全国人均消费支出
2013	18 310.8	13 220.4
2014	20 167.1	14 491.4
2015	21 966.2	15 712.4
2016	23 821.0	17 110.7
2017	25 973.8	18 322.1
2018	28 228.0	19 853.1
2019	30 732.8	21 558.9

注：2013年前收录于中国统计年鉴中的人民生活收支情况城乡数据分开核算，见表3-2。
资料来源：《中国统计年鉴2019》。

2019年，在拥有14亿人口的全球最巨大人口规模体量下，中国的人均GDP已达到了1万美元，成功坐稳（按世界银行标准口径衡量）全球最大的上中等收入经济体位置。中国的中等收入群体人口数量绝对规模已居世界首位，这些为形成超大规模的消费市场奠定了基础。国内的超大规模消费市场，必然带出超大规模内需消费对国内、国际供给的强力吸引与拉动，也将会成为未来很长时期内，国内及国际社会发展的动力与经济增长巨大潜力的来源。据统计，截至2020年，我国在全球经济发展增量中的贡献率，已连续6年超过30%。

3. 工业供应链与全产业链体系较为完备，投资潜力巨大

从生产供给角度看，按照世界银行的产业分类标准，我国以"41个工业大类、207个工业中类、666个工业小类"的优势，具有最完整、规模最大、最为完备的工业供应链与全产业链体系，是全

世界唯一拥有联合国产业分类中全部666个细分工业门类的国家，在全球500多种主要工业产品中，中国有220多种工业产品的产量居世界第一。

产业链、供应链和消费市场具有满足规模经济、集聚经济要求的条件，合乎逻辑地支持了中国投资潜力的形成与释放。不论是本土还是世界上的投资主体，近些年实际上都高度关注依靠国内经济循环为主的经济基础条件。近些年，我国在数字经济、电子商务、交通物流、平台模式等方面都有相当大的发展，进一步实现了生产流通的规模经济，提高了畅通产业链、供应链的能力，依靠数据这一新时代要素的大数据、云计算特征及其流动与可得性机制，数字经济手段的广泛运用也为国内的消费便利和进一步的市场开拓，提供了更为有效、完备的新途径、新模式。

关于扩大内需中增加有效投融资的可选项目，已有研究者列举出很多措施，比如：①乡村整治——涉及宅基地等；②农民工进城落户的相关硬件建设；③老城区改造；④增建停车位；⑤失能老人照顾体系建设；⑥职业教育扩招；⑦高新技术产业关键技术举国攻关；⑧以改性甲醇替代汽油、柴油；⑨发展固体废弃物"再生利用"产业；⑩发展集约化、规范化、设施化的农业；⑪发展通用航空业；⑫把淮河生态经济带作为国家第四增长极来建设。我们应看到这些扩大内需的切入点和可安排的投资空间，是实实在在的。观察实际生活可看到，中国"有效投融资"的项目确实称得上俯拾皆是，而且我们已经有了多年积累的经验，完全可以在"财政过紧日子"的情况之下以贴息、政策性信用担保、产业引导基金，特别是政府和社会资本合作（PPP）（尤其是连片开发、综合开发的PPP）等方式利用这些投资空间。

除了前面列出的12项之外，我们还可以补充一些很现实的例子并作些稍微展开的讨论。第一，以北京为代表的中国一系列中心城市，要加快建设轨道交通网。北京在公共交通体系建设和相关的社会生活、服务条件方面，与现代化的大都市还有差距，比如老百姓买机动车要摇号而中奖率极低。纽约和东京的机动车拥有率比北京都高得多，为什么没有拥堵？就是因为北京的城市公共交通建设在有效供给方面远远不到位，本应该形成四通八达、密度足够的轨道交通网，社会成员在中心区域出行首选轨道交通和私家车于假日驾车外出享受生活可以并行不悖。交通基础设施方面配套建设的事情是非做不可的。北京地铁 4 号线、16 号线为什么用 PPP 做？因为有这样创新的机制。既然根本原因在于缺乏有效的公共交通体系供给，便亟须融资机制创新来尽快形成这种有效供给。北京如此，我国其他的很多中心城市，如上海、深圳、广州和许多省会、计划单列市等无一例外，对全中国而言这是再做十几年都无法完成的，但一定得做，并且当下正应作为投资重点之一加紧做好。

第二，城市中心区的停车场、停车位的建设问题。如北京的平安大道，当年被评价为终于开通了与长安街平行的一条东西贯通的大道，但为什么它的两边有那时候不惜工本设计建造的雕梁画栋式铺面，还有宫灯式的照明设备，但这些年的实际经济效果并不太好，人气总上不来？因为两边没有安排停车位，机动车停不下，两边的店铺生意惨淡。现在就必须建设立体的车位。早已经有企业提出方案，一个车位的面积，上下多层加在一起可以是 10 个车位，即停车容量放大 10 倍，且在 50 秒之内最高位置和最低位置的车都能调到路面开走。这种停车场、停车位完全可以用 PPP 方式来做，因为它有现金流，政府给一个好的规划，以已经有经验的规范化的 PPP 机制创新来配套，这个事情就做起来了，可以使老百姓受益、经济生活繁荣，进一步释放我们各方面相关的需求潜力、供给潜力。形成这种有效供给,相关的要素中国都有,有钢材、有水泥、有劳动力、有技术与管理经验,就是要把这种建设事项纳入政府层面的高水平规划,规划先行,多规合一地来贯彻好。

第三,在老旧小区改造中,有与百姓生活紧密联系的一件事:加装电梯。在北京,这个事项的覆盖面至少包括几百万人。人们住的4层、5层、6层的楼上,十几年前、二十几年前不用配电梯,而现在的百姓们老龄化程度较高,对生活水平的要求也高了——一个单元楼门配一个玻璃筒子式的电梯,很容易就可解决,除了可以每家平摊钱之外,有些小区可以加上PPP,企业进入以后垫资,设计一个合理机制,在运营保养期间通过管理费的方式,逐渐获取整个投资回报。政府也可以给些补贴,以"可行性缺口补贴"来四两拨千斤。这是非常值得做的,是满足人民群众美好生活需要的非常现实的事情。有些居民小区根本就不"老旧",十几年前入住时人们评价都很高,但现在几乎大家都说遗憾的是没有配电梯。楼房配电梯的技术已如此成熟,做成这件事在中国调动的增长潜力,又会让老百姓直接受益。

第四,综合管廊建设的必要性。有关部门应抓紧确定,所有的新区,不按综合管廊设计不许开工,要在一开始打足投资,把地底下这种综合管廊做到合乎现代化标准,这应是现在提高发展质量、追求"升级版"必须作为标配的一个要求。老城区的改造可以从容一些,分步来做。

第五,海绵城市建设。各中心城市应至少能抵御百年一遇的暴雨袭击,这就需要不惜工本做相关建设。特别像雄安新区的案例,建在白洋淀,要将海绵城市建设的要求作为千年大计。现在我国投入要素已备齐,又正需要反周期扩大内需,就应放开手脚——这样的建设首先要有一个好的规划,不能一哄而上。在中国,海绵城市可先从一些重点的地方做起,但一定要积极地把它逐步做到位。

第六,冷链建设。是要从农村一直到城镇的餐馆、老百姓的餐桌,涉及所有相关的物流设备、硬件、建筑物等。通盘的这些投资,也是中国在未来很长时间内应该坚持做好、做出高水准的。

第七,特色小镇。这方面确实能够在合理掌握的同时大有作为。如果把导入特定产能的特色小镇按照PPP的连片开发来做,以企业为主,就能有效地帮助政府考虑其可行性,控制它的风险。企业家没有"八九不离十"的把握不会签字,如此就做不起PPP来,所以不要太担心特色小镇一哄而起的问题,关键在于把握住好的机制。建设这种特色小镇地方政府可能财力不足,要以规范的PPP方式由企业自愿签字才能做起来,这个机制是个阳光化的机制,是非常好的防范风险的机制,可以充分利用这个潜力空间。

第八,水利设施治理。为什么我国的不少区域时常受旱灾、水灾的侵扰?这与抗灾能力不足有关。提升抗灾能力,要与水利设施升级建设结合在一起,我们完全可以有重点地循序建设水利设施。

第九,与"城市群建设"相关的基础设施。2019年中央会议专门强调了这个重点,城市群规划的所有相关基础设施,从重点项目到配套项目都要力求高水平地规划好,尽快开始建设。

第十,与投资和消费都有关,我国要尽快放开生育,释放需求、增加供给,助力双循环。有专家指出,我国近年已出现了前所未有的新增人口最低水平,人们的生育意愿走低,这是在发展过程的新阶段自然而然形成的。前几年已放开"二胎",现在应该放开生育控制,没有必要再作限制。

(三)"内循环为主体"体现了更好把握防风险、稳增长、追求升级发展主动权的战略思维

依学理逻辑而言,新发展阶段"内循环为主体"的相机抉择体现了更好地防风险、稳增长、追求升级发展主动权的战略思维。想要"做好自己的事情",需考量当下发展中如何应对不确定性,把管控风险、稳中求进的主动权更好地把握在自己手中。基于相对有把握去调控的一些内部因素,我国经济发展的首选是利用国内大循环为主体的经济运行,加上内外循环二者间的相互促进,共同构成升级版的新发展格局。结合新发展格局的背景与其内在的学理逻辑,我们可以更清楚地认知"内循环为主体"的必然性和可行性。

1."内循环为主体"是外部环境复杂背景下的必然选择

中国"三步走"的现代化实现蓝图,恰逢20世纪四五十年代肇始于"半导体"而在出现数字经济大潮后于20世纪后期开始的"第三次产业革命",这也给其后终于出现"经济起飞"的中国带来了新经济风起云涌的战略机遇期。在改革开放后的"追赶—赶超"过程中,我国现已成为上中等收入经济体中的一员。在此过程中,2010

年后我国国内经济发展告别两位数的高速增长模式，开始进入以适当降速换来更高质量的中高速发展阶段，亟须深化认识、适应和引领自2011年以来经济下行中的"新常态"，以便在按时完成"全面小康"建设目标后有充沛的新动能，跨越"中等收入陷阱"。

于外部国际形势而言，2018年中美贸易摩擦不期而至，我国面对的国际形势趋向严峻，高端芯片等相关的核心技术已对国内的创新发展形成"卡脖子"式掣肘，实有对带头企业（如华为）的打压性质。同时，就国内环境而言，经济发展新常态中，"新"早已明朗，但"常"还没有实现，近几年间我国的经济增速在一路下行。依托于十八大报告提出的经济、政治、文化、社会、生态文明建设"五位一体"的总体布局和"四个全面"战略布局，以"供给侧结构性改革"为战略性方针的现代化实现路径，当前发展面临的关键任务是要实现"新旧动能转换"，使社会动力体系完成转型升级，以支撑我国中高速发展状态中可持续的超常规发展。现在由"新"入"常"的"L型"转换目标还未实现，需以"内循环为主体"的结构安排构建新发展格局，来形成强劲的长久支撑，争取在比6%增速再稍低些的重心上，完成"L型"转换，实现可持续发展。

2."内循环为主体"在当下具有充分的可行性

我国的"稳中求进"更多依靠已凸显的国内市场的可行性。如表3-4和表3-5所示，根据消费、资本形成、净出口对于国内经济增长的贡献率及GDP增长的拉动可看出，国内市场的消费作用在波动上升，而面临不确定的外部国际环境，出口的拉动作用已遇挑战性问题，2016年和2018年净出口出现较大负值。对拉动整个国民经济增长的动力源结构性安排，有必要在充分考量国内国际环境后，作出"以国内大循环为主体"的必要调整,这是更好地把握防风险、稳增长、追求升级发展主动权的战略思维的现实选择。

表3-4 消费、资本形成与净出口对国内经济增长的贡献率　　单位:%

年份(年)	消费	资本	净出口
1978	38.7	66.7	-5.4
1980	78.1	20.1	1.8
1990	89.0	-69.4	80.5
2000	78.8	21.7	-0.5
2010	47.4	63.4	-10.8
2011	65.7	41.1	-6.8
2012	55.4	42.1	2.5
2013	50.2	53.1	-3.3
2014	56.3	45.0	-1.3
2015	69.0	22.6	8.4
2016	66.5	45.0	-11.6
2017	57.5	37.7	4.8
2018	65.9	41.5	-7.4
2019	57.8	31.2	11

资料来源:《中国统计年鉴2019》。

表3-5 三大需求对GDP拉动增长百分点

年份(年)	消费	资本	净出口
1978	4.5	7.8	-0.6
1980	6.1	1.6	0.1
1990	3.5	-2.7	3.2
2000	6.7	1.8	0
2010	5.0	6.7	-1.1
2011	6.3	3.9	-0.6
2012	4.4	3.3	0.2

续表

年份（年）	消费	资本	净出口
2013	3.9	4.1	−0.3
2014	4.3	3.3	−0.1
2015	4.9	1.6	0.6
2016	4.6	3.1	−0.8
2017	4.0	2.6	0.3
2018	4.4	2.8	−0.5
2019	3.5	1.9	0.7

资料来源：《中国统计年鉴2019》。

以"内循环为主体"的可行性也体现在实体经济与科技创新等"硬实力"方面。作为国民发展基础支撑的实体制造业，在近年发展中保持较好态势，同时，对于起乘数效应的科技创新创业"第一生产力"方面，国内对于科技研发的关注度与重视程度也在逐步提升。我国制造业的主体产能位于各类城镇建成区，在2020年突遇疫情大考之后，仍保持逆势上升。2020年12月PMI指数显示为59.1%，已连续10个月位于临界点以上，表明制造业在复工复产中恢复良好。市场业务活动预期指数为60.1%，连续6个月位于高位景气区间，表明多数服务业企业对市场稳定恢复持续看好（见图3-3）。当然，面临新旧动能转换的历史冲关期，我国作为制造业大国，如何把握好机遇，上升为更高质量的"制造业强国"，是高质量发展必须解决的问题。面临经济发展引领新常态的阶段转换挑战与考验，应把握好"守正出奇""守正创新"的思路乘势发展，力求在五到十年间完成我国制造业的高质量升级，由主要处于全球供应链、价值链"微笑曲线"中端的"中国制造"，向曲线左右两端的"中国智造"与"中国创造"高位上升。

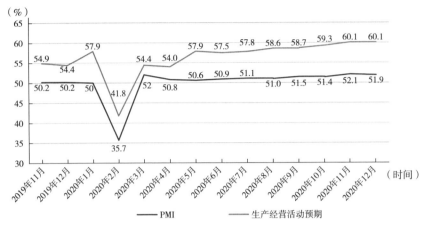

图3-3 制造业PMI及生产经营活动预期指数

在科技创新领域，伴随国家改革开放后经济的长足发展，对于科技与研发重要性的认识逐步深入人心，国家政策积极鼓励发展科技创新，力求充分打开引领实体经济发展的这一强劲动力源，实现高质量发展所要求的"新旧动能转换"。政府与社会主体对科技研发的投入在不断提高，截至2019年，科学技术方面的支出达9 500亿元，占一般公共预算总支出的比重已增长至3.97%，国内社会整体的研究经费支出达2.21万亿元，研发经费支出在GDP中的比重已由2008年的1.54%上升至2.23%，并保持持续上涨态势（如表3-6所示）。

形成科技行业增长动力的固定资产投资，相比于2018年、2019年社会整体固定资产投资率的5.9%与5.4%，科学研究与高新技术服务业的投资增长率在此两年间分别为13.6%与17.9%的高水平，即在社会整体固定资产投资呈下行趋势的同时，科技服务业却逆势上涨（如图3-4）。总体而言，这是符合在追求高质量发展中亟须更为重视科技与研发创新的引擎作用，带动整个经济社会全面协调可持续发展的客观要求的。

表3-6 科技与研发支出增长　　　　　　　　单位：万亿元

年份（年）	科学技术支出	一般公共预算总支出	科学技术支出占一般公共预算总支出比重（%）	研发经费支出	国内生产总值	研发经费支出与国内生产总值之比（%）
2008	0.21	6.26	3.40	0.46	31.92	1.54
2009	0.27	7.63	3.60	0.58	34.85	1.70
2010	0.33	8.99	3.62	0.71	41.21	1.76
2011	0.38	10.92	3.50	0.88	48.80	1.84
2012	0.45	12.60	3.54	1.03	53.86	1.98
2013	0.51	14.02	3.63	1.18	59.30	2.01
2014	0.53	15.18	3.50	1.30	64.36	2.05
2015	0.59	17.59	3.33	1.42	68.89	2.06
2016	0.66	18.78	3.50	1.57	74.64	2.10
2017	0.73	20.31	3.58	1.76	83.20	2.12
2018	0.83	22.09	3.77	1.97	91.93	2.14
2019	0.95	23.89	3.97	2.21	99.09	2.23

资料来源：2009—2020年中国统计年鉴。

图3-4　科学研究与高新技术服务业固定资产投资情况

注：2018年与2019年未公布行业具体数据，仅公布社会整体总额。
资料来源：2006—2018年中国统计年鉴。

（四）"内循环为主体"绝不意味着重回闭关锁国

国家在明确双循环指导方针的同时，特别强调了内循环绝不意味着重回闭关锁国。虽然中国社会舆论界存在一些基于情绪化的表述，较容易导致在政策施行中走极端，但在总体框架的把握上，要牢牢掌握好理性的判断，即需将内循环与外循环充分结合在一起，强调双循环框架的完整性。至于这一点从外生角度要求还是从内生角度要求，应该更多是基于我国现代化成长的内生要求，当然也适应外部环境的变化。在稳增长、防风险中，从"六稳"到"六保"等短中期的特征更为明显，但需重视的是，短中期现实问题的解决一定要连接于长期努力的方向与路径，就长期而言则一定是要在内外互动、内外循环互相促进、相得益彰的过程中，继续争取中国的和平发展、和平崛起。而且，现在强调内循环为主体，更多是倾向于积极考虑面对风险，把握好中国自己手里的主动权。这个内循环为主的分量可以相机调适，主动权把握在自己手上是必要的战略考虑。结合国内现在仍然可观的发展潜力、韧性、回旋余地，中国的工业化、城镇化、市场化，还要对接国际化和信息化，这就在客观上促成了我们的成长性和后劲。从20世纪90年代初确立社会主义市场经济目标模式后，到2000年前后加入WTO，中国市场经济一步一步地发展起来，融入全球的市场经济大舞台。综合国力大大提升之后，我们现在需要审时度势，要考虑更多依靠已有雄厚实力的国内统一市场来抵御外部巨大的不确定性。从整体看，外循环在历史演化过程中似乎存在一个由升到减的变化，很多的原始积累和一开始的蓄势过程都要更多依靠引进外资，带动整个中国的发展局面。而经过这些年的发展，内循环的市场潜力可以更多转变为现实的支撑力量，如此，外循环的分量由升到减是必然的。

这种内循环与外循环此消彼长的态势是我们作出注重内循环决策的重要依据。但同时，外循环的分量降低并不意味着可以否定外循环的重要性。中国的发展实践证明，外循环与内循环并不矛盾，是相辅相成、相互促进的。本质上讲，"以国内大循环为主体"就是在中国改革开放的轨道上，以自身的更深层次的改革，匹配更高水平、更好的对外开放，从而形成内循环和外循环的相互促进。同时，我们仍需十分看重对外开放对于国内深化改革攻坚克难的催化与倒逼。这种相互促进是在世界市场广阔舞台上发生的一种积极效应，会带来品质提升和转型升级，改变过去从来料加工、"三来一补"为主的两头在外的经贸格局，在产业链的更新升级过程中开发中高端产品，既满足国内需要又能输出到国际上。这样的进步是值得努力追求的。

目前全球产业链的基本格局也要求我们必须继续坚持做好外循环。如果根据我研究的创新形成新供给的经济学来作论证，当今世界从整个生产力发展所决定的生产关系，以及由人们构成社会群体进而组成的国家关系角度来看，全球共享一个产业链的基本格局并没有变。美苏冷战结束以后，全球逐步形成了今天"你中有我、我中有你"的共享一个产业链的格局。由共享一个产业链所升华出的"共享经济"新机制等，在信息技术发展日新月异的今天，也在新的历史条件下，在生产力层面支撑着社会关系的演进。这正是打造"人类命运共同体"的配套条件。因而，面对当前中国社会存在的一些情绪化、极端化的观点，强调双循环是个完整政策框架非常重要，其完整表述一定是"内外循环相互促进"，而不是只讲一边。要把内循环和外循环合在一起看，强调以内循环为主体的同时，仍要长期坚持外循环，内循环为主体不意味着"封闭"。我们绝不放弃继续在外循环这方面争取一切的可能性。要在开拓创新中形成新发展格局，就需要更为优化的双循环，即通过内外互动、内外循环的相互促进，不断开拓发展国内、国际互动的新局面，追求更高质量的、以结构优化和应变能力提升实现的中国升级版的发展。

（五）内循环与外循环的"相互促进"

内循环与外循环的共同背景是不可能被完全颠覆的全球化，这决定了两者必然是"相互促进"的关系。

第一，如前所述，注重"内循环为主体"绝不意味着重回闭关锁国，而是追求在坚定不移扩大开放的道路上，更有风险耐受力的行稳致远，即在变局中更好地掌握主动权，更好地实现"稳中求进"。

第二，注重内循环为主，是以供给侧改革为主线，在打造现代化经济体系过程中寻求高质量发展的动力体系升级，客观上也需要外循环对深化改革的进一步催化和倒逼。这也是近几年特别看重的"新旧动能转换"里的一个命题。这个动力体系的升级，离不开继续在深水区以全面的开放来催化和倒逼改革的攻坚克难。在很多讨论场合大家并不讳言：改革到了深水区以后步履维艰，文件非常多，多到甚至读不过来，但在真正的攻坚克难方面，我们还并没有取得决定性成果，而开放客观上就是在催化和倒逼改革。对国家如此看重的自贸区概念，要求通过多轮复制来加深理解，那么就是要进一步拥抱全球化，以开放促改革，现在带有示范效应的粤港澳大湾区和要在海南打造的全球最大体量的自由贸易港这样的战略举措，都有这个战略意图。

第三，注重内循环为主体是坚定不移追求中国产业结构状态和国民经济综合水平提升的重要路径。这离不开继续以全面开放对接全球"合作竞争"的市场检验和内外循环的相互造就。在中美关系剑拔弩张的氛围里，中国特别强调"和平竞争"。我们不否认有竞争，在竞争中会守住底线，但是绝不脱钩，要坚持和平发展，相信中美两国人民友谊有光明的前景。其中的内涵，就是我们认同在全球市场上竞争不可避免，但是可以和平进行。以学理结合实际来讲，一方面，中国的发展是有益于全球的，我们在全球经济增量中的贡献这几年越发显著；另一方面，中国只有加入外部国际竞争，"与狼共舞"，才可能完成从所谓食物链（此概念可比喻全球分工里的价值链）低端的草食动物到食物链高端的肉食动物的转变。前些年中国加入 WTO 以后，有人担心我国农业会全军覆灭、汽车行业全军覆灭的情况并没有出现，反而得到了更好的发展，就是因为这个道理。这两方面的相辅相成，是供给侧创新带来的共赢境界，及打造"人类命运共同体"的时代机遇。中国应该在这种以改革开放实现发展的过程中一步一步去实现自己的和平崛起。所以，上述这些分析认识又落脚于以"内循环为主体"的双循环实现中国现代化这个战略命题。

第四章
以双循环形成新发展格局的要领

（一）"内循环为主体"视角

推动形成双循环新发展格局，尤其是畅通国内大循环方面，需把握多层次、多方面、多维度的要领。

1. 应强调抓好有效投融资

投资是社会再生产经济增长链条中的首发环节。"金融是现代经济的核心"，也是各个经济发展战略部署中及发展运行中信贷支持的"心血管系统"。最终为满足社会成员消费需求的各类相关基础设施，新基建与传统老基建的结合，产业园区、物流中心与新城连片开发，宜居城镇建设的优化公共服务设施供给等，均需依靠有效投融资的首发驱动。在项目投资必要性的要求之下，各种间接和直接金融机构应运而生，各相关经济体也在积极抓住机遇，进一步发掘投融资和开创新局面的潜力。注重"内循环为主体"，必然需要在关注投融资领域的金融创新视角之下，充分注重其与相关建设项目和产业、产能的高水平配套结合。各种产业集群、增长极区域、PPP建设项目与具体民生改进任务部署等，都需要专业性的投融资促进"产城融合"，并以金融创新（"科技创新"）来有效促使科技创新与新经济在城镇化开发进程中发挥好重要引领与升级作用。总之，金融创新中要特别注重把投融资落实于具体的产融结合，把握好产业发展、新经济成长的机遇。

2020年初突发的新冠肺炎疫情对全球的经济和社会生活造成了严重冲击。中国迅速出台应对之策，在基本控制本土疫情之后，于防止输入和反弹的同时，形成一系列重要措施"组合拳"，其中扩大有效投融资，是十分值得进一步认识、重视和优化掌握的关键问题之一。需强调，之所以必须抓好有效投融资，是由于如果想使所有的经济活动能够有后劲，前置条件是要有投资来形成有效的产能，即形成有效供给能力。2020年投融资已经被概括为"两新一重"，从新基建到新型城镇化，再到传统基础设施，要合成投融资的通盘安排。

居民消费需要保持一定的可持续性，而可持续性则必然强调和要求有效投融资更好地起到关键性的作用。一些专家学者所阐述的"消费具有基础性质，而投资则是关键性的"认识，在消费与投资两个角度的表述存在客观性。所有的经济活动最后都要落在消费上，但其关键的带动因素与支撑力量，一定是追求有效投融资和结构优化带来的高质量发展。所以，国家在这方面已有一些政策方针：短期衔接中长期，注意扩大内需的同时继续强调以供给侧结构性改革为主线，优化结构，追求高质量，释放国内潜力空间。在此方面，当下我们需抓好重点，即在国家已经强调的调动消费潜力方面，已给出特别国债、部分成规模的资金要一直下达到基层解困救急、维持小微企业的生存和运行等，而在与消费直接联通的事项旁边，还需将相关的投资安排做得更有声有色。

（1）充分把握好国内项目投资机会

新基建是科技"第一生产力"的支撑条件。前些年，我国已经有了不少支撑数字化平台运行的新基建,还要趁势总结抗疫中的经验,继续以新基建追求升级版。中央已给出了新基建概念下七个方面的重点,新基建要结合原来老基建所说的架桥修路、医院学校、公共设施、环境保护等,互相渗透结合。要体现为在全国打造一些更好的经济增长的集群、增长点区域、新的开发区,以及综合开发而形成的战略性的、对经济成长有支撑意义的基地。我国南方珠三角、长三角和现在北方看重的环渤海圈,是最基本的三个增长极地区,加上其他众多城市群、城市圈,还有现在要开发的另外一些区域性中心,都应该把新基建的因素合理注入它们的开发规划中去。而就乡村振兴所需的投入而言,国内均有大批产能——钢材、水泥、设备、劳动力及其他必要时可调配的众多产能。中国的现代化崛起,在有些方面已经比别的国家做得更好,如现在时速300多千米的高铁,就全球总体水平来说确实是冲在前沿一线。此外,结合着"两新一重"高水平的投资,海绵城市与综合管廊、智慧城市的建设也有广阔发展空间。我国在这方面要做的事情不缺乏要素,且在正当性上非常必要,而这既是当下扩大内需必须抓住的事情,又体现了政府关心民生。

有效投融资方面可为的事,前文已有涉及,这里不妨再点到为止地举例说明,使读者进一步加深印象:

第一,以北京、上海、广州、深圳等为代表的中国一系列中心城市,需加快建设轨道交通网,这是满足现代化的必然要求。要真正治理好中心城市的公共交通,提高有效供给是治本之策,需充分吸收发达国家经验,学习东京、纽约等地现代化公共交通体系的建设经验,形成有效供给。第二,停车场、停车位的建设,中国在中心区域里需解决地皮紧张、停车难的特殊问题。第三,海绵城市建设。如北京方面的海绵城市试点——海淀公园,雨水下来以后有缓冲、蓄积等功能，是一个点状的实验。整个城市区域中也需配套"共同沟"（综合管廊）等，与海绵城市建设地上地下结合在一起，规划先行，多规合一，是可抓的重要投融资范例。第四，老旧小区改造已被列为明确的投资要点。老旧小区并非只是指三四十年前的小区，许多十几年前以4层、5层、6层的楼房形成的小区，也是按照当时群众都接受的方式不配电梯的，但发展至当下，人口老龄化使得改造需求大量涌现。第五，综合管廊建设。有关部门应尽快作出明确规定，在中国所有的新城建设中，综合管廊是标配，否则不许动工。虽初始的投资体量巨大，但相关产品、原材料与各种要素——钢材、建材、水泥、设备、施工的技术管理、劳动力等，国内市场均已具备，后续可按高标准综合管廊来建设。第六，冷链建设。中央也着重强调了覆盖范围广阔的冷链，是要从农村具体的田头生产、种植、养殖的场景，一直引到中心城市、城镇里的餐馆和老百姓的餐桌，其相关的投入、设备、硬件、建筑物、物流等应协同处理好。第七，水利设施建设。国内当下仍有不少城市及地区抗灾能力较弱，相关水利设施的升级势在必行。第八，对与城市群建设、特色小镇建设相关的基础设施、重点项目投资，应紧紧抓住不放，做好合理安排。

此外，"五位一体"的总体布局中的生态文明建设，要考虑现代新能源的发展，即绿色能源、可再生能源产业的发展，这是我国经济社会可持续发展至关重要的组成部分。关于中国的基本国情，过去已有反复研讨，本土资源禀赋决定的是"以煤为主"，由此所形成的环境污染因素的制约，必须以新能源的充分发展来加以化解。若干年前，中国基础能源80%以上来自煤，人们用的电能里面最主要的部分就是用煤发出的火电，经过这么多年的努力，现在仍然有60%左右基础能源是来自煤，一大半的用电仍然是来自火电。煤的运用，在清洁能源这个概念上是难度最高的，全球范围内都没有我们可以仿效和借鉴的成功经验，欧美国家都非常明确地已经或者即将把煤排除出发电能源领域，转而利用其他的能源，但中国别无选择，必须在制约我们的这样一个基本国情之下，既要努力使煤的利用清洁化，又要努力把新能源发展起来。我们要高度重视、抓住重点，把现代能源体系可能的发展潜力充分释放出来。比如，江苏盐城高度重视风电、光电，地方政府对工作重点的把握，使其所在辖区的创新升级发展和国家战略形成紧密的结合；形成的区域通盘发展战略，是在乘势追求超常规的发展，完成由沿海地区洼地变为增长极区域的发展进程，目前盐城已经有明确的在新能源和相关的产业集群发展中，崛起成为有特色的绿色发展、升级发展增长极区域的前景规划，这是非常令人鼓舞的。

在新发展格局中，我国要充分释放消费潜力，但一定要有作为前置环节的有效投融资这方面的大手笔。中国一定要追求超常规的发展——哪怕是中高速，在全球的大规模经济体范围内仍然是高速，没有这样的一种超常规发展态势，中国就无法完成现代化的战略目标。常规发展无法解决中国现代化的问题，因为我们是在工业革命以后被人家远远甩在了后面，改革开放以后才大踏步地跟上时代，推进到现在要应对严峻复杂的国内外形势，必须调动国内市场巨大的潜力，正确的顺序是统筹兼顾之后，把有效投融资作为创新发展前置的引擎，以有效投融资带出我们可持续发展的后劲儿，而这所带来的是老百姓有就业机会，有收入，在收入增长的同时，使社保体系更趋健全，这样老百姓才能在有收入以后"有钱花，敢花钱"，消费潜力才得以释放。这样一种内循环，一定要正确把握顺序。有效投融资的进一步积极部署和落实，在综合开发概念之中必然包括新能源的开发项目建设，它对于像江苏盐城这样的区域发展的意义已经非常明显,对于全局的意义更是值得加以强调。

(2) 丰富作为有效投融资重要抓手的金融创新

这里有必要进一步展开、相对全面地考察一下与有效投融资紧密相关的"金融创新"问题。

第一,金融创新发展要落在更有效地为实体经济的发展提供融资支持上。商业性金融领域要通过深化改革形成金融产品、金融机构的多样化,更好地服务于实体经济的升级发展。邓小平同志精辟指出"金融是现代经济的核心",可以理解为金融的经济核心是将其比喻为国民经济运行的心血管系统,但心血管的核心地位和作用再怎么重要,也是要服务于整个生命机体的健康可持续发展的。所以,金融重要性的出发点和归宿,应落在实体经济的部分,即要服务于非金融的实体经济的发展,而中国的实体经济现在面临的就是现代化的冲关期,即到了"世界工厂"之后如何实现升级发展、"腾笼换鸟"式发展、高质量的发展。在这个背景之下,重点强调的是问题导向之下要纠正脱实向虚的偏差。中央金融工作会议和十九大的"攻坚战",就是在这个主轴上要求金融更好地发挥它应有的作用,防止这个核心、中心变成空心,掌握好原理上与实际生活中需要的金融功能的主轴。

第二,金融的创新发展,一定要推进其势在必行的"多样化"改革。金融机构还需要进一步多样化,金融的产品更要充分地多样化,形成适应现实生活需要、无缝连接的金融供给体系。我们可以观察到,美国作为具有代表性的金融成熟经济体,其前十位盈利水平最高的上市公司中,排在第一位的是高科技公司,第二位才是银行。在前十位里,美国只有三家银行,而中国的前十位均是银行。此外,利润率在各个行业的分布方面,美国的利润率分布呈现为一条比较圆滑的下降曲线，金融业也是排在高科技后面，居第二位；而中国的银行金融业则是一枝独秀。这均反映出当下国内要素的流动性不足及金融领域存在垄断。所以，我国的金融创新发展一定要克服单一性，推进多样化改革——金融产品的多样化，要关联金融机构的进一步多样化，最后需落在无缝连接的金融产品供给体系上，使各种类型的融资需求都能找到对应的金融产品供给，提升金融业健康化程度，降低社会中的融资成本，提高融资支持的可得性。

第三，金融的创新发展中还应该包括健康可持续的政策性融资体系。商业性金融领域已经有所谓的"赤道原则"，在没有政策因素注入的情况下，以非强制的引导性的新机制——包括世界银行和其他一些有国际影响力的开发机构都认同的自愿原则，引导那些商业性银行和金融机构更加强调社会责任理念，注重发展绿色金融，这是已有的国际经验和中国已经注意到的商业性金融轨道上应与我们新能源开发进行对接的重要概念，但这还不够。普惠金融、小微金融还有战略性新兴产业必须得到强有力的投融资支持等，经过具体考察发现，所有这些概念后面均表现为非常明显的政策因素，必须讨论政策性倾斜支持机制，不可只讲商业性融资体系。

金融创新中的投融资体系必须掌握"守正出奇"与"守正创新"，即有别于商业性金融的政策性金融体系，首先得对接市场，必须充分尊重、适应市场的规律和力量，这是"守正"；但是又不能仅仅简单地顺应市场，市场经济的一般经验在中国需结合现实情况延展，在市场起到决定性作用之后，需处理好使政府更好发挥作用的"出奇"，而且出奇要制胜的问题。比如，新能源产业的项目建设具有投资规模大、资金回收期长的"资本密集型"特点，特别需要可积极服务于优化结构的投融资机制的创新。问题是，现实中的投资光讲筹集资金还不够，可筹集的资金怎么用？将政府、企业、社会民间可以调动的资金合在一起，在这个合力中有必须抓住的创新要点，这非常值得探讨。

针对优化结构、提高综合的经济社会效益、提供支撑我们继续超常规发展长远后劲的有效投融资，其应该匹配的运行机制，必然是金融的双轨制。关于双轨制这个概念，学术界有不同意见，有的学者断然否定双轨制在现在这个阶段上存在的意义。然而从金融视角来看，在和产业政策、技术经济政策密切相关的新能源产业发展方面，这种有效投融资中商业性金融体系的加入，当然是毫无疑义的，但是一定也不能脱离政策性金融体系和商业性金融体系相辅相成、相互呼应的这种机制创新。如房地产领域，现在所谓"两新一重"的建设——新基建，城乡一体化的新型城镇化，以及过去已经多年提出要发展和升级换代的老基建，一定是客观地要求中国的房地产领域双轨统筹。老百姓的住房，既要有商品房，更要有解决好"托底"问题的保障房。放眼整个中国，今后很多年内，在房地产市场这个非常重要的作为整个国民经济基础支撑的领域里，一定是保障轨（或者叫政策轨）和市场轨双轨并行的局面。那么与它匹配的金融，一定会表现出政策性金融和商业性金融相互呼应、协调配套的这样一种客观需要。

同样，在新能源建设方面，既要充分尊重市场，让市场发挥决定性作用，又要在市场发挥作用后配合以一定限度的政府的作用，而政府的作用在这里具有特殊的意义。正是因为资本密集型的新能源建设具有投资规模大、投资回收期长的特点，一般的商业性金融想要支持它的发展，往往力有不逮。我们需要积极探讨如何在商业性金融积极参与的同时，在创新中处理好、发展好政策性金融的机制。这也是非抓不可的重点事项之一。

中国加强和优化治理，应从看得清楚且可做的事入手，投融资领域最为关键的是要结合好的机制，一定要利用有限的政府资金"四两拨千斤"，一定要经受市场的检验与绩效考核的约束，并提高透明度，接受公众的质询和监督。这几年社会上高度关注的、2014年以后李克强总理特别强调的发改委和财政部要作为创新重点推动的 PPP 创新机制，在支持地方辖区内新能源产业重点项目建设方面，是大有可为的。PPP 的特点是政府资金和社会资本对接以后，政府出小部分的钱，产生明显的放大效应、乘数效应。在某些连片开发、打包开发、综合开发的大手笔项目上，政府甚至可以不出钱。北方有北京南边 50 千米河北固安地方政府和民营企业华夏幸福成功合作的连片开发、综合开发的 PPP 案例，南方有汕头特区，地方政府和中信地产大手笔的连片开发的成功项目。强调投融资的创新发展，一定要对应现在现实生活中既有影响、又带来困惑的 PPP 的创新发展。政府和社会资本合作的伙伴机制已超越以往对于政府和市场主体关系中"井水不犯河水"的认识阶段，在公共工程、基础设施、产业园区建设和运营、连片开发等重大的投融资领域里，政府和企业作为明确的、平等的民事主体自愿签约的伙伴关系，才可能在法治化的保障之下形成这样一种持续的机制，对此我们仍需在金融创新中积极探索具体执行方式。政策性金融（包括 PPP）与商业性金融如何相互协调呼应、各展其长、相得益彰地支持有效投资，我们还必须进一步总结借鉴国内外的经验教训。但改革开放 40 多年来的实践，以及近些年金融改革和配套改革的进展，都使我们可以更有信心地积极打造、支持中国继续超常规发展的商业性、政策性金融双轨统筹运行的制度，积极完善相关的政策体系和监管体系。在依法治国原则下，要确保政策性金融健康可持续，最关键的是建设相关多元主体的风险共担（优势互补分担）机制，和支持对象决策上的阳光化、专业化集体决策机制。

总体而言，应把以财政、货币政策工具和商业性、政策性金融的协调呼应为基础，支持将一大批以优化结构、扩大内需为导向的有效投融资项目作为当务之急，并服务于短期目标和中长期现代化战略目标的衔接。

在地方政府的视野之下，以地方财政为后盾，要积极发展以财政贴息、政策性信用担保、特定的财政补贴方案，还有近年在各地已经引起高度重视的产业引导基金等，形成比较传统的或者比较前沿的支持新能源产业和绿色经济发展的政策工具。这个方面的关键还是要依靠风险共担、阳光化、多重监督和综合绩效考评的机制，使这种政策轨道和商业性金融轨道的运行，相互协调呼应，产生乘数放大效应，实现健康可持续的"政策性资金，市场化运作，专业化管理，杠杆式放大"的运行状态。在改革开放的几十年过程中，我国早早就提出了不可能只靠商业性金融的观点。所以，我国在20世纪的90年代初，就组建了像国家开发银行这样的政策性金融机构，之后又出现国家级的发展和地方大量的发展。有人说1万多家的地方融资平台是做什么呢？做的都是政策性融资，按照地方政府发展战略客观需要，有浓厚政策色彩地倾斜性地支持某些特定的行业、特定的项目，使之更快地发展。但这里面的挑战就是，如果处理不好，客观上就会造成设租寻租、乌烟瘴气的种种不良现象，在管理方面还有一系列的专业水平的挑战。我们必须强调阳光化，强调风险共担，强调多重监督，强调综合绩效考评，这方面已经有一系列的从十八大到十九大的中央的指导精神，应当结合各地实际贯彻落实。

第四，金融发展一定要适应新技术革命的大潮，重视数字经济支持的创新发展。对于新经济，已可看出"顺之则昌，逆之则亡"的局势，对于互联网＋、科技金融等概念，大家已敏锐意识到其前沿性质，同时它也带来了困惑与风险。但总体而言，被称为"金融科技"的"FinTech"，是现代信息技术创新与金融创新的结合，是中国推进现代化过程中必须跟上的创新大潮和必须占领的金融发展高地。这方面有数字经济结合而来的"数字金融"，它将大大提升金融的效率与功能作用，支持新发展格局的打造。

（3）有效投融资需联结改革创新中的各地高水平定制化方案设计

掌握好产业政策、技术经济政策跟市场对接的机制非常关键。当下宏观经济形势的一个突出特征，是经济下行压力明显，除中美贸易摩擦升级这一直接影响因素之外，外部压力也与国内的结构问题等内部"矛盾凸显"因素相交织，形成很大的不确定性和市场的不良预期。从宏观调控的"逆周期""引导预期"所客观要求的"相机抉择"来看，我们必须把握好可选择、可依仗的确定性因素，提振景气水平和市场信心，对冲不确定性和下行压力。这就要求我们坚定不移地深化改革，在深水区攻坚克难进一步解放生产力，坚定不移地全面扩大开放，并于注重多边博弈以反制美国的同时，别无选择地着力扩大内需，利用中国工业化、城镇化仍然非常可观的发展与升级空间、经济成长中作为世界上最大的发展中经济体的韧性和回旋余地，"做好我们自己的事情"。

扩大内需，必须以扩大"有效投融资"为十分重要的着力点，再推及以有效投融资和潜力、活力的释放来支撑扩大消费的可持续性。消费是投融资的出发点和归宿，但没有有效投融资支撑的消费，将成为无源之水、无本之木，不可能有后劲。面对贸易摩擦的严峻局面，只讲扩大消费而不讲扩大投资便成了"太阿倒持"。在此宏观调控政策框架下，我国现阶段应当及时采取有力措施，以机制创新、优化结构、增加有效供给的"聪明投资"为重点，提振投融资动力机制和景气态势。

我国新区、老区的种种投资建设，都要贯彻国土开发的"规划先行、多规合一"的方针，提高绩效、保证质量。大江大河的治理、病险水库的加固等，也应成为进一步提升社会安全系数的投资对象。诸如此类的各项投资，为经济社会的可持续发展、人民群众美好生活的实现与国家的长治久安，以及高质量"强起来"现代化进程奠定基础，然而今后几十年间是做不完的——当下应结合扩大内需、化解经济下行风险等，加紧进行。

提高投融资的"有效性"，必须结合改革创新来保证。在正确的国土开发、城乡建设规划指导的同时，最为关键的是紧密结合社会主义市场经济"现代市场体系"的打造、"高标准法治化营商环境"的建设，积极充分地运用以财政资金为后盾、重在发挥乘数放大效应的政策性融资以及PPP等创新机制，调动社会资金的潜力和积极性，提高建设项目的决策水平与实施绩效。当前财政政策服务于全局的加力增效，"加力"主要体现在适当提高赤字率、大力度减税降负与加快预算执行进度等方面，而"增效"则应主要体现在资金运用中的突出重点、优化结构。要借助贴息、政策性信用担保、产业引导基金和PPP（包括连片综合开发、特色小镇与产业新城建设运营等）"四两拨千斤"式地发挥有限的财政资金的乘数放大效应，少花钱多办事、办好事、不出事，让人民群众得实惠，让市场运行增景气，让经济发展有支撑、有充沛的新动力。

在扩大内需的一揽子计划里，各地有效投融资和机制创新的通盘规划是非常重要、必须把握好的要领，要落实一个尽可能高水平的、对接一线可操作性的定制化解决方案。比如，PPP模式应用在地方辖区的国土开发中，全市、全县的待建项目组合起来看，就是一个辖区整体的开发项目集群。对政府来说，通过模块化设计、模块化管理，规划、组合项目后力求形成最优的项目组合通盘方案，实施过程中也不排除动态调整和打包纳入更多项目，从而使得整个地区成为贯彻一个定制化的片区一揽子开发项目的主体。从政府的角度来说，这一思维逻辑的价值，是在于充分结合当地的通盘发展战略及未来规划，科学合理地评估和处理各个建设项目之间、PPP项目与当地社会经济发展全局之间的关联及影响，包括创新性地发展综合开发型PPP模式，针对一个地区或城市整体或某个领域的多个PPP项目的发展规划、投资、融资和运营，进行系统研究、统筹设计。这样可以有效解决政府既有的发展规划及项目运作方式之间的种种矛盾。统筹规划、开发型PPP模式所需的协调机制与制度供给、各地政府的PPP项目工作，涉及多个部门，很多业务大量交叉，容易出现的问题是各部门彼此并不充分了解对方的看法与运作机制，信息共享往往只停留在交接环节上。例如，政府财政部门主要的关注点是确保财政资金的合规发放，而污水处理企业或地铁公司则关心向财政部门申请资金，却并不清楚这笔资金的具体来源和全套使用要求。如果不采用PPP模式推进，这样似乎也不会出太大的问题（其实也在客观上制约了绩效水平的提高），但是如果采用PPP模式推进，相关所有方不了解财政资金的来源和使用规则，现实项目的"两评一案"就是不切实际的，就没有足够的决策参考性，这样会直接影响到项目融资结构的设计和交易架构的构建，政府付费、补贴、为公共产品和服务兜底的安排就会存在缺陷，以致与之相关的机制创新会成为无根之木、无源之水。就政府体制内而言，各部门之间也可能存在各种各样的偏好和利益冲突，从而大大降低PPP项目的推进效率。由此来看，要顺利推进建设项目，尤其是片区综合开发型PPP模式，就必须消除信息的孤岛效应，部门间的协调配合必须纳入高水平的通盘解决方案之中。

以全区域 PPP 项目组合打包为例，PPP 主管部门需要综合考虑不同子项目之间的关联度和连带效应，合理评估经营性、准经营性和非经营性项目、商业性与公益性项目，结合当地规划需求，将不同类型的项目进行排列组合、优化对接与呼应，以创造最大效益。这就要求政府各部门统筹协调，及时掌握信息，打破部门利益局限，消除信息孤岛效应，做实 PPP 项目推进基础，力求以最优的财务成本出现在公众（纳税人）面前；以最大化又合理兼容社会资本利益诉求的角度，去设计力求完善的模块化的 PPP 模式管理方案，形成最优的项目组合。站在全局的角度发挥统筹规划作用，形成 PPP 的模块化管理模式，有利于对点状的项目超额收益作全域通盘考虑，这样才能形成最优财务成本，少占甚至不占政府财政承受能力空间，符合各地政府"少花钱，多办事"的迫切需求，实质性地提升绩效。

各地政府必须立足全局，牵头组建 PPP 机构及授权 PPP 主管部门，专门开展全区域范围内的 PPP 项目总体规划及投融资方案研究，并积极与各相关方面协调接洽。政府应充分整合省、地级市、县各级各部门主管领域以内的数据、资料和信息，打破各个部门之间的信息孤岛状态，解决信息不对称问题，掌握全局性的可靠材料。只有这样，政府才能对项目的具体运作做到心中有数，也有利于项目咨询机构更好地了解政府的相关运作机制，有针对性地提出对当地未来发展规划及当地 PPP 项目健康有序发展的建设性建议，共同促使 PPP 项目总体规划、投融资及运营方案更加贴近实际，有的放矢，高效优化。

2. 优化收入分配释放消费潜力

中国 14 亿人的消费市场潜力极其巨大，扩大内需而形成内循环为主体的双循环，注重挖掘居民国内消费方面的潜力非常重要。而提升消费能力、释放消费潜力，既依赖居民收入总水平的持续上升，也密切关联和依靠优化收入分配格局。中国的收入分配及其相关制度机制优化，是经济社会转轨中推进国家治理体系和治理能力现代化的重大现实问题，也是双循环新发展格局的一大关键问题。

（1）居民收入增长占比走低后有所回升，部分居民"灰色收入"可观：最关键问题应聚焦于"非公平、非规范"及其制度性成因

在我国改革开放以来的经济社会发展中，国民收入分配总体格局发生了一系列演变。2000—2014年，居民收入与人均GDP增速之比，经历了先走低、后抬高的过程，前面8年（2000—2008年），我国人均GDP实际年均增长率为10%，城镇居民人均可支配收入的实际年均增长率为9.9%，农村居民人均纯收入的实际年均增长率为6.4%，均低于经济增长速度，但之后6年（2008—2014年），人均GDP的实际年均增长率为8.1%，而城镇居民人均可支配收入与农村居民人均纯收入的实际年均增长率，分别为8.2%和10%，都超过了经济增幅。可知居民家庭收入在国民收入中的占比在经历了下降过程之后，又转为上升[①]。

表4-1　2000—2014年国民收入初次分配格局

年份（年）	初次分配（亿元）				占比（%）			
	住户	政府	非金融企业	金融机构	住户	政府	非金融企业	金融机构
2000	65 811.00	12 865.20	18 529.92	794.40	67.15	13.13	18.91	0.81
2001	71 248.72	13 697.28	21 617.68	1 504.54	65.93	12.67	20.00	1.39
2002	76 801.57	16 599.95	23 666.49	2 027.70	64.49	13.94	19.87	1.70
2003	86 512.46	18 387.52	27 132.28	2 944.75	64.09	13.62	20.10	2.18
2004	97 489.67	21 912.66	36 979.34	3 071.90	61.14	13.74	23.19	1.93

---

① 刘伟，蔡志洲.新世纪以来我国居民收入分配的变化[N].北京大学学报，2016（5）.

续表

2005	112 517.06	26 073.94	41 532.18	3 494.24	61.28	14.20	22.62	1.90
2006	131 114.93	31 372.99	48 192.56	5 223.88	60.73	14.53	22.32	2.42
2007	158 805.28	39 266.86	61 525.47	6 824.39	59.61	14.74	23.09	2.56
2008	185 395.44	46 549.14	74 609.24	9 476.51	58.66	14.73	23.61	3.00
2009	206 544.03	49 606.34	73 275.18	10 894.40	60.69	14.58	21.53	3.20
2010	241 864.51	59 926.74	83 385.82	14 582.48	60.50	14.99	20.86	3.65
2011	284 282.94	72 066.93	94 853.93	17 358.58	60.67	15.38	20.24	3.70
2012	319 462.37	80 975.88	97 023.47	20 753.02	61.65	15.63	18.72	4.00
2013	353 759.88	88 745.04	120 826.03	19 865.78	60.66	15.22	20.72	3.41
2014	387 473.11	98 266.40	137 142.34	21 909.25	60.09	15.24	21.27	3.40

资料来源：2008、2013年经济普查修订的资金流量表。

表4-2　2000—2014年国民收入二次分配格局

年份（年）	再次分配（亿元）				占比（%）			
	住户	政府	非金融企业	金融机构	住户	政府	非金融企业	金融机构
2000	66 538.67	14 314.06	17 152.68	517.59	67.90	14.61	17.50	0.53
2001	71 865.34	16 324.18	19 327.19	1 254.42	66.50	15.11	17.88	1.16
2002	77 423.32	19 505.94	21 313.62	1 927.53	65.01	16.38	17.90	1.62
2003	87 268.45	21 946.82	24 339.09	2 866.89	64.65	16.26	18.03	2.12
2004	98 508.92	26 517.58	33 246.66	3 075.63	61.78	16.63	20.85	1.93
2005	112 910.16	32 573.69	36 987.87	3 100.65	61.49	17.74	20.14	1.69
2006	131 426.42	39 724.85	42 687.11	4 303.44	60.87	18.40	19.77	1.99
2007	158 558.63	51 192.09	54 207.96	5 284.53	59.51	19.21	20.35	1.98
2008	185 926.31	60 544.07	65 450.94	7 106.18	58.83	19.16	20.71	2.25
2009	207 302.37	62 603.34	64 171.08	8 405.70	60.91	18.40	18.86	2.47
2010	243 121.74	74 116.25	72 069.17	13 206.55	60.82	18.54	18.03	3.30
2011	285 772.58	90 203.21	78 990.47	15 179.18	60.99	19.25	16.86	3.24

续表

年份（年）	再次分配（亿元）				占比（%）			
	住户	政府	非金融企业	金融机构	住户	政府	非金融企业	金融机构
2012	321 399.16	101 301.11	78 875.93	16 855.35	62.02	19.55	15.22	3.25
2013	357 113.36	110 375.99	100 204.35	14 963.20	61.23	18.93	17.18	2.57
2014	391 109.95	121 574.23	116 262.29	15 932.81	60.66	18.85	18.03	2.47

资料来源：2008、2013年经济普查修订的资金流量表。

根据国家统计局数据，可计算出2000—2014年我国政府、企业、居民三部门在国民收入初次分配与再次分配中的占比情况（如表4-1、表4-2）。居民所占比重在经历下降过程后走过2008年的低点而有所回升，但总体上在此期间下降了6个百分点左右。这种"蛋糕三分"情况的变化曾一度成为多方关注与讨论的热点，被认为与我国消费率偏低等现象密切相关。白重恩等学者的相关研究测算了这个"比重走低"问题，具有中国学界主流观点的影响力[1]。

但根据中国改革基金会国民经济研究所副所长、研究员王小鲁的研究，我国国民收入分配中存在巨额的"灰色收入"，未能反映在国家统计局的数据中，属于隐性收入。在2008年，其总规模约为4.6万亿元[2]，后根据他的又一轮估算，基本结论是，2011年我国灰色收入总规模为6.2万亿元，相当于GDP的12.2%[3]，而且这种隐性收入的分布是极不均衡的：这块收入中的63%集中在前10%的高收入家庭，80%集中在前20%的高收入家庭。

---

[1] 白重恩，钱震杰. 国民收入的要素分配：统计数据背后的故事[J]. 经济研究，2009（3）.

[2] 王小鲁. 灰色收入与国民收入分配[J]. 比较，2007（31）.

[3] 王小鲁. 灰色收入与发展陷阱[M]. 北京：中信出版社，2012.

相比王小鲁这一同样广泛引起关注和重视、形成主流观点影响力的研究成果，白重恩等学者根据官方统计数据得出的研究结论，恰恰与之"冰炭不能同器"：考虑了这一巨额的影响因素后，居民收入占比非但不会下降，依基本逻辑关系，还应当是有所上升的。到底如何，自然会有见仁见智的讨论，但由于种种条件制约，各种观点的量化结果均不可能十分精确。但应当看到，王小鲁这一研究结果的独特价值是无可否认的，他把实际生活中人们早已感受到的非规范收入问题，纳入严肃的学术研究框架，得出其规模巨大的一种量化分析结果——具体量值上的难以精确，并不能否定问题性质上的重大现实意义，我们不应局限于统计局的官方数字来认识中国的收入分配问题，也不宜局限于居民部门所占比重的下降问题，特别是应深入探究"隐性灰色收入"问题背后的收入分配结构问题，即收入差距、财产差距问题，收入分配的公正性、规范性问题，以及与之相关的深层次制度性成因。

关于中国居民收入分配结构的"收入差距过大"问题，早已引起各方关注，以基尼系数的官方数据衡量（如表4-3所示），2008年达到历史记录最高值的0.491，以后逐渐走低，但2016年仍在0.46以上，属于过高状态；而非官方研究群体对于中国基尼系数的测算结果，往往明显高于官方数值，如西南财经大学中国家庭金融调查（CHFS）的研究结论，高达0.61。与之相随，居民财产分布的基尼系数更高，北京大学中国家庭追踪调查（CFPS）形成的《中国民生发展报告2015》基于全国25个省市160个区县14 960个家庭的基线样本，得出的结论是全国居民家庭财产基尼系数已从1995年的0.45扩大为2012年的0.73，顶端1%的家庭占有全国约1/3的财产，底端25%的家庭拥有总量仅在1%左右（2016年1月13日《第一财经日报》）。

表4-3 各类来源基尼系数比较

年份（年）	国家统计局	西南财大 CHFS	北大 CFPS
2002	0.454	–	0.55（财产）
2003	0.479	–	–
2004	0.473	–	–
2005	0.485	–	–
2006	0.487	–	–
2007	0.484	–	–
2008	0.491	–	–
2009	0.490	–	–
2010	0.481	0.60	–
2011	0.477	–	–
2012	0.474	0.61	0.49/0.73（财产）
2013	0.473	–	–
2014	0.469	–	–
2015	0.462	0.60	–
2016	0.465	–	–

资料来源：根据公开报道资料整理。

特别关键性的认识是，与居民收入、财富差距扩大形影不离的，是收入分配的不规范、不公正问题。大量的隐性收入，包括"灰色"（涉及尚不宜直接认定为违法乱纪的种种不规范分配）的和其中的"黑色"（涉及腐败等犯罪行径）的收入，在分配格局中占据不容忽视、相当可观的分量。探究其成因，自然应聚焦在相关制度供给的有效性不足问题上，进而探求以改革来矫治之路。

如把王小鲁估算的5万亿—6万亿元规模的不规范灰色收入考虑在内，我国居民部门所得在这些年间并非减少份额，而且很可能其份额还会有所增加，只是关于具体增加了多少的认定，的确成为一个棘手的难题，无法形成权威解释。然而，我们依据常识和相关指标的逻辑关系，可知王小鲁所指的隐性收入，一部分是在财务与统计信息中"偷梁换柱"地从非居民部门转到居民部门内的，这一块只影响"蛋糕"的切分结构，不影响我国 GDP 的总量，而另一部分却会以"坐支"方式不进入财务与统计信息，于是合乎逻辑地说，这一块会以做"加法"的因素影响我国 GDP 的总量，即构成使"蛋糕"增大的贡献因子。但实际上，这个"加法"也肯定难以为官方统计部门所接受。因此，在种种制约条件下，虽然可以认为依王小鲁的研究成果而量化地调升中国 GDP 总规模不具备可操作性，但在中国 GDP 内部结构视角上，适当调升居民部门份额，却显然是合理的且必要的。至于调升多少，确实也难以精确定论，但至少这个审视已显著冲淡了关注"居民所得比重下降"问题的必要性，而启示我们更多地把注意力放在中国国民收入分配的真问题——不规范、不公正、差距悬殊上来，特别是应循着改革逻辑深刻认识其所关联的深层制度性成因，进而探求有效对策。

国务院副总理刘鹤指出："收入分配差距是中国经济最大的不平衡"。[①]这种收入分配差距中内含的非规范性、非公正性，与现实生活中主要源于制度供给有效性不足而发生的不正之风、贪污腐败、权钱交易、化公为私、国资流失、巧取豪夺等实为一体，弊病性质最为严重，事关人民的基本福祉、社会的公平正义和执政党与国家的命运、前途，是当代中国正确处理收入分配所需解决的核心与要害问题。

（2）中产阶层重要意义的认识、判断和培育、壮大中产阶层面临的挑战

关联于中国收入分配基本格局的认知，还需特别注重中国中产

---

① 彭文生. 渐行渐远的红利——寻求中国新平衡 [M]. 北京：社会科学文献出版社，2013.

阶层的状况及如何使其得到培育和壮大的问题。

中国在实施现代化战略中的基本诉求，是基于以人为本的立场、维护和促进内外部和谐状态下的"和平崛起"。把收入分配与对社会和谐状态的追求联系起来，有一条十分为人们所看重的基本经验，即培育和壮大中等收入阶层（"中产阶层"）是促进与实现社会稳定和谐的重要条件。在一个中等收入阶层成为社会成员主体的社会之中，巨富者和贫困者都是少数，这样的社会可被形象地称为"橄榄型"（"两头小，中间大"形似橄榄）的社会，是最具有稳定、和谐特征的社会，因为大量有"恒产"的中产者，容易具有敬业乐群的"恒心"，中产之上的富豪阶层及之下的低产阶层相对量均较少，则客观上有利于缓解矛盾，不少发达经济体的实证情况，正是这一判断的基本依据，而中国与这一类型社会的明显差异，被认为是需要努力加以改变之处。这就是"培育和壮大中等收入阶层"的内在逻辑与必要性的缘由。

从传统体制下过度的平均主义，演变为改革开放中"一部分人、一部分地区先富起来"，中产阶层的增加应是顺理成章的情况。但在当下如何估量中国中产阶层的发育程度，还有不同的认识与不少的纠结。在此特别阐明如下两个层次上的基本认识。

首先，在相关的概念上应强调，中等收入阶层是个相对的、定性的概念。所谓相对概念，就是说不要太计较与别的经济体在绝对数值上的对比，主要应看居民于所在经济体内的上下对比关系。所谓定性概念，就是要理解中等收入阶层应该是这样的一些社会成员：他们有恒产——中国人特别看重的有房有车（特别是有房的时候，不应是以痛苦的当房奴的状态去占有它），还要有一定量的储蓄，有相匹配的教育、医疗等方面中高水平的生活服务，并且要与社保体系融为一体，而且还应具备享受旅游等生活闲暇的能力等。要从定性上来认识这样的中等收入阶层，需要进一步探究在参考现有的官方统计数据时，要怎样消除一些假象而努力接近真实情况。

2016年，按国家统计局数据，全国居民五等份收入分组，基本情况如表4-4和图4-1所示。

表4-4 2016年全国居民五等份收入分组统计

分组	人均可支配收入（元）	占总人均可支配收入的比重（%）
低收入组	5 529	4.23
中等偏下收入组	12 899	9.88
中等收入组	20 924	16.02
中等偏上收入组	31 990	24.49
高收入组	59 259	45.37

注：全国居民五等份收入分组是指将所有调查户按人均收入水平从低到高顺序排列，平均分为五个等份，处于最高20%的收入群体为高收入组，依此类推依次为中等偏上收入组、中等收入组、中等偏下收入组、低收入组。

资料来源：《中华人民共和国2016年国民经济和社会发展统计公报》。

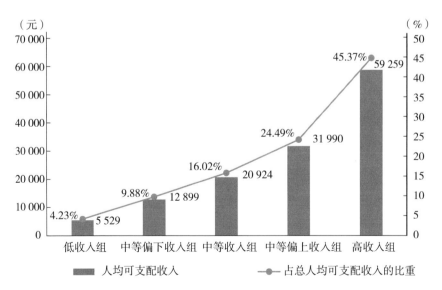

图4-1 2016年全国居民五等份收入分组统计

资料来源：《中华人民共和国2016年国民经济和社会发展统计公报》。

统计数据表明，中国人现在的"收入五等份"，直观地看，收入最高层级的和次高层级的这两组，共占 69.86% 的总人均可支配收入，其中最高收入组占 45.37%，即按社会成员收入结构比重的分布来看，1/5 的家庭掌握了近 1/2 的总收入，其次的 1/5 家庭掌握了约 1/4 的总收入，这是有别于基尼系数的另一个统计视角，表明中国社会收入分配的差异悬殊状况。应当指出，这一统计结果对中国社会真实收入差异情况的反映，仍是严重不足的，其中非常重要的原因，就是这一套五等份统计数据主要来自家计调查，而家计调查是由人们自愿填报的（抽取调查户时，不自愿，即跳过）。在现实生活中，真正的富豪很少有人愿意填报。王小鲁教授做过深入研究的中国那些有灰色收入、黑色收入的人们，一般也是不填报的，即使他填报，也不会如实填报自己的灰色收入、黑色收入。所以，这些家计调查数据放在一起，我们不能说它没有意义，但它与中国社会的真相有比较大的差距。它无法充分揭示中国居民收入分配这个视角上实际的收入、财富占有倒金字塔型和人口比重正金字塔型这两个方面的结构差异特征，也会由此掩盖一些有关中等收入阶层的真实情况，使关于中国中产阶层成长和整个收入分配格局的相关判断偏于乐观。

其次，中国已有的中产阶层陷于较明显的焦虑，折射着现阶段很突出的挑战性问题。

应指出，在已经形成的我国"新中产"人群中，客观上的种种原因还促成了他们主观心理状态上较高程度的"焦虑"，表现为与其他经济体中产阶层心态稳定的特征明显不同。2016 年 7 月，英国《经济学人》杂志在专题报道中称，中国中产阶层有 2.25 亿人，他们是世界上最焦虑的一群人。该报道把中国中产阶层定义为家庭年收入在 1.15 万—4.3 万美元之间的人，约为家庭年收入 8 万—30 万元人民币的群体——这个数量区间未按家庭人均年收入这个更准确的指标来衡量,是值得商榷的,标准偏低,但数量规模应低得还不算太离谱。与之大同小异的估计,是麦肯锡和波士顿咨询的规模估计:2020年,中国的中产阶层人数将达到3亿或再高一些。换言之,近14亿人中,除了为数不太多(肯定达不到1亿人)的高收入阶层成员和3亿人左右的中产阶层成员外,其余全部都是中产阶层以下的中低收入与低收入成员。

中产阶层所焦虑者主要是住房的价位节节升高,环境安全威胁明显,子女教育、医疗、未来养老等的负担都日益沉重,加班太多,个人时间被挤占所带来的紧张,等等。怎样消除这些焦虑,使他们充分体现助益社会稳定的作用,这是中国在培育、壮大中产阶层方面所面临的特定挑战。

(3)关于我国消费堵点:从收入分配视角的分析

我国近些年消费贡献对经济增长的作用有分量上升的表现,内需中消费的比重趋于增加。随着对疫情逐渐得到有效控制,我国经济逐步恢复常态化的增长,以及在双循环新发展格局中更加注重高质量健康发展,消费将是推动国民经济持续发展的重要引擎,打通消费堵点意义重大。经过具体考察分析得知,当下国内消费的堵点,主要有如下两大方面。

一方面,居民可支配收入差距大,制约了公众总体的消费能力。

居民可支配收入,即社会成员有货币支付能力的消费购买力,是影响消费的重要因素,因为它是消费之源。目前我国人均可支配收入已达到中等收入国家水平,但是城镇居民人均可支配收入与农村居民人均可支配收入之间存在着较大差距,2013—2019年,农村居民人均可支配收入始终维持在全国人均可支配收入一半左右水平

（如表4-5、图4-2），农村居民的人均消费支出，也一直低于城镇居民消费支出的一半（如表4-6）。2020年全国人大会议期间，国务院总理李克强答中外记者提问时指出，中国是一个人口众多的发展中国家，目前人均年收入已达3万元人民币，但是仍有6亿人每个月的收入仅有1 000元出头，现在享受低保、失业保障、特困救助等的人员大概一年有6 000万人，按原来的统计还有500多万贫困人口，但是2020年又受到新冠疫情冲击，需要保障和救济的困难群众可能会更多。庞大的低中收入群体的收入水平和消费能力，显著地制约着中国社会公众总体的消费能力。

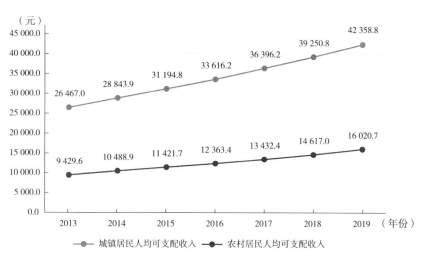

图4-2　2013—2019年城镇居民与农村居民人均可支配收入

资料来源：国家统计局网站。

表4-5　2013—2019年人均可支配收入规模和增幅

年份（年）	全国人均可支配收入		城镇居民人均可支配收入		农村居民人均可支配收入	
	绝对数（元）	比上年增长（%）	绝对数（元）	比上年增长（%）	绝对数（元）	比上年增长（%）
2013	18 310.8	—	26 467.0	—	9 429.6	—
2014	20 167.1	10.1	28 843.9	9.0	10 488.9	11.2

续表

年份（年）	全国人均可支配收入		城镇居民人均可支配收入		农村居民人均可支配收入	
	绝对数（元）	比上年增长（%）	绝对数（元）	比上年增长（%）	绝对数（元）	比上年增长（%）
2015	21 966.2	9.0	31 194.8	8.2	11 421.7	8.9
2016	23 821.0	8.4	33 616.2	7.8	12 363.4	8.2
2017	25 973.8	9.0	36 396.2	8.3	13 432.4	8.6
2018	28 228.0	8.7	39 250.8	7.8	14 617.0	8.9
2019	30 732.8	8.9	42 358.8	8.0	16 020.7	9.6

资料来源：国家统计局网站。

表4-6 2013—2019年人均消费支出

年份（年）	全国居民人均消费支出（元）	城镇居民人均消费支出（元）	农村居民人均消费支出（元）	城镇居民消费占比（%）	农村居民消费占比（%）
2013	13 220.4	18 487.5	7 485.1	71.2	28.8
2014	14 491.4	19 968.1	8 382.6	70.4	29.6
2015	15 712.4	21 392.4	9 222.6	69.9	30.1
2016	17 110.7	23 078.9	10 129.8	69.5	30.5
2017	18 322.1	24 445.0	10 954.5	69.0	31.0
2018	19 853.1	26 112.3	12 124.3	68.3	31.7
2019	21 558.9	28 063.4	13 327.7	67.8	32.2

资料来源：国家统计局网站。

改革开放以来，虽然我国经济总量和居民人均收入有很大增长，但是在经济迅速增长的同时，收入差距也逐渐增大。关于中国居民收入分配结构视角的"收入差距悬殊"问题，早已引起各方关注。以基尼系数的官方数据衡量（如图4-3），2008年达到历史记录最高值的0.491，以后虽逐渐走低，但2016年仍在0.46以上，按国际标准，属于过高状态；非官方研究群体对于中国基尼系数的测算结果，更是高于官方数值。经济增长虽然是减贫的根本，但收入差距过大却提高了贫困发生率[①]。幅员辽阔、人口众多是我国形成超大规模国内市场的先天优势，但是对可支配收入水平较低的中低收入阶层乃至贫困阶层而言，空有增加消费的愿望，却不具备相应的消费能力，而且对可支配收入过低的贫困群体来说，尤其是他们在健康和教育等人力资本培育重要方面消费的愿望得不到满足，不仅会影响现阶段的消费需求，也会在长期贫困循环中影响未来的消费需求。在我国 14 亿人中，虽有合计 4 亿左右的高收入阶层和中产阶层，但有约 10 亿人是低收入者，占了总人口的 70% 以上，这样的"金字塔型"收入分配格局，与收入再分配"抽肥补瘦"机制建设的不到位也密切相关，严重制约公众总体消费水平，是消费需求的一个堵点。

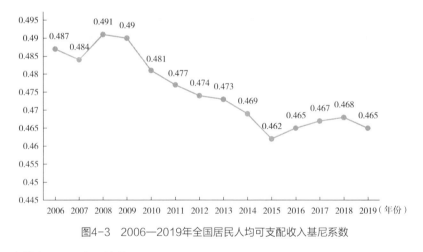

图 4-3　2006—2019 年全国居民人均可支配收入基尼系数

资料来源：国家统计局网站。

另一方面，相当多的居民边际消费倾向不足，即他们虽有一定收入，但是有种种"后顾之忧"，引发了较高的"预防性储蓄"倾向，不敢消费。

---

① 程名望，Yanhong，盖庆恩，史清华. 农村减贫：应该更关注教育还是健康？——基于收入增长和差距缩小双重视角的实证［J］. 经济研究，2014（11）.

凯恩斯的绝对收入假说已提出了边际消费倾向递减规律。随着收入的增加，消费也会相应增加，但是消费的增加量小于收入的增加量。此外的"预防性储蓄"，则是居民控抑消费、增加储蓄的重要原因，即居民为了预防如失业、疾病治疗、子女教育费用等不确定事件的发生，会有意强化自己的储蓄行为，以防未来不时之需。居民对未来的顾虑越多，预防性储蓄倾向就会更加明显，而相应的消费倾向就会更低。

对于现阶段我国消费水平，一方面，从短期看，居民消费受到新冠疫情这个黑天鹅事件影响较大；另一方面，从长期看，居民有较多的后顾之忧也是居民消费倾向不高的重要原因之一。新冠肺炎疫情严重爆发的2020年1—4月，社会消费品零售总额这一指标的同比增速严重下滑（如图4-4所示），疫情对社会消费产生了较为严重的负面影响，之后随着对疫情的控制逐渐取得了成效，复工复产逐渐展开，消费也逐步恢复。

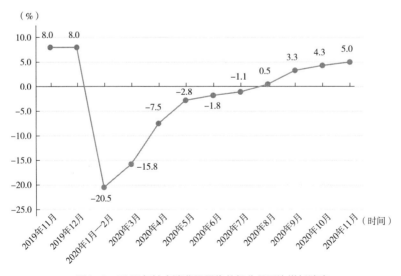

图4-4　2020年社会消费品零售总额分月同比增长速度

资料来源：国家统计局网站。

综合全年，疫情对社会消费造成的冲击不容忽视，但有望较快消减。据国家统计局分地区的统计，2020年1—11月，城镇消费品零售额达304 413亿元，同比下降4.9%；乡村消费品零售额47 002亿元，下降4.3%，城镇和农村的消费都因疫情明显受挫。至目前新冠疫情已持续一年，成为笼罩全社会日常生产、消费的一片阴霾，但在以"武汉解封"为标志基本控制疫情蔓延之后，城乡消费已在2020年8月转为同比正增长，10—11月已分别增长4%和5%以上（见图4-4和表4-7，环比数据见图4-5）。

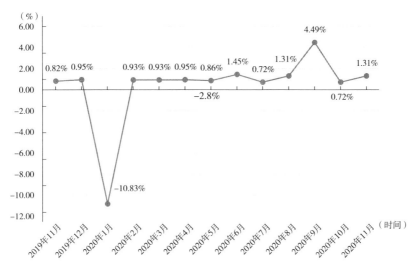

图4-5 2020年社会消费品零售总额环比增长速度

资料来源：国家统计局网站。

表4-7 2020年1—11月分地区消费品零售额规模和增幅

月份（月）	城镇消费品零售额（亿元）	乡村消费品零售额（亿元）	城镇消费品零售额同比增速（%）	乡村消费品零售额同比增速（%）
1—2	44 881	7 249	−20.7	−19.0
3	22 974	3 476	−15.9	−15.1

续表

月份（月）	城镇消费品零售额（亿元）	乡村消费品零售额（亿元）	城镇消费品零售额同比增速（%）	乡村消费品零售额同比增速（%）
4	24 558	3 620	−7.5	−7.7
5	27 881	4 092	−2.8	−3.2
6	29 052	4 474	−2.0	−1.2
7	28 025	4 178	−1.1	−1.3
8	29 273	4 298	0.5	0.7
9	30 200	5 095	3.2	4.0
10	33 498	5 078	4.2	5.1
11	34 072	5 442	4.9	5.6

资料来源：国家统计局网站。

估计2021年后，2020年令我们措手不及的新冠肺炎疫情对社会整体消费水平造成的负面影响能得到明显消除，这应是大概率事件，但消费需求不足将更突出地表现在老百姓的"后顾之忧"上。总体而言，亟须改进和健全养老、医疗、教育等社会保障和公共服务制度，降低百姓的"预防性储蓄"倾向。近些年我国的社会保障制度建设在缓解贫困和调节收入分配方面发挥了一定的作用，但是与许多其他国家相比，中国社会保障在调节收入分配方面所发挥的作用仍相当有限[①]，有待加强顶层设计和加快改革，完善多层次保障体系。法律制度层面，当前我国只有《中华人民共和国社会保险法》，养老、医疗等方面并未被纳入其中，难以满足现实需要。2020年4月30日，国家统计局公布了《2019年农民工监测调查报告》，其中相关具体数据显示，2019年农民工总量达到29 077万人，约为中国总人

---

① 李实，朱梦冰，詹鹏. 中国社会保障制度的收入再分配效应[J]. 社会保障评论，2017，1（04）：3–20.

口的 1/7，且农村流动人口占城镇劳动力市场的人口比例高达 43%。虽然 2020 年 2 月份疫情高峰期城镇调查失业率为 6.2%，之后随着疫情好转有所降低，但是目前我国的失业率调查是通过城镇劳动力情况抽样调查所取得，其中并不包括对农民工失业的统计，即如果农民工因经济形势不好失业回乡，并不能被统计到。疫情期间据农业农村部统计，当时中国新增返乡留乡农民工超过 800 万人。如此数量庞大的农民工群体，就业不稳定，享有的社会保障不完善，自然在较大程度上限制了我国消费需求的释放。而随着收入增加，边际消费倾向的递减也会减少一般消费支出，因此，释放有消费愿望但是因为后顾之忧而选择储蓄的这部分人群的消费力，具有较大的空间，也与应匹配的需求侧改革息息相关。

此外，统筹基本养老金，进一步发挥养老金"蓄水池"的共济互助作用，具有重要意义。以基本养老全国统筹迟迟不能落实为例，分散的"蓄水池"过多，其"互济"功能就受到很大局限。如果将其变为全国性"蓄水池"，便能更好发挥资金调节功能。不同人口结构区域间的调剂功能提升上来后，辽宁和东北等地的养老金发放难题，就可以依靠"蓄水池"的"互济"功能加以解决。过去其中的行政阻力较大，相关部门形成了庞大的管理队伍，手握实权管理收缴费用，这样就为部门自身带来了既得利益。2018 年个人所得税改革将该系统所有的收费管理功能交给税收工作系统，意味着消除了一个很大的既得利益阻碍因素，我国应乘势加快落实已提出了十余年的全国统筹改革目标。如果实现基本养老保险全社会统筹，便可在全国形成一个统一的缴费比例，有利于劳动力无壁垒地在统一市场流动，而且可以通过精算分析，得知全国"蓄水池"功能提升后，缴费率可以下调的量值，这样一来就有条件来降低企业相关的缴费负担。

（4）优化收入分配机制，提升居民消费能力和边际消费倾向的对策思路

虽然我国居民的平均收入在增加，但是不同阶层的实际收入和消费能力仍然悬殊。平均数会掩盖很多矛盾：一个亿万富翁的收入就能把许多一般人的收入水平，平均到百万富翁级别。前已论及，现在中国仍有 6 亿左右的人每月可支配收入仅在 1 000 元。这 6 亿人的消费能力相当有限，但他们是社会成员中不可忽视的相当大的组成部分。从总体而言，现在大多数的中国人，还处于中低收入阶层。虽然近年中国中产阶层有所发展，但也仅仅是 14 亿人的零头。除此之外，还有财富在"金字塔尖"的人群——这类"先富起来"的人数量约几百万，在 14 亿人中比重还相当低，但他们掌握的收入和财富比重却相当高。因此，全面地看，14 亿人中约有近 10 亿低中收入者和低收入者，他们的消费能力仍相当有限。

对消费不足的原因具体分析，还可指出两个方面。第一是上述分析指出的许多人可支配收入的水平低，无法消费，即消费能力不足；第二则是边际消费倾向不足，即不少人虽有一定收入和消费能力，但是有顾虑、不敢消费。"对症下药"解决这两方面的问题，都涉及相关制度和规则的优化改进。前文对于降低百姓的"后顾之忧"以提高边际消费倾向已有所分析论述，至于如何让百姓提升消费能力即提高低收入劳动者的收入，更应结合相关改革和政策加以重视和解决。

提高低收入者收入有两个切入点。第一是正面鼓励就业、提供更好就业机会。随着经济社会的发展，政府在提高低收入者技能水平以提高其就业能力方面，已做了不少努力，另外政府也在积极鼓励民营企业继续发展，以使其在带动就业方面多做贡献。今后还需

要这样双管齐下，以打造高标准法治营商环境鼓励和引导创业创新、搞活企业为基础，一是做好从农民工的培训到职业教育、在职培训、技术工人培训的多种形式的培养工作；二是以保护产权、竞争中性和服务型政府建设，继续给提供 80% 以上就业岗位和 90% 以上新增就业机会的民企"吃好定心丸"，在适应经济社会发展需要的同时，促成充分就业局面并提高低收入者的收入。

第二是优化、强化政府对低收入者的转移支付，其扶助对象通常为各类弱势群体，最极端的就是病患者、残疾人、独居老人和孤儿等。对这类低收入者，需要依靠抚恤、低保和各类对于弱势群体的特定津贴与救济等依托于公共资源的政府转移支付，让他们有保障基本生活的消费能力。

中国仍是世界上最大的发展中经济体而非发达经济体。因此现阶段如套用发达经济体经验数据中的消费占 GDP 70% 以上，是有盲目性的。但从近年数据看，我国消费率有所提高，符合中国到了中等收入阶段以后又进入中高等收入阶段过程的特征。中国到"十四五"末期有望上升为高收入经济体，跨越"中等收入陷阱"进入高收入俱乐部是我们努力的方向，如配之以适当调动居民消费潜力的制度和政策，我国消费率的提高应该是顺理成章、水到渠成的，不应将这一释放消费潜力的举措，理解为当下就要向发达国家的具体数据看齐。

在 2020 年新冠肺炎疫情的冲击下，中国的消费率阶段性明显下降，但是 2020 年中国在防疫经验、疫苗推广、提高救治率方面的持续进步，又会形成积极信号和推动消费上升的因素。在有效药和护理经验增加的情况下，新冠肺炎病例治愈率提高、死亡率降低，如不出大的意外，2021—2022 年中国社会商品零售总额升幅等消费指标，预期会基本接近疫前的正常情况，但努力在改革中优化收入分配制度机制与政策仍十分关键。

还应强调，注重以内循环为主体，客观地需要更为注重怎样优化收入再分配手段，以释放 14 亿人口巨大经济体的消费潜力。如前所述，我国收入分配中仍存在差距过大等不合理之处，这决定了必须通过优化收入再分配，才能更好地改进民生和实现更顺畅的内循环。那么，中央已明确指出的逐步提高直接税比重的方针，涉及中国在改革深水区如何"啃硬骨头"推进房地产税立法与改革的任务，必须攻坚克难。2018 年已有一轮改革成绩的个人所得税，也很有必要在深化其改革中作出动态优化。

（5）优化支撑收入分配布局的现代财税制度建设

优化收入分配的重要抓手是税制改革，符合现代化建设要求的财税制度必然需要充分发挥税制在收入分配全局中的优化调节作用。在此从中国企业负担视角切入，联结其他关联因素和问题，展开分析如下。

首先，中国的企业负担如何降低与合理化。

2016 年 12 月，福耀玻璃董事长曹德旺的一番言语"一石激起千层浪"，引发社会热议。他在谈到在美国投资办厂的同时，强调了中美对比之下的企业负担问题，实际上所讨论的是国民收入分配体系中的税、费及其他分配机制应怎样合理化的问题——从这个视角可正面表述为如下命题："中外税费及其他企业负担的'全景图'和相关改革的分析认识"，相关考察可简要展述如下。

第一，曹德旺提出的议题重要，但结论还不到位。曹德旺所涉及的美国和中国对比的企业人工费、电费、天然气成本、物流中的过路费，其他开销里的厂房、土地与各种各样的融资、清关、配件的相关负担，这些其实与税没有直接关系，不是税的概念能涵盖的。他把这些所有的项目都做了相关的考量以后，最后做的总结却是一句话：中国综合税负比美国高35%。这就需要澄清一点：他到底说的是税，还是税和其他负担的总和？显然他实际上已在全盘考虑后者，结论却未说到位，我们作为研究者的学术探讨，更应该按后者，即税内税外的所有负担，来把握"全景图"。

第二，全球发展竞争中确有"用脚投票"，相关的企业负担问题绝不限于税，但可以先从减税开始讨论。社会热议中的"曹德旺要跑"之说使他感到十分委屈，是可以理解的。他其实早在20年前就在美国布局，早早就"走出去"发展下到了新的阶段，在生产经营方面有自己进一步乘势扩大规模的意愿和感受到的现实可能性，专业化生产汽车玻璃要跟着汽车产能走，中国国内的产能和美国的产能都在发展，他两边都得跟上。但社会关注的企业家是否会"跑掉"的问题，又不是空穴来风。在全球发展过程中，实际上确实存在不同主体会"用脚投票"来实施要素流动、实现资源配置的竞争。曹德旺提出这样一个引起大家普遍关注的企业负担重要问题，在形成社会广泛的讨论之后，应该乘势引发理性认识，更清晰地形成对真实情况的把握、分析，然后力求建设性地提出应该尽快采取的一些对策措施。

第三，中国企业普遍反映"负担沉重"这种情况，与其他经济体相比，既有共性（几乎所有企业都存在"税收厌恶"，必说税负重，主张轻些更好），又有个性（中国的企业负担与其他经济体相比名目更多、更复杂），考虑在全球化背景下企业"用脚投票"的竞争中提升中国投资环境的吸引力，减轻企业负担，需考虑的绝不仅限于税，但可以先从减税开始讨论。

"减税"显然是回应社会诉求的"得人心"之举。中国现在设立、开征的正税为18种，要想再减，具体减什么，这是关键的问题。

表4-8 中国现行税种一览表

税种类别	税种内容
货物和劳务税（5种税）	增值税、消费税、营业税[①]、关税、车辆购置税
所得税（3种税）	企业所得税、个人所得税、土地增值税
财产税（7种税）	房产税、资源税、城镇土地使用税、车船税、耕地占用税、契税、船舶吨税
其他税（4种税）	环境保护税、印花税、烟叶税、城市维护建设税

注：我国现行税种总数为19种，考虑营改增后营业税停征的情况，实际开征18种。

第四，如果按照决策层要稳定或降低宏观税负、同时又要"逐渐提高直接税比重"的意向，那么言下之意就是要以降低间接税的税负（主要是表4-8中第一类）为大方向。

中国降低间接税的同时需考虑提高直接税比重。虽然纳税人都不愿意加税，但是选择性加税，实际上是在努力解决降低流转税税负、维持适当的宏观税负水平和优化税制结构、加强直接税再分配功能、遏止两极分化这些大前提之下必须处理的配套改革问题。如要"降低宏观税负"，在以税改提高直接税比重这方面的要求可相应宽松一点儿，但增加直接税毕竟是十分棘手的改革难题，即使行动起来，其收入的上升估计也是一个较慢的过程，与这个很慢的上升过程相对应的却是很快降低的过程（就是减少间接税）。因此，必须找到短期内填补其缺口的收入来源（如增加政府举债），而这又将会面临越收越紧的约束条件。

中国的情况是，直接税中个人所得税几乎无足轻重（近年仅占全部税收收入的6%左右），企业所得税已经减了许多（标准税率早

---

① 自2016年全国"营改增"铺开之后，逐步推进取消各行业营业税。

已降为25%，高科技企业更早已优惠至15%，中小企业减半征收即为12.5%，加速折旧、研发抵扣都有匹配，许多地方政府提供"两免三减"等），继续减税的空间很有限了。而且只讲减间接税，就变成了仍在"顺周期"框架里的"东施效颦"（经济偏热时会继续升温，偏冷时升温会很有限，还会刺激地方政府"正税损失非税补"的"刮地皮"扭曲行为），非但没有"自动稳定器"功能，还会助长我国的一些矛盾问题（粗放发展、累退分配、价格波动等）。

第五，在综合考察双循环格局中，企业减税降负要把握以下两个方向。

首先，营改增这一"结构性减税"，已经于2016年5月1日之后在框架上做到全覆盖，使营业税退出了中国的历史舞台。增值税细处还有一些问题，需调查研究后寻求解决，并具体落实到改进措施的设计与实施。如若干年后条件具备时，不排除会将增值税的标准税率水平作较明显的向下调整。另外，企业所得税标准税率，还可考虑从25%进一步调低到20%左右——这至多是介于"微调"与"中调"之间的调整；小型企业所得税的征收方面，"起征点"还可以再抬高，但抬高后，一家企业一个月充其量也只是减少一两千元的税，对企业来说未必能有多大帮助；对于企业研发支出得到企业所得税最高175%的抵减这一优惠政策，亦可考虑能否进一步提高优惠程度，但这也并非力度很大的减税措施。从这些已经可以感受到在我国正税框架里，我们所面对的减负空间的局限性已比较明显。

其次，减少行政收费、关联大部制改革等的攻坚克难。我国对行政性收费已在若干年间做了不少的整合、清理，在有关部门多次表示能取消的取消、能降低的降低之后，我国企业负担仍然明显高于其他经济体。娃哈哈集团反映的高达500项以上的各种收费，经有关部门核对，可归并的归并之后，仍高达300多项，也称得上"多如牛毛"了。其背景是相关公共权力环节的各个部门，在这方面已经形成了一定的既得利益，部门的审批权后面跟着的往往就有明的收费权和暗的"设租"权。很多具体收费是由这种公权在手的"权力行使"带出来的。

如何降低这些行政性收费里的很多负担，其中有一个难题，就是整个政府的架构如何完成"脱胎换骨"或者说至少也是"伤筋动骨"，最好是整合在一起的改造，即实施大部制、扁平化的改革。但实际上，我国的大部制改革还需要进一步深入。这是中国改革深水区要面临的巨大难题。

降低"五险一金"水平，必须解决社保基金制度机制问题。关于"五险一金"的减降，有空间，有基本共识，但潜力空间需要改革才能打开。如果基本养老的全社会统筹做不到位，现在所讨论的"五险一金"要往下降，有些地方支付压力大到过不去怎么办？如果真正冲破省级统筹局限做到全社会统筹，"过不去"就变成"过得去"了，因为至少30多个（实际上为数更多）"蓄水池"（社保基金池）变成了一个，互济、共济的功能将立刻大为提高，降低"五险一金"自然而然就可以跟上来了。整个"蓄水池"系统潜在的调节功能，可以承担降低"五险一金"的这个调整，但如没有这个"蓄水池"的改造，却就是总也过不去，问题就这么简单，但又属于触动既得利益的"攻坚克难"改革任务。

第六，企业的隐性负担问题相当严重。必须指出，中国企业负担中的一大"特色"是隐性负担沉重。比如，企业开办至少要盖几十个章，实际上必然产生一系列、形成一大块的隐性成本与综合成本。所以，正税减降不是中国减轻企业负担问题的全部，甚至已不是最主要的部分。减轻企业负担的讨论，实际上需要从"减税"切入，随后自然而然地对应现实情况扩展到必须怎样整顿、改进整个市场营商环境的讨论，特别是要延伸到如何遏制种种潜规则造成的设租寻租、变相索贿等。近年企业反映还有另一种变相的负担——"为官不为"，这同样也是负担。拖着企业的时间，可能就把企业拖死了，这不也是负担吗？要破除这些约束，需要"冲破利益固化的藩篱"，实质性推进配套改革。原则有，但怎么做？这是"中国特色"概念下非常现实的问题。

第七，企业降负和员工增收，还需破解市场主体成本与融资难题。

一是土地、厂房成本降低涉及基础性制度建设和优惠政策的可实现性。企业用地这方面，取向上当然是应当尽可能地控制其成本，但一般是当一个区域的经济发达程度上去了，地价也会随之上升，用地企业需要给出对价，具体的价位水平没有一定之规，是在要素流动的市场竞争环境中生成的。关键是为什么这些年中国有条件来靠土地批租提高收入水平的这些地方政府，它们的短期行为不能得到有效遏制呢？为什么一定要"单打一"地依靠土地批租获得收入呢？我们需要学习借鉴国外先进经验。如果说过去中国没有意识到这是现代社会、现代国家必然有的特征，那么现在我们别无选择，需要积极向房地产税等"基础性制度建设"上靠近。十八届三中全会要求的"加快房地产税立法并适时推进改革"，在实践中已表现出异乎寻常的难度，这也唯有"攻坚克难"才能取得进步。

至于曹德旺在美国办厂发生的用地、厂房方面的费用由于得到州政府的补助而冲销，这种情况在中国不少地方（特别是中西部）也存在相对应的优惠政策规定，但如果其他配套条件跟不上，还是缺少其"可实现性"，难以迎来"招商引资"的成功，因为投资者不会只看不动产的成本这一项相关因素。

二是需探讨如何纾解融资等方面的成本难点。中国企业融资的成本有高有低，但总体而言大量民营企业、小微企业融资既难且贵，是影响企业发展的一个非常重要的负担因素。

前些年的"温州跑路事件"（当地一批成规模的民营企业资金链断裂，老板们"跑路"避祸）表明，由于正规金融"低利贷"其实已边缘化，大量灰色金融和高利贷式高成本融资的黑色金融却成为主角，潜规则强制替代明规则，待到世界金融危机发生以后，正是由这种高利贷的畸高融资成本的脆弱性，引致资金链断裂，爆发局部危机，形成跑路事件，随即暴露了温州当地产业空心化、实体经济升级发展受阻的问题。

我国整个金融体系应力求在改革中实现金融产品供给的多样化，形成"无缝对接"的供给体系，从而做到对需求侧的多种需求类型全覆盖，并使政策性金融（如普惠金融、绿色金融、小微金融、"精准扶贫的金融支持"等）健康地可持续运行，在充分竞争和金融深化过程中，降低融资成本，把高利贷边缘化、从市场上挤出去。这又是依靠配套改革才能得到出路的解决方案了。

第八，打开双循环潜力活力空间，要以税制改革为重要驱动。

考虑了"减税减负"，还不得不考虑"增税负、加税种"——以直接税制度建设为例。中国在减税措施的实行中，还有客观存在的"增税负、加税种"的税制改革任务。十八届三中全会改革部署中所要求的"逐步提高直接税的比重"，就属于无可回避的增税、加税的方面。

在优化收入分配中，除扶助低收入弱势群体的转移支付（政府救济、低保、抚恤等），还必须以逐步提高直接税比重，作为促进全社会公平与稳定的调节器。对于还未立法开征的房地产税、遗产赠予税等财产税，应进一步明确其改革大方向与推进的路径。特别是在当下有利于抑制"炒房热"和降低空置率的房地产税，应积极在海南、深圳等地扩大试点，增加非刚需与非改善性需求住房的持有环节成本，以税收内生的经济手段功能，调节房市资源配置，有效降低国内高企的房屋空置率，呼应房地产领域健康发展长效机制建设和新型城镇化进程。

对个人而言，个人所得税是典型的直接税，其改革中应是有减税与加税。个税的减税在中低端，加税在高端，关键是要实现"综合与分类相结合"，加上必要的"专项扣除"，以家庭为单位按年征收。在这一已讨论多年的个税建设发展的大方向上，2018年我国的个人所得税改革终于取得了阶段性进展，启动个税法律的修订，把工薪收入与其他三类劳动收入（稿酬、劳务收入、特许权收入）归类，合并在一起实行超额累进税率；另外加了几项符合国际惯例、顺应民众要求的，考虑家庭赡养、子女教育负担和住房按揭"月供"利息负担等作特定调整的专项扣除。与之匹配的个人所得税的信息系统建设运行与征收管理也都有改进安排。

但这轮个税改革也有明显的遗憾，突出问题是仅对4种劳动收入加以综合，非劳动收入完全未涉及，客观上形成了对劳动收入明显的税收歧视，而且综合所得部分的最高边际税率仍维持在45%，已属全球最高之列，对于专家型人才和必须"笼住"高端人才团队的高科技创新型企业，形成了过高的税负和运营压力。政府需要处理好已在粤港澳大湾区与海南自贸港建设中推出的"打补丁"式调减措施，并积极考虑在下一轮个税改革中作出总体配套的优化改进。面对"全景图"在改革的攻坚克难中解决中国财政税收、企业与个人负担的"真问题"，配套改革包括构建直接税体系的历史性任务，其中包括争议已久、立法举步维艰的房地产税。关于所有企业和居民负担问题，需更全面地看待正税负担、非税收入负担、税外隐形负担、社会环境里的综合成本等所有相关因素的"全景图"，切忌

"盲人摸象",各执一词。

必须特别强调,对这些降低负担和使负担合理化的要做之事,关键点与难点在于其所匹配的改革上,敢不敢"啃硬骨头",能不能真正通过改革攻坚克难形成有效的制度供给,构建一个高标准、法治化、低负担、公平竞争的营商环境和社会和谐环境,这是中国企业降负、减少制度性成本的真问题之所在。同时,企业税负与负担相关的改革,"牵一发动全身",必然关联整个社会中自然人、家庭所应有的直接税制度改革。

税负不能(或极难)转嫁的直接税,是调节社会成员收入分配、财产配置的规范化再分配工具,目前其在中国税收中所占的比重还很低。中国为完成现代化而构建现代税制的过程中,必须借鉴市场经济共性经验"顺势而为",同时也要应对民众"税收厌恶"与渐进改革中日渐强大的既得利益阻力"逆势而行",在配套改革"攻坚克难"中完成逐步构建和完善直接税体系的历史性任务。否则,中国收入分配调节机制的合理化,将在越来越大的程度上滞后于经济社会进步的客观需要而沦为空谈。

(6) 结合"美国减税"背景与"压力"的分析认识

美国作为世界头号强国,其近些年的减税措施对外部世界产生了很有"外溢性"特点的影响。按照新供给经济学研究成果及提出的建设性思路,中国应在"外溢性"压力下"顺势而为"进一步减税,但最为关键的是要认识美国以直接税为主的税制和中国以间接税为主的税制间的重大差别,在中国的"全景图"概念下通盘考虑减税与减负。

在全球化时代,国际合作与竞争中的互动影响是客观存在、必然发生的。美国减税会以吸引包括中国在内的市场主体选择"要素流动"方向而调整预期的机制竞争压力，使中国更加注重把减税做实、做好、做充分——如把这种互动称为"减税竞争"，似乎也未尝不可。但中国并不应惧怕这种国际合作与竞争中的"税收竞争"，因为中国从自身发展战略出发，确实也有进一步减税的必要和相对应的一定弹性空间，而且特别要看到，中美之间"要素流动"的竞争绝不会仅由一个税收因素决定，这还广泛涉及"高标准法治化营商环境"概念下众多的其他因素和由国情发展阶段等客观决定的其他"比较优势"因素。

美国降低税负在客观上也会对中国降税形成外部促进因素，但更为重要的是，如前所述，中国的"降税"与"降负"的关系比美国要复杂得多，必须确立"全景图"的视野。中国"正税"负担（即狭义的宏观税负）现不到 GDP 的 20%，并不比美国高，但说到"税外负担"中的政府行政性收费、社保"五险一金"缴纳等负担（合成广义的宏观税负），中国已接近 35%，特别是众多的税外负担给市场主体实际造成的负担还涉及和包括未统计的时间成本、精力耗费、"打点开支"等隐性成本与综合成本——这明显是中国的弱项。中国应由此痛下决心以深化配套改革来减负——必须指明，"减税"在中国绝不代表减轻企业负担的全部问题，甚至已不是企业减负的最主要的问题，关键是在中国"全景图"之下如何能够"啃硬骨头"，把减轻企业正税之外的负担做实做好[①]。

鉴于中国税制与美国有极大不同，中国必须"量体裁衣"来应对美国减税的"冲击"。除必要的继续减税、税外的企业降负和积极的税改之外，中国至少还应抓住两件大事：一是以政府精简机构、压低行政成本开支；二是大力推进 PPP 等机制创新以融资合作提升

---

① 贾康.中国企业税费负担的"全景图"和改革的真问题[J].经济导刊，2017（8）.

绩效。

由财政"三元悖论"可知,减税会衍生一个新问题——在保证政府财政赤字可控的前提下使公共服务供给支出受限。如何在实现降低企业综合负担、不扩大政府赤字的同时尽可能保证公共服务的供给数量和质量,是政策制定者需要深入思考的关键问题。这就需要抓住在中国既有财政"三元悖论"式制约边界外推扩围或内部松动的创新方式:努力缩小政府规模与充分发展PPP的必要性,由此便更加凸显。

第一,要通过"大部制""扁平化"改革缩小政府规模。大部制(以归并和减少政府机构为代表)与扁平化(以省直管县为代表)的改革方向早已确立,但十余年间的推进还十分有限。中国式减税降负绝不是单纯靠税务部门能够独立完成的任务,需要各部门、整个体系的配套改革联动。即便我们在减降正税上已空间有限,未来动作不会太大(直接税逐步替代间接税则需要税制改革的大决心、大动作),但通过优化政府规模,依然可以取得削减企业实际负担的效果。由于缩小政府规模的改革是一场"啃硬骨头"的硬仗,更需要各方凝聚共识,积极研讨可行操作方案,力求付诸实施。只有这样,才能达到更少税外负担、更少行政开支的境界,也就在财政"三元悖论"于中国实际制约的边界之内,形成了减税、控制赤字债务和加大公共支出的新的组合空间,优化了公共资源配置。

第二,要以积极推进PPP这一制度,供给创新,扩大融资,提升绩效。众所周知,政府发挥职能是现代国家治理不可缺少的组成要素,由此看来,政府规模不可能无限小,这使得我们必须在供给机制上关注除缩小政府规模之外的一项另辟蹊径的创新,即在传统公共服务供给方面别开生面、定将有所建树的PPP。以公共支出形成基础设施等公共服务供给是政府的责任之一,需要持续稳定的资金支撑。传统上,我国的公共服务供给由政府独家提供,然而,许多不尽如人意的地方不容忽视:一是以税收方式筹资往往会导致供给不足,而以赤字方式支付往往会导致公共债务膨胀和代际负担不公。二是上下级政府之间信息不对称,权责不清晰,上级政府无法准确判断下级政府的真实需求,地方政府之间为了争夺财政资金而"创造必需"的竞争现象会加剧区域差异和若干不均。三是政府支出用于公共工程等项目建设,往往引发超概算、拖工期、低质量以及竣工使用后服务水平差等多年来为人所诟病的问题。2000年后,我国进入中等收入阶段,民众的公共服务需求被进一步激活。在多方压力之下,财政赤字率已于近年升高至3%以上,地方财政也持续增压。可以预见,在减税降负的过程中,至少短期内会导致财政收入趋紧,如果其他条件不变,不增加政府财政赤字与举债规模的情况下,可用于公共服务供给的资金就会进一步减少。如果单纯靠财政资金支持公共服务供给,供给能力不足与绩效难以满足目标将是显而易见的,财政"三元悖论"制约之下的捉襟见肘更是无法得到改善,还会加剧矛盾的凸显。

现阶段,面对经济社会发展对国家治理提出的更高要求,以PPP创新拉动政府体制外业已十分雄厚的民间资本、社会资金,与政府合作伙伴式地形成有效供给来适应公共服务的多元需求,依靠种种公共工程相关的"托底"事项和发展事项来改善民生、增进公共福利、满足民众诉求,是公共服务供给机制的有效升级,特别是这还将使政府、企业、专业机构在伙伴关系中形成"1+1+1＞3"的绩效提升机制,不仅使政府少花钱、多办事,而且能办好事、获好评。凭借PPP这一制度供给创新,实际上可将财政"三元悖论"在中国的制约边界安全地外推。这是在美国减税冲击下我们更应该做得有声有色的一件大事。其多种正面效应除使政府、民众、企业受益之外，还会促进混合所有制改革、引领新常态中对冲经济下行压力和倒逼、催化法治化等方面的改进。PPP 作为制度供给的伟大创新，在我国供给侧结构性改革当中能够在保证减税降负以及适当控制财政赤字的同时，开启我国更多、更好增加公共服务供给的新篇章。

3. 弥合二元经济进程中缩小城乡差距，加快户籍改革

就社会发展规律而言，中国推进现代化也就意味着要完成一个弥合"二元经济"（传统部门与现代部门并存）的历史过程，未来将会有更多农村居民进城成为市民。在我国"城乡分治"传统体制下形成的户籍制度必须渐进改革直至消除城乡"户口"不同形成的壁垒，同时要加快实现基本公共服务的均等化，使农村居民更为顺畅地进入城市，尽快实现一视同仁的基本公共服务待遇。在国内经济大循环中，注重优化收入分配的题中应有之义，就是要在发展中逐步弥合"二元经济"，推进城乡一体化建设中城乡居民的公共服务均等化，实现新型城镇化与新农村建设的共荣共赢。

城市（城镇）是社会成员生活、居住和从事各类产业、事业活动的高密度、建制化区域。越来越多的乡村区域趋于城镇化，是社会发展、经济供需互动中伴随工业化与经济成长的必然过程，其总体趋势不可逆。在中国推进现代化的全局创新发展中，城镇的创新和高质量发展基于本文前述的分析与诠释，应是以双循环城市发展建设的创新发展而引出的尽可能符合城市宜居、宜业、高质量状态的"纲举目张"过程。针对中国经济社会现代化"转轨"中，从传统体制向社会主义市场经济新体制和从经济粗放增长方式向集约、高效增长方式的"双重转变"命题。中国城市的高质量发展，还应借鉴国际经验，充分发挥后进经济体的"后发优势"，在充分把握好

城镇化带来的红利与潜力释放的同时，要尽可能克服城市建设与城市发展中的诸类不协调现象，避免"城市病"。

中国已经明确"新型城镇化"发展战略，即要结合工业化、市场化、国际化、信息化，以及法治化、民主化，处理好以"市民化"为中心的"弥合二元经济""城乡统筹""城乡一体化"的发展过程，其中要通过创新发展的解决方案充分关注和处理好进城人口权益的市民化，防范和消弭以"贫民窟""重污染""拥堵"等为代表的城市病。2014年12月，第一批国家新型城镇化综合试点公布。2019年4月，国家发改委印发《2019年新型城镇化建设重点任务》（发改规划〔2019〕617号），明确关注新型城镇化高质量发展。同时，在2019年与2020年政府工作报告中均强调"加强城镇化建设，深入推进新型城镇化"。

作为发展中经济体，我国城镇化进程起步较晚，但在改革开放后随着经济起飞明显进入了高速发展过程，至2019年末，我国常住人口城镇化率为60.6%，户籍人口城镇化率为44.38%。真实城镇化水平可认为介于两者之间并更接近无"欠账"的户籍人口城镇化指标这一端，距离发达国家普遍75%以上的数据仍有较大差距。在今后相当长时间内，我国农村居民进城就业和定居的过程，势必还会不断展开。大批人口进城，必然持续性地带来公共基础设施、住房、教育、医疗等基本公共服务多方面需求的涌现，城市的高质量发展在注重民生服务领域创新供给的同时，还要配套落实好户籍制度改革，匹配城镇化发展水平的有效供给能力，解决好进城人口待遇问题，满足市民的需求升级。要以"市民化"为核心，有效地促进社会和谐；要以"城乡统筹""一体化"为特征，使全体社会成员共享改革开放成果。

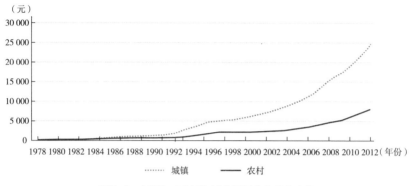

图4-6 1978—2012年城乡居民收入趋势变化

从相关的数据披露中可知,2013年之前居民收入的统计口径,城市居民为人均可支配收入,而农村居民因各项现实阻碍,统计口径为其全部取得收入。在此情况下,如图4-6所示的城乡居民收入变化趋势,虽然1978年以来城乡收入水平随着整个国民经济发展而逐步增长,但可明显看到城乡两类居民收入的差距日益扩大。

表4-9 2012—2019年基尼系数与收入比

年份(年)	基尼系数	城乡收入比(农村为单位1)
2012	0.474	3.10
2013	0.473	3.03
2014	0.469	2.97
2015	0.462	2.32
2016	0.465	2.72
2017	0.467	2.71
2018	0.468	2.69
2019	0.465	2.64

资料来源:2013—2020年中国统计年鉴。

基尼系数作为衡量居民间收入差距的一项重要指标,按照国际惯例,将0.4作为贫富差距的警戒线指标。2019年由统计年鉴公布的中国国内基尼系数为0.465,贫富差距大;城乡居民收入比虽已由

2013 年前的 1∶3.03 以上逐年下调至 2019 年的 1∶2.64，但差距仍然十分悬殊（见表 4-9）。我国经济社会寻求长期稳定发展，必然要关注"公平与效率"的问题，在做大整个蛋糕的同时，也要处理好发展红利分配的"分蛋糕"问题，这势必涉及如何优化收入分配与缩小城乡差距的努力，最后归于城乡社会成员的"共享发展"上。

由于国民经济总体发展中，城乡的发展在一定阶段上必然发生非同步、不均衡现象，并带来居民收入差异，所以政府必须充分重视在以优化收入分配的机制和政策实施合理调节的同时，呼应工业化、城镇化的客观需要和经济社会发展的大趋势，深化户籍制度改革，促使农村人口和生产要素更为便利地流动，在有条件的中小城镇尽快取消户籍限制，在尚不具备条件的中心城市以居住证记分制安排过渡。

我国近些年城乡收入比在发展中逐年下降，与新经济（"数字经济"）支持的"淘宝村""淘宝镇"的乘势发展有关，这种电商平台网络的发展在多地（包括不少穷乡僻壤、欠发达区域）带动了乡村发展。在缩小城乡收入差距的过程中，应积极地更多联结于新兴技术的应用、户籍制度改革的持续展开和基本公共服务均等化进程，发掘各地潜力，实现高质量发展。

4. 提升外贸水平的同时注重"出口转内销"

（1）积极推动双（多）边、区域关税谈判，有力应对国际贸易摩擦

我国是经济全球化和国际双（多）边贸易体系的坚定推动者和维护者。在多边经贸关系方面，我国从寻求入世到入世后认真履行承诺，再到积极参与世界贸易改革，推动多边贸易体系完善。2015 年，我国推动世贸组织达成《信息技术协定》扩围谈判成果，这是近 20 年来世

界贸易组织达成的第一份货物贸易关税减让重大协定，参加方扩围产品全球贸易额达1.3万亿美元，占相关产品全球贸易总额约90%，对提高全球贸易自由化水平具有重要意义。随后，我国先后于2016年9月、2017年7月、2018年7月和2019年7月对信息技术扩围产品实施了四步降税。2020年7月对176项产品实施了第五步降税。

在双边和区域贸易协议方面，稳步推进自贸关税谈判，落实自贸协定关税减让成果。截至目前，我国已经签署了19项自贸协定，涉及26个国家和地区。特别是2020年11月15日，东盟十国和中国、日本、韩国、澳大利亚和新西兰正式签署了RCEP，标志着当前世界上人口最多、经贸规模最大、最具发展潜力的自由贸易区正式启航。在自贸协定谈判中，关税谈判是其中最重要的议题之一。通过综合考虑我国产业发展现状和未来方向，有针对性地制定关税谈判方案，有力地维护了我国产业发展利益。通过积极落实关税谈判成果，对协议方进口商品实施优惠税率，有效地保障了自贸区成果落实，有利于深化我国与相关国家的经贸合作伙伴关系，稳定贸易投资，维护我国供应链、产业链安全。

关税还是应对贸易摩擦、反制贸易霸凌的必要手段。2018年以来，针对美国单边加征关税的行为，我国坚决予以反制，实施了三轮四次关税反制，有力捍卫国家尊严和人民利益。同时，我国实施并不断优化对美加征关税排除制度，以缓解受经贸摩擦影响大的行业企业困难，满足国内生产需要。

出于长期考虑，要特别注重优化进出口商品结构，降低关税等国际贸易总成本，消解贸易掣肘。十八大以来，我国不断降低关税总水平，既满足了国内生产和消费升级需要，又表明了我国主动扩大开放、与世界共享中国发展红利的态度。特别是2018年，我国进行了四次自主降税，一是为适应产业升级需要，重点降低了1 585个税目的机电设备、零部件及原材料等工业品关税;二是为满足人民群众日益增长的对高质量消费品的需求,促进消费回流,对1 449个税目的日用消费品进行了大幅度的降税,平均降幅达到55.9%;三是以开放促发展,对218个税目的汽车及零部件降税,进一步开放汽车市场;四是全面降低药品关税,特别是对抗癌药物实施了零关税,满足人民需要。经过近年来连续下调各类产品关税税率,我国关税税率水平持续下降,从2010年的9.8%下降至2019年的7.5%,其中,农产品关税税率从15.2%下降至13.6%,非农产品从8.9%下降至6.5%。

与此同时,我国还以暂定关税的方式,对进口关税税率进行动态调整,满足宏观调控的需要。重点对国内急需、不能生产或性能不能满足国内生产需要的先进设备、关键零部件、工业原材料和重要能源资源型产品实施低于最惠国税率的进口暂定税率,以满足国内经济社会发展需要。目前我国平均每年对700—900项重点商品实施进口暂定税率,较最惠国税率优惠幅度达50%以上。同时根据国内供求关系变化和产业发展需要,及时采取反向调整措施,鼓励国内企业扩大生产和供给。

(2)我国外贸总规模合乎逻辑增长的同时,出口环境日趋严峻

伴随历次产业革命,人类社会依靠要素更新换代与阶跃式升级的创新推动已使物质极大丰富并形成了经济全球化,在国际社会中依靠各国的比较优势,形成相互契合的贸易循环模式。整个世界体系的贸易基本面,是全球产业链因各国、各地区的种种差异而分担不同角色。中美贸易摩擦以来,尽管国际形势不确定性凸显,但我国总体的货物与服务进出口规模仍在连年增长,这也反映出全球贸易一体化局势不可逆转,在全球共享一个产业链的情况下,长期来看,美国对中国的贸易牵制与打压效果有限。

2020年由于新冠肺炎疫情在我国率先得到基本控制,其他主要经济体却迟迟不能控制疫情。在这个特殊背景下,我国率先恢复产能,回应其他国家在疫情攻击下的进口需求,于是我国出口占据了先发优势。但是,我国出口产品的质量问题、出口产品多样化问题、在全球供应链中的定位以及全球贸易大环境不确定性增大等问题,仍然不可忽视。自中美贸易摩擦以来,整体而言我国市场对外贸易预期不良,国内市场主体顾虑重重,美国对我国部分重要出口产品提高关税,导致外贸大环境的不稳定、不确定性增加。另外,新冠肺炎疫情造成的全球冲击使各国面临经济下行、失业严重的问题,各国也纷纷考虑采取措施保护本国产能以提升本国就业。从近年来我国的货物和服务进出口情况来看,作为制造业大国,我国在货物出口方面仍处于贸易顺差位置(如表4-10),而在服务进出口方面处于贸易逆差位置(如表4-11)。作为净出口大国,我国货物进出口差额从2015年以来已呈现逐步下降趋势(见图4-7)。注重优化相关制度规则以利于调整进出口产品结构、提升出口产品质量、提升服务贸易出口能力,是在不确定性迭起的全球情境中消除堵点、稳定和发展我国对外贸易的重要任务。

表4-10 货物进出口情况　　　　　　单位:亿元人民币

年份(年)	货物进出口总额	出口	进口	进出口差额
2015	245 502.9	141 166.8	104 967.2	36 830.7
2016	243 386.5	138 419.3	104 336.1	33 452.1
2017	278 099.2	153 309.4	124 789.8	28 519.6
2018	305 008.1	164 127.8	140 880.3	23 247.5
2019	315 627.3	172 373.6	143 263.7	29 119.9

资料来源:《中国统计年鉴2020》。

表4-11 服务进出口情况　　　　　　　　　　单位：亿美元

年份（年）	服务进出口总额	出口	进口	进出口差额
2015	6 541.6	2 186.2	4 355.4	−2 169.2
2016	6 616.3	2 095.3	4 521.0	−2 425.7
2017	6 956.8	2 280.9	4 675.9	−2 395.0
2018	7 918.8	2 668.4	5 250.4	−2 582.0
2019	7 850.0	2 836.0	5 014.0	−2 178.0

资料来源：《中国统计年鉴2020》。

在大数据支持下的具体分析也可使我们较为直观和清晰地看到中国和美国的情况：美国市场来自中国的进口商品，不同门类有不同的具体表现。2015—2019年，新冠肺炎疫情暴发之前，美国办公用品等从中国进口的占比高达70%，突发贸易争端后迅速滑落到约30%；而进口方面，如手机、电视机、玩具等一些需由中国向美国出口的产品，却变化不大。我国外贸总规模在国内经济社会发展、国民生活水平提高的推动下，合乎逻辑地呈现增长态势，但相关的风险因素已进一步浮现，在中美贸易争端已趋严峻的同时，暴露的本质问题仍是我国产品竞争力不足，长期处于国际供应链中低端位置的制约。

图4-7　进出口差额趋势

(3)掌握好"出口转内销"的适应性策略

当前在构建国内国际双循环新发展格局中,在一定条件下,考虑"以国内大循环为主体"的取向,便有必要考量一些在出口遇阻时"出口转内销"的适应性策略,以改革开放以来已得到长足发展的国内市场来替代外循环中一些收窄的贸易空间,助力培育"中国创造"与"中国智造"的产业升级,提升"大国博弈"中的综合竞争力。

为做好必要的"出口转内销"战略调整,需消除打通"内销"的相关掣肘因素。在外贸行业关于"出口转内销"的顾虑中,存在部分企业界人士反映的问题:长期进行外贸工作,对国内市场已存在陌生感。在此种畏难情绪下,如何进一步开拓内销渠道?

首先,在中国特色之下,政府的政策扶持、信息服务等需更便捷地匹配"转内销",应在力求挖掘外销潜力的同时,把外贸行业的"出口转内销"作为一个相匹配的核心要领。比如在一些具体的供给安排方面,在有供给能力的情况下,如何实现国内市场的薄利多销?企业界的微观主体可进一步总结相关经验,掌握薄利多销临界点。国际市场上早已观测到一些现象:易变质品如牛奶、鲜花在出口需求不足的情况下,只好倒掉、埋掉,在"出口转内销"的调整下,可借鉴这种经验充分关注各商品的可调节弹性余地。弹性小的商品与物品应匹配以更为优化的及时处理方案,而另外一些耐用品则可以利用更为妥善的库存条件,找到新的出路。在此方向上,国内外贸企业要及时总结国内国际的经验,做好相关薄利多销、权衡算账的事情,来制定好自己所在行业、所在企业面对特定目的地市场集群的一个定制化方案。这种定制化方案要集思广益、多方考量,争取形成高水平的方案并得以实现。

其次,在宏观政策使市场流动性提高,可获得更好融资支持条件的情况下，还应掌握好相关产品结构针对各区域、城市、地方政府辖区而因地制宜的要领。国内的各个区域、各个行业的情况千差万别，在战略调整中要充分注意在深化供给侧结构性改革的条件下，强调并非笼统地扩大内需、只关注贸易规模总量，而必须优化与中微观情形息息相关的结构问题处理。从制度结构上来说，如何更好地贯彻深化改革的方针，从自贸区初始在上海确立后，已发生多轮复制扩展，对于企业行为的"负面清单"和用以约束政府行为的"正面清单"+"责任清单"的制度建设，要伴随抗疫以后实现前低后高的更好发展对接"高标准法治化营商环境"的中长期目标。同时，政策发挥作用一定要注重机制创新。在产业、产品结构视角上，产业政策和技术经济政策的必要性非常明显，且产业政策、技术政策的方向容易确定，但相关机制如何合理化，是具有挑战性但必须解决的问题。支持新经济、战略性新兴产业、绿色发展，均需探索并用好机制创新。政府应以有限资金实现乘数放大效应，打开整个国内市场的创业创新局面，更好地贯彻大方向上的产业政策与国家统筹部署，才能更好地支持外贸企业一方面继续开拓国际市场，另一方面掌握好必要的转内销。总之，政策支持的机制必须对接市场、兼容市场，以经济手段为主，辅之以更好营商环境下的优化监管。

5. 形成内循环核心动力：尊重科研创新规律和以"新型举国体制"攻关

（1）优化科研管理中的激励—约束机制，尊重科研规律走通"创新型国家"之路

改革开放之初，邓小平同志强调"科学技术是第一生产力"，全国科技大会带来"科学的春天"的社会氛围，逐步提炼、最终清晰

表述了"科教兴国"基本国策,在20世纪80年代反复要求"尊重知识、尊重人才""落实党的知识分子政策"之后,于问题导向下积极推进科研管理体制等相关制度机制的创新,针对"知识分子政策只是落实在《光明日报》上"和商品、市场经济发展大潮中"搞导弹的收入不如卖茶叶蛋的"之类"脑体倒挂"现象,采取了一系列政策措施和收入分配制度改革安排。至20世纪90年代后,决策层明确提出了走创新型国家发展道路的全局性指导方针,千年之交后,组织全社会专家力量编制《国家中长期科技发展规划纲要(2006—2020年)》,以求我国在新技术革命时代激烈的国际竞争中抓住创新发展机遇,为加快推进社会主义现代化建设的全局服务。

科技作为"第一生产力",经过具体分析观察可知,它并不是对传统生产力三要素(劳动力、劳动对象、劳动工具)做加法来加个第四项,而是做乘法,即产生一个乘数的放大效应,所以科技的创新成为名列前茅的"第一",其成功可以带来颠覆性创新、革命性进步、阶跃式变迁,但在实际的推动过程中,它面临的又是具体事项上表现出的巨大不确定性。

首先,显然科研成果产业化的突破是具有不确定性的。比如现在人们主要看到的是在应用互联网现代信息技术成果方面,阿里巴巴等公司的巨大成功其实在前些年,曾有多少公司冲进这样一个创新领域,结果都失败了。20世纪90年代,中国已有很多的互联网公司在不惜一切努力创新,当时在业界引领潮流的那些公司,现在一般公众已经听不到其名字了。这些人们的大量探索扮演了"铺路石"的角色,而真正一飞冲天的成功者是侥幸的。

其次,在科技创新成果产业化突破的不确定性旁边,显然还有基础科研成果应用的不确定性,甚至成果已经被看清楚与被所接受也仍然如此。比如丁肇中博士现在还在孜孜以求地努力研究暗物质,调动大量的资源，建设和运行全世界功率最大的欧洲粒子加速器，在尽其所能寻求突破。但是人们问他，你的这个成果出来以后，对人类社会的影响何在？他说我不知道。然而，人类社会的发展需要不需要这些科研呢？这些伴随巨大的不确定性的基础性科研推进过程，未来却有可能在某个时候表现出特别重大的意义。与爱因斯坦的相对论公式相关，约100年前科学家所说的引力波，它跟人类社会的功利性联系到底在哪里？我们早已经看到了相对论公式所揭示的原子能，其影响是划时代的，并且最近引力波又已经被具体的实验观测所证实，但认识引力波对人类社会的影响，不知有无可能在未来某一时点，一下清楚地表现出来。

由此可知，我们所需要的科技第一生产力，在基础理论上以及在实际的成果应用方面有这样的规律性特点：在没有达到某些临界点之前，我们看到的只是苦苦的追寻，可能是一系列这方面的纠结，但是一旦成功，它的第一生产力的作用、颠覆性创新的作用就会极为强烈地表现出来。如果确认科技是第一生产力，那么为了使供给侧要素中如此重要的因素发挥其作用，就要注意怎样才能符合科研规律，力求使科研创新者心无旁骛，甚至带有一种癫狂的献身精神去孜孜以求，持之以恒地从事面对巨大不确定性的创新活动。这需要匹配制度供给，即制度所给出的创新环境所内含的包容性与人文关怀，符合科研规律的持续激励、合理约束。我们要解决的是有效制度供给的巨大能动性问题，打开创新主体的潜力区间，使这种不确定性的科技创新活动能够得到长效机制的支持。政府必须在这方面提供的（由硅谷经验所表明）应是带有公共产品性质的、看起来"无为而治"的宽松环境，在实际上体现深刻的人文关怀，对于创新者、创新主体的好奇心、个性与人格尊严的爱护，对他们的创新弹性空间及背后的科研规律的充分的认知，以及需由政府在这方面提供的法治保障。

中国过去确实缺乏这种经验,一般知道的硅谷经验是,政府应有开明姿态和宽松税收,科技精英们在奇思异想(也有人称为胡思乱想)的探索中,一群天使投资、风投、创投寻找可支持的对象——听起来似乎很简单,美国的硅谷就是这样成功的,并在日后引领了全世界信息革命的潮流,现在仍是无人能与之争锋的最前沿引领者。但是其中隐含的是政府怎样更好发挥作用的哲理,对于一线创新者首先是从人文关怀方面表现出来的尊重,以及顺应科研规律真正融合到深层次的创新环境保障,恰是在中国现实生活中可以明显看到巨大差异的一个重要问题。

近些年,在我国科技创新取得多方面成就的同时,相关的科研经费管理和收入分配机制优化问题,仍持续成为现实生活中的热点与难点。党的十八大之后,在严格加强党员干部和行政官员廉政管理的"八项规定"和一系列有关收入分配的制度文件推出之后,在我国高校、科研事业单位的"比照"式加强管理中,科研经费管理与创新激励机制方面的弊病与问题,屡屡成为舆论关注的重点。几年间,批评的主要取向是"管理不严",确实有学术不端和经费使用不当乃至贪污浪费等问题发生,然而"一种倾向掩盖另一种倾向","加强管理"中的偏颇也引起了高度重视。加强科研经费管理的思路和机制问题是关键所在,事关如何遵循科研规律,建立科研创新应有的激励—约束机制,从而支持我们如愿走通创新型国家之路,实现现代化"中国梦"。

分析近年实际生活里中国科研工作者碰到的苦恼和困扰,恰是在反证我们现在走创新型国家之路过程中制度创新的意义和作用。

大量现实案例证明我国在加强管理方面遵循的官本位、行政化、等级森严的一套,把知识分子、教授、研究员都按照行政级别来对号入座,"繁文缛节"式地约束科研创新人员。包括国内外有影响的著名"海归"教授,前几年任独立董事的薪酬,现在明令必须要退出。这种情况导致了部分高校、研究机构的部分研究骨干积极性受到明显挫伤。

从科研规律的角度讲,要调动起创新者的内生积极性,当然要有一些物质条件的因素,但一定还要有最基本的人文关怀、人格尊重,至少应有 5/6 以上的时间投入到科研的条件与心情。

总而言之,要解决好创新动力体系的可持续性问题,使科技人员在创新中面对种种不确定性,能够内生地形成较充分的积极性。解决好激励—约束机制的制度供给问题,一定要在问题导向下真正解决好。如果按此视角来说,在制度、科技、管理三层次创新互动下,应该抓住解决问题的要领,就是我们所有的创新者、高校研究人员以及"产学研"互动一线的参加各种各样课题研究的人员,应该更多地从正面宣传科研常识,更多地与各个手上有管理实权的领导机关、领导者积极沟通,共同建设好相关的激励—约束机制。中国到了这样一个新阶段只有把创新发展作为第一动力,才能引领未来的协调发展、绿色发展、开放发展、共享发展,从而引领新常态。为实现现代化、针对现实问题,必须在追赶过程中走通创新型国家之路。在创新视角上,第一动力的打造构建显然需要从学理认识出发,把握好中国经济社会完成转轨过程中的制度创新这个龙头因素,落实科研经费管理制度的合理优化,以制度创新真正打开科技创新、管理创新,才能形成可持续的、长效的创新发展机制。

(2)以改革深水区"啃硬骨头"的制度创新打开科技创新和管理创新的空间

在改革的深水区,要以有效的制度供给,在打造现代化经济体系中贯彻供给侧结构性改革这个主线。要用制度创新打开科技创新、管理创新的空间,应将更多注意力放在新技术革命中"新经济"的成长上,即当下所强调的为新经济提供基础设施,结合新型城镇化,又结合交通水利等传统重点基础设施建设的"两新一重",从而支撑中国经济发展的总体安排。对中国经济增长的可持续性的充分信心正在短期和中长期的衔接中不断体现出来。

中国的数字经济、新经济已经有了在全球都足以被人称道的长足发展,以民营经济为主形成的一些头部企业令人印象深刻,在抗击疫情中也有独特贡献。而且在线上、线下结合方面,国有企业、混合所有制改革中的各种市场主体会越来越认同数字经济发展的潮流。在这个发展过程中,新冠肺炎疫情的冲击倒逼国内市场,进一步把信息化、信息技术的应用做到极致。我国已有众多企业在疫情压力下,进一步发展了线上、线下结合的共享员工、共享场地、共享资源,实现更高效率的供需对接。在进一步打造升级版发展过程中,新动能和新基建支撑的新经济发展,以及新经济发展和整个经济体系、整个社会发展融为一体,一定会使中国形成可持续发展的后劲。同时,我们也要正视一些短板问题。虽然中国数字经济发展有很多亮点,但需深化认识,很多原创技术、高端和前沿的供给能力仍然在硅谷、在美国和其他发达经济体。我们在总体发展中的短板还很明显,有学者可以列出几十个中国在核心技术方面"技不如人"的短板。在追赶和现代化的过程中,我们应该通过不懈努力,越来越多地消除短板,越来越多地在科技创新过程中去接近我们也有原创能力的境界。

(3)"卡脖子"关键核心技术需以"新型举国体制"攻关突破

改革开放以来,在经济学"比较优势"原理可以覆盖的领域,我国"以市场换技术",引进、消化、吸收,得到了科技进步领域的"后发优势"(先发的别国发展到了"586",后发的我国不必再以"286"开始一步步走,可以直接从"586"开始发展)。但在中美贸易摩擦发生以后,我们看清楚了有"比较优势"原理无法覆盖所有,"碰到了天花板"的"卡脖子"问题。在这样必须冲破天花板的高端领域,只剩"华山一条路":在看清楚这种情况以后别无选择,必须是以"新型举国体制",借鉴"两弹一星"式攻关在传统体制下已有的经验,在中央指出的战略性科技力量"自立自强"的路径上,下决心争取经过若干年攻关突破成功。但是需特别注意,所谓"新型",就新在需要对接全球市场,最终在全球形成超过临界点的市场份额才标志着攻关成功。在高端芯片的攻关上,按照一些专家的估计,粗略地说也得准备 5 年或者更长的时间,但是这既然是别无选择的事情,我们就不要再作他想,必须经受中国人自己研发高端芯片,实现"凤凰涅槃"的历史性考验。前些年分散的地方芯片项目已有一些经验和教训,而现在就是必须由强有力的最高层面的集中指挥中心和日日紧盯的协调机制,将至少几千个团队纳入一个系统工程式的大兵团作战的攻关专项。这是中国在高端的关键核心技术上面做突破的唯一选择。只有以举国之力统筹协调、日日紧盯抓住不放,才有可能破局。自立自强形成战略性科技支撑力量,在"十四五"至 2035 年的时间段内,高端芯片攻关成功的突破要凝聚全国各方面有关主体的共识和努力,最后形成由大批量、高质量、高稳定性和优良性价比支撑的产品在国际市场上的可观份额,这样才能既支持国内供需的内循环,又形成进入国际高端市场的外循环,实现我国构建高水平新发展格局的战略诉求。

（二）"外循环"视角

1. 在国际关系调整中坚定不移推进高水平对外开放

近些年全球经济的发展面临多重挑战，全球化进程出现逆流，单边主义、民粹主义、霸凌主义、原教旨主义等极端倾向抬头，使我国面临的国际形势复杂严峻。但在我国新时代坚定不移地对外开放中，党中央明确指出"和平与发展"的时代主题没有变，所以中国在"内循环为主体"的同时，有条件也有必要积极地把握好内外循环的相互促进，挖掘新的经济增长点，适应国际分工的新变化，提出构建全球经济治理体系和打造"人类命运共同体"的思路，在其他一些国家逆全球化和贸易保护主义的做法面前，我国变压力为动力，追求更高水平的对外开放。

党的十九大提出，要推动形成全面开放的新格局，发展更高层次的开放型经济，积极构建现代化经济体系，为我国社会主义经济发展提供战略保障。党的十九届五中全会强调指出，要坚持实施更大范围、更宽领域、更深层次对外开放，依托我国大市场优势，促进国际合作，实现互利共赢。这是实现"十四五"规划目标和2035年远景目标的内在要求。2020年中央经济工作会议在部署2021年经济工作时，再次强调要"全面推进改革开放""实行高水平对外开放"。开放带来进步，封闭必然落后，这是中外实践反复证明的规律。我国经济持续快速发展的一个重要动力源就是对外开放这一与改革不可分离的基本因素。正是因为坚持对外开放，打开国门搞建设，我国在实现从封闭、半封闭到全方位开放的伟大历史转折之后，成长为世界第二大经济体、制造业第一大国、货物贸易第一大国、商品消费第二大国、外资流入第二大国、外汇储备第一大国。未来中国经济要实现高质量发展，也必须在更加开放的条件下进行。要把握国内外大势，统筹两个大局，奉行互利共赢的开放战略，以更加积极有为的行动推进高水平对外开放，发展更高层次的开放型经济，以对外开放的主动赢得经济发展的主动、国际竞争的主动，打造发展新优势，开辟发展新境界。

十九届五中全会通过《中共中央关于制定国民经济和社会发展第十四个五年规划和二〇三五年远景目标的建议》，其中第十一部分"实行高水平对外开放，开拓合作共赢新局面"，涉及外向型经济发展的三大内容，即建设更高水平开放型经济新体制、推动共建"一带一路"高质量发展和积极参与全球经济治理体系改革。总的要求是坚持实施更大范围、更宽领域、更深层次对外开放，依托我国市场优势，促进国际合作，实现互利共赢。在建设更高水平开放型经济新体制方面，"十三五"期间我国在对外开放领域已取得了一系列新的突破，我国自贸试验区从上海开始不断扩围复制，海南自贸港建设提速启动，市场开放中的准入前国民待遇原则和负面清单管理模式付诸实施，国内市场的营商环境进一步得到优化，市场在资源配置中的决定性作用进一步得到提升，贸易投资便利化措施大幅改善，市场化、法治化和国际化的整体环境加快形成，所有这些都为"十四五"时期我国更高水平的改革开放奠定了良好基础。

"十四五"规划建议提出的建设更高水平开放型经济新体制,有"更大范围、更宽领域、更深层次对外开放"的表述,主要涉及以下几方面。一是我们要努力实现贸易的创新发展。在全面提高服务贸易发展能力的同时,要特别注意加快发展数字贸易,推进贸易创新发展,继续大幅度降低进出口关税,降低企业进出口成本,促进贸易便利化发展进程,方便企业加快拓展贸易发展,努力实现贸易的高质量发展,并进一步积极融入世界经济体系。二是加快推动服务贸易各个领域的市场开放进程。特别是在金融保险、电信服务、文化教育以及一些专业服务领域继续加快开放进程,完善市场准入和监管的相关法律法规,提高市场开放和事中事后监管的匹配程度。三是加快研究规则和管理体制的开放和对接。在坚持中国特色的前提下,我们应努力实现同国际现行规则的全面对接,以此带动国内经济体制改革的深入发展,形成同国际高水平开放相适应的国内外向型经济发展新体制,全面构筑高水平开放新格局[1]。

进一步细致分析认识实行高水平对外开放,需要在"更大范围、更宽领域、更深层次"三个"更"上下功夫。

"更大范围"的对外开放,是指对外开放的"空间范围"更加扩大。不仅要从过去注重沿海、沿江、沿边的对外开放转向覆盖"东西南北中"的全境对外开放,把自贸试验区、开发区等对外开放高地的改革经验复制到全国,实现对内对外"双向开放",而且要从主要重视对发达国家或地区的对外开放转向对包括发达国家和发展中国家的多元性、全球性对外开放,从而全方位参与全球资源配置,加快构建我国的全球利益分布格局。

---

[1] 霍建国. 实行高水平对外开放 开拓合作共赢新局面[EB/OL]. 光明网, 2020-12-07, http://share.gmw.cn/news/2020-12/07/content_34435341.htm.

"更宽领域"的对外开放，不仅是指产业和技术领域要进一步扩大外资市场准入，在继续扩大制造业、采掘业、农业领域的对外开放的同时，要更加重视金融、科技、教育、医疗等现代服务业的对外开放，在更多领域取消外资占比限制，允许外资控股或独资经营，而且是指从过去重视"引进来"，最大限度地引进外国直接投资，转向"引进来"和"走出去"并重，既重视引进国外企业直接投资，又重视我国企业"走出去"到国外投资。

"更高层次"的对外开放，一方面体现在从过去的商品和要素流动型开放转向规则、制度、管理、标准等制度型开放，全面实施外商投资准入前国民待遇加负面清单管理制度，加强知识产权保护，加大对假冒伪劣和侵权行为的查处力度，健全外企投诉工作网络，有效维护外商合法权益，营造法治化外资营商环境，确保对内外资企业一视同仁，使其公平竞争；另一方面，要从过去被动的"规制跟随"型开放转为主动的"规则制定"型开放，通过深度参与全球经济治理逐步提高我国在全球经济治理中的话语权。为此，一是要通过推进加入CPTPP的谈判议程，进一步扩大多边合作范围，促进贸易和投资便利化。二是要通过"一带一路"建设向国际社会提供尽可能多的公共产品，让更多发展中国家搭乘中国经济高质量发展的"便车"，让中国市场成为世界的市场、共享的市场，为国际社会注入更多建设性能量。

2. 继续降低外资准入和鼓励本土企业"走出去"

我国在与世界经济的相互融合中，能否成功构建"国内国际双循环相互促进的新发展格局"，关键在于中国自身能否更好地贯彻开放政策。尽管几十年来我国对外开放有了长足的进展，但我们应该认识到，中国在世界主要经济体中的开放程度仍然偏低，离经济合作与发展组织（OECD）国家的平均开放水平仍然有一段距离。2020年《中华人民共和国外商投资法》的实施，在各方面要求给外商投资企业以国民待遇，力争实现"大门开了小门也要开"，准入也要准营，这是有利于双循环相互促进的举措。外商投资企业，即包含了外国投资的中国企业，它们是链接双循环的纽带和推动双循环相互促进的重要力量。我国已连续4年大幅缩减外资准入负面清单，不断提高政策透明度，持续降低市场准入门槛。2017—2020年，我国外资准入负面清单的限制措施由93条减至33条，自贸试验区版的负面清单仅有30条。

我国自贸试验区改革于2013年启动。2013年9月，中国（上海）自由贸易试验区正式设立。同年11月，党的十八届三中全会通过《中共中央关于全面深化改革若干重大问题的决定》，其中明确提出：探索对外商投资实行准入前国民待遇加负面清单的管理模式。上海自贸区率先实行对外资准入前国民待遇加负面清单管理模式，这一制度创新对标的其实是以美国为主导的高标准贸易投资规则，将倒逼我国政府职能再造和治理能力跃升。2017年初，跨太平洋伙伴关系协定（TPP）因美国退出而被搁置。随后，以日本、加拿大等为代表的其他11个国家，在对TPP做了改良的基础上，形成了全面与进步跨太平洋伙伴关系协定，于2018年12月生效。我国已表态愿开展加入CPTPP的谈判。

近年来，制造业服务化，服务业外包化、数字化、高端化、融合化的发展趋势越发明显，服务贸易对实现经济发展质量变革、效率变革、动力变革发挥着日益重要的推动作用，是建设贸易强国、扩大对外开放、实现外贸高质量发展的重要抓手。我国服务贸易的市场准入门槛将大幅度降低，以国际化、透明度、开放度为标准，或将分步放宽、取消对跨境交付、境外消费及自然人移动的限制，实现既准入又准营。在金融行业，2017年6月，上海市金融服务办公室和中国（上海）自由贸易试验区管理委员会发布了首张《中国（上海）自由贸易试验区金融服务业对外开放负面清单指引（2017年版）》。其中涉及10个类别、48项特别管理措施。近年来，我国已在外资准入负面清单和《中华人民共和国外资银行管理条例》《中华人民共和国外资保险公司管理条例》等方面作出明确说明，开放度越来越高。2019年，两个条例进一步放宽准入门槛、放开业务范围、降低了业绩要求。

与此同时，鼓励中国企业走出去，布局国内国际两个生产、两个市场。"一带一路"将成为世界新的贸易轴心和产业协作、共同发展的国际大平台，成为推进国际大循环的最重要战略平台。2020年第一季度我国与"一带一路"沿线国家的进出口贸易在对外贸易下滑6.4%的情况下，实现了逆势增长，同比增长3.2%[①]。通过实施"一带一路"倡议等，继续鼓励中国企业走出去，布局国内国际两个生产、两个市场，逐步摆脱过度依赖中国作为生产制造中心，欧美作为金融研发中心、消费中心的传统国际循环模式，转向更均衡、更多面向发展中国家的全球化模式。

这种模式的转换主要依靠以下几个循环：在推进海外投资的同时，扩大资源性产品的进口来源地，形成资源性产品—制造业的循环；通过帮助当地发展，提升当地购买力，形成农产品、轻工业品—消费市场的循环；通过国际工程项目的建设，拉动配套制造业产品的输出，实现制造业—建设项目的循环；通过推动中国投资，

---

① 前沿访谈. 畅通双循环 开创新格局［EB/OL］. 中央纪委国家监委网站，2020-08-20，http：//www.ccdi.gov.cn/yaowen/202008/t20200820_224077.html.

提高中国生产性服务业的全球服务能力和全球服务半径，实现生产性服务业—对外投资的循环。同时，要构建"一带一路"内外联通的战略大走廊，加大沿边地区开放，打造内陆开放高地，推动中国形成东西双向、海陆并进多层次、多渠道的开放新格局，推动内外循环相互促进。

3. 以与他国的自由贸易协定（FTA）、本土自贸区和粤港澳大湾区、海南自贸港建设等战略部署打开内外互动新局面

"十四五"期间，需要更大范围的对外开放布局，进一步扩大国际"朋友圈"。要继续推进与发达国家的经济联系，并深入推进与更多发展中国家的经济交往。强化多层次沟通对话，以创新的视角和方式挖掘合作共赢潜力，拓展利益契合点，争取同更多发达国家实现共同利益最大化、矛盾冲突最小化，加快吸引全球创新资源和高端要素。高质量共建"一带一路"，以更大的合作力度促进共同发展，整合各方优势和潜能，推动形成基建引领、产业集聚、经济发展、民生改善的综合效应，促进全球经济增长，共享发展和合作成果。继续推动区域经济一体化，提升双边开放水平，不断扩大自由贸易区网络，推进与相关国家的自贸区升级，加快构建全方位对外经济合作关系。

我国与他国的 FTA 建设，已经成为实现更高水平对外开放的重要抓手之一。截至 2020 年年底，我国已经签署了 19 个自由贸易协定，涉及 26 个国家和地区。其中，我国已经与"一带一路"沿线的十几个国家和地区签署并实施了自由贸易协定。未来，我国 FTA 战略和"一带一路"倡议将更趋于联合启动、互为促进。2020 年 11 月 15 日 RCEP 正式签署，不仅结束了东亚地区"活跃的区域内

贸易"与"制度安排长期空白"的失衡状态，更体现了亚太地区国家维护多边主义和自由贸易的共同意愿。我国服务贸易开放承诺达到了已有自贸协定的最高水平，开放的服务部门数量在我国入世承诺约 100 个部门的基础上，新增了研发、制造业相关服务、空运等 22 个部门，并提高了金融、法律、海运等 37 个部门的承诺水平。15 个成员均采用负面清单的方式对制造业、农业、林业、渔业、采矿业 5 个非服务业领域投资作出较高水平开放承诺。

自贸试验区和中国特色自由贸易港是连接双循环的重要平台，自贸区（港）的建设也是推动双循环相互促进的重要方式。除此之外，内陆开放型经济试验区、重点开发开放试验区等也是促进内陆和沿边地区对外开放的重要载体，有利于逐步形成以国内大循环为主体、国内国际双循环相互促进的新发展格局，推动我国对外开放进入新的阶段。中国将推动高水平对外开放，通过构建面向全球的高标准自贸区网络积极参与国际经济规则的制定，维护中国和广大发展中国家的共同利益。深化国内自由贸易试验区和自由贸易港改革，加快构建以国内大循环为主体、国内国际双循环相互促进的新发展格局，以双循环的中心枢纽城市和节点城市支撑中国大市场优势，积极参与国际经济规则改革。继续推进区域和双边自由贸易协定，以签署 RCEP 为契机，加快构建要素流动一体化大市场，充分发挥中国参与治理规则制定的影响力。积极推动共建"一带一路"高质量发展，重点加大对"一带一路"相关国家工业园区国际化建设，发挥园区国际循环的枢纽功能，形成国际投资贸易合作机制。

本土自贸区的多轮复制和粤港澳大湾区、海南自贸区也将有力促进开创内外贸一体化、外向型经济升级发展和内外互动的新局面。在全面开放格局之下，以高水平开放催化、倒逼改革进程之中，要继续培育强劲的经济增长点。首先是本土的自贸区，从上海自贸区开始，经过多轮复制，2020年9月已经确定了第六批自贸区。开放程度高的珠三角、长三角以及珠三角核心区启动粤港澳大湾区建设战略，在海南给予特殊政策旨在打造全球最大体量的自由贸易港区，这些都是在开放导向之下，推动生产力解放的大手笔和支撑中国继续超常规发展的重大举措。

可以期待，粤港澳大湾区、海南自贸区和本土今后累计数十个自贸区、成百上千个各类新区的全方位布局，将使内外循环相互促进的新发展格局进一步表现出亮点纷呈、区域竞争、百舸争流、千帆竞发之势，使"新旧动能转换"在实际生活中形成更为波澜壮阔的中国现代化"冲关"大潮。

第五章
双循环与"两新一重"

（一）双循环与"新基建"

1."新基建"的提出

2020年在国内疫情和国际金融动荡、市场低迷的双重冲击之下，中国经济面临的压力超乎寻常，"新基建"这一概念成为官方文件、实际工作部门和社会舆论场中的高频热词。5月下旬全国"两会"上，李克强总理在政府工作报告中特别强调了年度扩大内需、增强有效投资部署中的"两新一重"，即新型基础设施建设、新型城镇化和交通、水利等重大工程建设。

当前是中国实现"全面小康"的非常之时，需要有非常举措，我们应当客观全面地理解各方瞩目的"新基建"作为当务之急的重大意义。同时，还应清楚地认识到，"新基建"又是为我国引领经济新常态、实现高质量发展提供发展后劲，形成长久支撑的中长期战略选项。

在近些年我国稳中求进、奋战新冠肺炎疫情并力求实现高质量升级版发展的过程中，"新基建"的重要意义正在不断凸显。2018年12月中央经济工作会议对促进"新型基础设施建设"（简称"新基建"）作出重要指导，与5G商用、人工智能相关的基础设施建设和工业互联网、物联网等被定为"新基建"的具体内容。2019年7月，中央政治局会议明确要求稳定制造业投资，在实施城镇老旧小区改造、城市停车场、城乡冷链物流设施建设等补短板工程建设的同时，需要加快推进信息网络等新基建。2020年初，在新冠肺炎疫情形成严重冲击的局面下，为克服困难、开创新局面，2月的中央政治局会议和3月的政治局常委会在进一步强调加快"新基建"时，又明确地增加了其中"数据中心"的建设内容，并且特别指出"要注重调动民间投资积极性"。这些都构成了2020年5月下旬"两会"《政府工作报告》中再次强调"新基建"的认识基础和观念准备（见表5-1）。新近有关部门的指导文件已明确地列举了5G基站、特高压输变电、城际高速铁路和城际轨道交通、新能源汽车充电桩、大数据中心、人工智能和工业互联网等若干大项"新基建"的具体重点内容（见表5-2）。

表5-1　党中央和国务院会议/文件中的传统基础设施建设和"新基建"

时间	会议/文件	相关表述	
		传统基础设施	新型基础设施
2018.12	中央经济工作会议	加大城际交通、物流、市政基础设施等投资力度，补充农村基础设施和公共服务设施的短板	加快5G商用步伐，加强人工智能、工业互联网、物联网等新型基础设施建设
2019.3	《政府工作报告》	完成铁路投资8 000亿元，公路、水运投资1.8万亿元，开工一批重大水利工程，加快川藏铁路规划建设，加大城际交通、物流、市政、灾害防治、民用和通用航空等基础设施投资力度	加强新一代信息基础设施建设
2019.5	国务院常务会议	—	把工业互联网等新型基础设施建设与制造业技术进步有机结合
2019.7	中央政治局会议	实施城镇老旧小区改造、城市停车场、城乡冷链物流设施建设等补短板工程	加快推进信息网络等新型基础设施建设

续表

时间	会议/文件	相关表述	
		传统基础设施	新型基础设施
2019.12	中央经济工作会议	推进川藏铁路等重大项目建设，加快自然灾害防治重大工程实施，加强市政管网、城市停车场、冷链物流等建设，加快农村公路、信息、水利等设施建设	加强战略性、网络型基础设施建设，稳步推进通信网络建设
2020.1	国务院常务会议	—	出台信息网络等新型基础设施支持政策
2020.2	中央全面深化改革委员会第十二次会议	会议审议通过了《关于推动基础设施高质量发展的意见》，要求统筹存量和增量、传统和新型基础设施发展，打造集约高效、经济适用、智能绿色、安全可靠和现代化的基础设施体系	
2020.3	中央政治局常务委员会会议	加快推进国家规划已明确的重大工程和基础设施建设	加快5G网络、数据中心等新型基础设施建设进度
2020.5	《政府工作报告》	加强交通、水利等重大工程建设，增加国家铁路建设资本金1 000亿元。加强新型城镇化建设、新开工改造城镇老旧小区3.9万个，支持管网改造，加装电梯等，发展居家养老、用餐、保洁等多样社区服务	发展新一代信息网络，拓展5G应用，建设数据中心，增加充电桩、换电站等设施，推广新能源汽车

表5-2 新基建七大细分领域及其应用

序号	领域	应用
1	5G	工业互联网、车联网、物联网、企业上云、人工智能、远程医疗
2	特高压	电力等能源行业
3	城际高速铁路和城际轨道交通	交通行业
4	新能源汽车充电桩	新能源汽车
5	大数据中心	金融领域、能源领域、安防领域、企业生产经营实务领域及居民个人生活的各个方面（包括出行、购物、康养、理财等）

续表

序号	领域	应用
6	人工智能	智能家居、服务机器人、移动设备/UVA、自动驾驶和其他行业应用,包括家居、金融、安防、医疗、企业服务、教育、客服、视频/娱乐、零售/电商、建筑、法律、新闻资讯、招聘等
7	工业互联网	企业内智能化生产、企业和企业之间的网络化协同、企业和用户的个性化制定、企业与产品的相关服务延伸

显然,"新基建"不是过去已有的"4万亿元一揽子政府投资刺激计划"等投资举措的重复。这次"新基建"强调的是与新经济、新技术发展前沿——数字化信息技术的开发与运用——紧密结合的基础设施建设,是为数字经济业态的进一步发展,实施以"硬件"为主的条件建设,管理部门也会吸取上两轮抵御亚洲金融危机和世界金融危机期间增加投资的经验。在资金来源上,政府债务资金、产业引导基金等会与PPP等机制创新相结合,注重运用新的投融资模式。

2. "新基建"是支持"战疫情"、解燃眉之急的扩大内需重要举措

"基础设施",通常亦称"公共基础设施"或"社会基础设施",是指为由社会生产和居民生活构成的经济社会活动提供公共服务支撑条件的物质工程所形成的不动产为主的硬件设施,是使社会正常生存和运行、发展的一般物质前提中重要的、关键性的组成部分。在直观形态上,基础设施包括交通、邮电、供水供电供热、商业网点、环境保护、园林绿化、社会治安、防灾减灾、文化教育、科研

技术服务、卫生医疗和大众娱乐等人民日常生活所需的各种主要物质设施。

新基建的特点及其与传统基建的差别主要在何处？一言以蔽之，在于其与新技术革命前沿——科技生态升级之中数字化信息技术的开发和运用紧密结合在一起，是在高科技端发力而开展的相关基础设施工程项目建设，以支撑"数字经济"发展和国民经济全局。从经济理论视角解读"新基建"的功能作用，可知它是从经济发展的"条件建设"切入，形成新技术革命时代日新月异的信息技术发展形势下由相关硬件、软件合成的有效供给能力，支持诸多创新机制与科技成果应用的结合，为新制造、新服务、新消费打开广阔的空间，更好地满足人民群众对美好生活的需要。

发力于科技端的"新基建"，在当前新冠肺炎疫情冲击的特定背景下，对稳增长、稳就业、优结构、挖潜力的现实意义更是十分明显。疫情对经济的影响还存在极大不确定性，我们对其动态还在密切观察中。2020年上半年，从局部到全球都出现了严重疫情，这是原预想中最坏的一种情况，一定会影响到各主要经济体，也必然在全球产业链互动互制中严重冲击中国2020年经济增长。2020年"两会"上，中央罕见地没有给出年度的引导性经济增长目标，目的是便于应对巨大的不确定性，有利于把各方面的注意力更好地聚集到"六稳"（稳就业、稳金融、稳外贸、稳外资、稳投资、稳预期）和"六保"（保居民就业、保基本民生、保市场主体、保粮食能源安全、保产业链供应链稳定、保基层运转）上面。同时，明确树立了年度内相关城镇新增就业900万人等方面的重点工作目标。根据2019年和前一些年经济增长与城镇新增就业的经验数据推算，为达到2020年的就业等具体任务目标，所要求的年度经济增速要达到4%或再高一点，我们必须基于对2020年"六稳""六保"和经济增长内含目标的相关认识,紧密地跟踪经济态势,全面考量我们必须做好的"自己可选择的事情"。

为了在大疫之年最大程度地减少冲击与损失,实现"六稳""六保"并对接经济的长期向好,必须掌握好经济态势出现急剧变化后的全局应对方案。面对全球动荡、世界经济低迷、外需滑坡的严峻局势,必须着力扩大内需。在推出非常举措方面,决策上已明确了提高赤字率、发行抗疫特别国债和扩大地方专项债发行规模等财政方面的政策措施,将有相当可观的可用资金用于启动大规模的、由政府牵头的投资项目计划,有力地扩大有效投融资。除了现在加以强调的"新基建"和配套的政府投资外,非常关键的问题是要有好的投资机制。比如,前几年我国积极推进的PPP模式就是很好的尝试和创新发展的基础,虽然在这个过程中也出现了一些偏差,但绝不代表这种模式自身有问题而要被"叫停"。政府的资金是有限的,但是可调动的社会资金还是相当可观的。利用PPP创新而"四两拨千斤"地、绩效升级地有效投资和扩大内需势在必行。

3. "新基建"将助力打造"新经济",形成高质量发展,跨越"中等收入陷阱"

如果立足当下加快"新基建",不仅将助力稳投资、扩内需,解疫情冲击下的燃眉之急,而且会在实现全面建成小康社会目标之后,形成我国经济社会发展后劲,于2020年后跨越"中等收入陷阱"。

具体分析"新基建"。一方面,它有助于扩大有效投融资,在形成网络建设投资的同时,吸引国民经济各行业加大信息通信技术项目的资本投入。以5G为例,预计2020—2025年可直接拉动电信运营商网络投资1.1万亿元,拉动垂直行业网络和设备投资0.47万亿元；另一方面，有助于扩大和升级信息消费。同样以 5G 为例，预计 2020—2025 年，5G 商用将带动 1.8 万亿元的移动数据流量消费、2 万亿元的信息服务消费和 4.3 万亿元的终端消费。国内投资和消费的景气局面将有力地配合社会成员在"六稳""六保"中对接可持续发展带来的收入继续提高过程。

中国的人均国民收入在 2019 年已达到 1 万美元水平，按照世界银行可比口径，这已是在中等收入经济体的上半区。如我国未来 5—8 年仍可保持经济增长的中高速，人均国民收入有望冲过 1.3 万—1.4 万美元的门槛而坐稳高收入经济体的交椅。但从全球统计现象来看，在前面 70 年左右时间段上这个"冲关"的成功率仅有 1/10，是绝大多数经济体未能成功跨越的一道大坎。对于追求现代化"和平崛起"的中国，这也将成为一个历史性的考验。虽然关于"中等收入陷阱"的概念和中国跨越这一陷阱的问题，学界还存在不同认识与争论，但我认为，我们不应纠结于这一比喻式概念的表述是否严谨等浅层次问题，而应把握与这个概念相关的颇有分量的实质内容。

"中等收入陷阱"这一概念，最早由世界银行于 2006 年在《东亚经济发展报告》中提出，将其放在整个经济增长和经济发展的过程中来看，呈现出一道形象的"坎儿"，"跨过去"和"跨不过去"意义截然不同。迄今为止，相关讨论已有许多，并在中国近年的众说纷纭、思想碰撞中成为一大热点，引发轩然大波。虽然这一概念的表述在其形式及量化边界上还带有某种弹性与模糊性，但"中等收入陷阱"绝非有的论者所称并不存在的"伪问题"。

中国经济发展正处于国际比较参照而言的中等收入发展阶段，同时也处于推进全面改革与全面法治化的"攻坚克难"时期。有关"中等收入陷阱"到底是否存在、如何解读与应对的讨论中，有"否定派"，其否定的形式，可以是如某些颇有影响的学者所说的"我根本就不知道什么是'中等收入陷阱'",更可以是有网上激烈观点直接表述的所谓"中等收入陷阱"概念本身就是一个"伪问题"和认识上的"概念陷阱"。另有"乐观派",在肯定"中等收入陷阱"概念前提下,从数据分析对比上认定中国将较快从上中等收入国家进入高收入国家,中国已不可能落入拉美式"中等收入陷阱",有学者预计中国会在2022—2024年成为高收入国家。当然还有"谨慎派",认为向前看中国落入"中等收入陷阱"的概率可能是"一半对一半",中国必须经历这一严峻的考验,切不可掉以轻心。

我们不认同"否定派"的观点。根据对多样本进入中等收入发展阶段经济体的实证情况和相关问题的追踪,我们必须强调"中等收入陷阱"显然是世界范围内一种可归纳、需注重的统计现象,反映着现实生活中无可回避的真问题。如何将这一概念细化、变化、精确化,当然应该讨论,但直接予以否定绝非科学态度。而且,应进一步强调:立足于当下、放眼于中长期经济社会发展,对于艰难转轨、力求在"和平发展"中崛起的中国来说,是一个关乎其现代化"中国梦"命运的、必须严肃面对的顶级真问题。

我们亦不太赞成"乐观派"的表述。直观的数据对比工作显然有不可替代的意义,但以未来7年中国以年均6%的GDP增速即可达到高收入经济体指标为依据,引出中国跨越"中等收入陷阱"指日可待的"忽悠"氛围,却会模糊乃至掩盖了这一历史考验的综合性和严峻性。

我们的基本观点更倾向于"谨慎派",认为要直面"中等收入陷阱"这一全球发展大格局中基于统计现象总结出的"中国的坎",并最充分地重视它,最大努力地争取避免它、跨越它。这是我们在历史考验面前应有的"居安思危、防患未然"的战略思维,是在十八届五中全会已指出的"矛盾累积、隐患叠加"的潜在威胁之下,必须做出的前瞻安排。我们要充分谨慎、全力以赴地化解矛盾、防控风险，宁肯把困难想得更复杂、更严重。正是看清了大样本中许多的前车之鉴，中国才开始了避免重蹈覆辙的明智自省、积极防范。

因此，为使我国在已成为"世界工厂"的发展基础上，避免出现中低端竞争不过发展中经济体的低劳动成本，高端竞争不过发达经济体的高科技、高附加值比较优势的"夹心"窘境，必须力行供给侧结构性改革，实现新旧动力转换、增长方式转型的高质量发展。

目前，我国拥有联合国编制的 41 个工业大类、207 个工业中类、666 个工业小类的全部行业成分，形成了独立完整的现代工业体系，是全世界唯一拥有联合国这一产业分类中全部门类的国家。但我国现在大量的"世界工厂"产能，主要是居于中游。在高端产能方面，如美国、德国、日本等一些发达经济体，它们的技术比我们好，但劳动力没有我们便宜；在低端产能方面，如越南、柬埔寨、老挝这些国家，它们劳动力比我们便宜，但技术没我们好，产业链也没有我们全。在这种情况下，中国一定要抓住现在的时间窗口，在产业升级的过程中往上走。如果不能往上走，就会被夹在"技术上拼不过更高端，低廉劳动成本拼不过最低端"的尴尬境地，甚至有可能滑入"中等收入陷阱"。如果我们抓住 5—10 年的时间窗口期，成功地使中国产业链的内在水平比较明显地升向高端，我们就会越来越主动。

因此，着眼长远，加快"新基建"将以构建数字经济时代的关键基础设施来支撑经济社会数字化转型，实现高质量发展。一是为万物互联奠定新基础。信息网络高速移动互联正在发展并向传统基础设施渗透延伸，形成万物互联、数据智能的新型基础设施，实现以信息流带动技术流、资金流、人才流、物资流，在更大范围内优化资源配置提升效率。二是融合引领拓展新空间。新型基础设施支撑数字经济的蓬勃发展，推动数字经济和实体经济深度融合，蕴含巨大的发展潜力。测算表明，部分发达国家数字经济比重已经超过50%；我国数字经济2018年名义增长20.9%，远超同期GDP增速，对GDP增长的贡献率达到67.9%。三是创新驱动打造新动能。以新型基础设施建设为载体，新一代信息技术将加快与先进制造、新能源、新材料等技术的交叉融合，引发群体性、颠覆性技术突破，持续为经济增长注入强劲动能。四是转型升级实现新变革。回顾历史，铁路、公路、电网等基础设施支撑了分别以机械化、电气化、自动化为特征的三次工业革命，新型基础设施则将助力数字化、网络化、智能化发展，推动产业结构高端化和产业体系现代化，成为战略性新兴产业发展和新一轮工业革命的关键依托。

所以，为抓住新技术革命、新经济的历史机遇，乘势而上追求高质量的升级发展，支撑"数字经济"升级的"新基建"的重大而深远的意义便更加凸显。"新基建"是以"新经济"推动和引领国民经济高质量发展全局、形成发展后劲跨越"中等收入陷阱"而达成"新的两步走"现代化目标的极为重大的战略举措。

4. "新基建"在中国具备大有作为的空间

经过改革开放时期，总体而言，中国已从一个经济总量排在世界十余位、人均国民收入排在世界100多位的落后大国，迅速发展成为经济总量世界第二、人均国民收入达到中等收入经济体上半区（2019年升高至1万美元以上）的新兴市场经济国家。但客观地评价，在几十年高歌猛进的发展过程中已成"世界工厂"的中国，还未能具备引领科技创新世界潮流的高端能力和前沿水平，要想从"中国制造"转变为"中国创造""中国智造"的新境界，必须义无反顾地告别传统的粗放型经济发展方式，奋力打开"科技第一生产力"，发挥乘数效应的空间，使信息革命前沿的数字科技的开发和运用逐步上升到世界领先状态。这也是中国主要凭借提高"全要素生产率"而进一步"和平崛起"的必由之路。

以"新基建"支持这种发展，我国具备大有作为的空间。

第一，如对中国的工业化作总体评价，我们还只是走到了从中期向中后期与后期转变的阶段。工业化进程必然推进和伴随着城镇化，考虑到无欠账的"户籍人口城镇化率"仅为44%左右，那么真实城镇化水平充其量在50%上下，未来还有20%左右的城镇化快速上升空间，一年上升1%，也要走20年才能达到国际经验表明的告别城镇化高速发展阶段的拐点——70%以上。

第二，与工业化、城镇化必须紧密结合为一体的市场化、国际化，将强有力地继续解放生产力，推进工业化、城镇化潜力空间的不断释放，表现为今后数十年内中国不断追赶、志在赶超的经济成长性。

第三，现今时代的工业化、城镇化、市场化、国际化还必须插上高科技化（即通常所说"信息化"）的"翅膀"，在奋起直追的超常规发展中，中国再也不可错失新技术革命的历史机遇，在建成现代化的未来——"新的两步走"战略推进过程中，我们必须使高科技化与经济社会发展相辅相成，融为一体，使整个国民经济提质增效。

第四，千年之交前已启动、在21世纪前20年得到强劲发展的中国高科技产业，以数字化企业平台为代表，已形成令全球瞩目的强势产业集群，如依托数字化平台的BAT+京东、苏宁、美团、顺丰、拼多多等，还出现了华为这样冲到世界同行业最前线、已走向全球的科技开发型大规模标杆企业。以腾讯公司为例，其作为全球（云计算服务模式之一的IaaS）市场增长最快的云计算厂商之一，目前全网服务器总量已经超过110万台，是中国首家服务器总量超过百万的公司，也是全球五家服务器数量过百万的公司之一。目前已在天津、上海、深圳、贵阳等地拥有数座大型自建或合建数据中心。在过去的一年里，腾讯 AI Lab 通过"AI+ 游戏"与"数字人"探索了人工智能领域两大重要难题——进行人工智能和多模态研究，并取得了显著的进步，在医疗、农业、工业、内容、社交等领域都产生了颇有价值的应用成果。但我们也需承认，比照世界上发达经济体的"新经济"发达水平和原创能力，中国绝大多数企业还处于以学习、模仿为主的"跟上潮流"的阶段，比起"硅谷"的"引领潮流"，我们急需奋起直追。而这一追赶过程中，新经济所应匹配的大量基础设施，就急需以"新基建"投资来进行建设。

中国几十年间已形成的较完整的产业链、相当雄厚的原材料和各类设备的供给能力、与全球各经济体十分广泛的合作关系，都将为新基建在本土大有作为提供各类必要的配套因素。

5. "新基建"必须紧密结合改革攻坚、机制创新，与"制度基建"一体化

已有论者强调，制度建设是中国最需要的"新基建"，应紧扣法律、法治和治理机制的优化，重点放在"放水养鱼"的改革初心与"一百年不动摇"的中国特色契约精神之上，通过法治的可置信承诺，让民间投资更有信心，让企业家成为"新基建"的主导[1]。我认为这是很有道理的。

全面地看"新基建"与"制度基建"，绝非"二选一"的互斥关系，但二者又明显是不同性质、不同层次的问题。"新基建"是物质

---

[1] 西泽研究院赵建教授网文。

生产领域里与生产力直接相关、打造经济社会发展中科技引领力、支撑力的投资事项;"制度基建"是制度规则领域里与生产关系直接相关、深化制度安排"自我革命"于深水区攻坚克难的改革任务。按照新供给经济学达成的认知,后者是以有效制度供给,形成以制度创新打开科技创新与管理创新潜力空间的生产力解放,所以与投资建设活动相比较,其更为深刻且更具有决定性意义,是推进中国现代化的"关键一招"和"最大红利"。然而,改革本身并不是目的,促进中国现代化的超常规发展,满足人民对美好生活的需要才是目的,所以从这种"抓改革,促发展"的基本逻辑关系来说,在改革解放生产力进程中,更好地以"新基建"支持国民经济高质量发展和构建人民幸福生活,才是我们努力奋斗的归宿。

认清这种关系,现阶段大力促进"新基建",当然要充分注重紧密结合改革与机制创新"啃硬骨头",克服现实中的阻力构建高标准法治化营商环境,切实保护产权,培育契约诚信文化,降低市场准入,鼓励公平竞争,实质性深化政府"自我革命",引导和推进企业混合所有制的共赢发展和企业家精神的充分弘扬,也要大力推进PPP等机制创新。这是"新基建"和"制度基建"应有的"一体化"推进。

以"制度基建"为依托,打造进一步解放生产力的"高标准、法治化营商环境"。2013年,我国于上海成立自由贸易区时,就形成了值得称道、十分清晰的指导原则,即企业以"准入前国民待遇"为身份定位,适用"负面清单",法无禁止即可为,让作为市场主体的各类企业在保护产权、公平竞争的环境中"海阔凭鱼跃,天高任鸟飞",充分发挥其潜力与活力。而承担调控、监管、服务之责的政府则适用"正面清单",法无授权不可为,而且"有权必有责",要施行依据权责清单的事前、事中、事后的全面绩效考评与问责制。

这样的指导原则的贯彻落实,还需要我们在改革"攻坚克难"的实质性推进和上海自贸区在其他地区的多轮复制中逐步做到。

6. 在"新基建"中,民营企业和PPP颇有用武之地

应当指出,"新经济"在中国的发展中,民营企业是冲锋陷阵且战绩最为卓越的领军者。我们需要承认,在"互联网+"式的信息技术应用创新中,BAT+京东、苏宁、顺丰等以数字化平台公司定位在中国土地上脱颖而出、异军突起并影响世界,并不是偶然的。这类有"颠覆性创新"使命的高新数字科技公司必须渡过为冲过其发展"瓶颈期"而"烧钱"的艰难过程,且成功率极低,但一旦冲关成功,便可能"一飞冲天"。民企的机制特点,使它们在耐受力、决策特点、市场考验下的可持续性等方面一般都较强,所以在这一领域,终于有几家企业成长为巨头。这一方面促使我们进一步深化对民企的地位、作用、特色、相对优势和发展潜力的认识。另一方面,这也可使我们看清"新基建"与民企、特别是数字化平台型民企进一步发展的天然联系。信息化新经济已在中国客观地形成以民企为主要市场巨头而蓬勃发展的局面,"新基建"将极大地助力于信息化"新经济"的升级发展,那么由此而打开的潜力、活力释放空间,自然会为BAT三巨头和京东、苏宁、顺丰、美团等民企更显著地展开,并助益于它们所联系的广大的上下游企业(既包括国企,又包括民企),特别是为数众多的小微企业(其中基本为民企成分)得到了更充分的发展。民企的这种获益前景不是单方的,与民企已有千丝万缕联系(既包括混改中形成的产权纽带联系,又包括业务合作联系)的国企,也一定会从"新基建"中获益。

还应看到,"新基建"的实施更为民企、国企以投资者身份进入

项目建设领域，提供了值得高度重视的用武之地——为数不少、规模浩大的"新基建"项目，如5G、数据中心、人工智能开发中心、物联网等，要一直对接"产业互联网""智慧城市""食物冷链"等大型、长周期项目，以及与它们相配套的公共工程建设，这些均对投融资要求巨大，那么在应对全球新冠肺炎疫情冲击、国家各级财政十分有限的制约情况之下，"新基建"一定会要求政府以小部分财力，"四两拨千斤"地借助PPP等创新机制，形成政府体制外资金拉动、放大的"乘数效应"，吸引国内外社会资本、广大企业的资金力量，形成伙伴关系来共同建设，其中蕴含着难得的企业投资发展机遇。毋庸讳言，在中国国情下，当地方辖区内的"新基建"以PPP方式进行时，政府一般首选的是国企。但中国之大，项目之多，周期之长，决定了国企肯定是"吃不完"这些项目的。许多有实力的民企一定会像前些年PPP项目40%以上落于民企那样，得到做PPP开发主体的机会。而且，不论是国企还是民企，拿下某个PPP项目的SPV（特定项目公司）主导权之后，该项目展开中的不少子项目、合作开发项目、业务对接项目，都会既对国企又对广大民企打开合作之门。

总之，不仅"新基建"的成果会使许多民企受益，而且"新基建"从项目建设开端，就提供了国企、民企、外企可共享的用武之地，值得地方政府和企业界关注。

（二）双循环与新型城镇化

1. 我国城镇化的基本情况

中国的现代化总体上是一个弥合"二元经济"的历史过程，需要在配套改革中使要素得到充分流动，首先是要通过管理分权、户籍改革等形成的制度变革，让更多农村人口随工业化、城镇化、市场化相对顺利地进入城市并成为市民，支持构造内循环新局面。中央在人员流动相关改革的配套方面已有明确部署，凡是可以在实际运行中有条件放开户籍的中小城镇，要尽快放开户籍限制。有压力的一线城市和一些省会城市、中心城市等也要积极地以居住证积分制度来实施过渡，让已经进入城市里的常住人口——从农村迁移过来又没有取得户籍的农民工及其家庭成员，以后有更好的条件与更高的期望值，尽快对接到市民身份上。

如图5-1所示，2019年底中国常住人口的城镇化率虽然已经高达60%，但户籍人口的城镇化率只有44.38%。二者之间存在显著差距。随着农村人口对个人发展、收入增加等的追求，近几十年已有3亿多人从农村进入城镇，成为城镇的常住人口，但是其中绝大多数人（至少有2亿人）并没有拿到户籍，也就意味着这部分人群并没有享受到基本公共服务的市民化待遇。这背后存在着我国城镇化进程中的公共设施、软硬件等尚不能满足需求,基本公共服务供给能力仍有待提升的现状制约。在城镇化进程中,应尽快将需求侧改革与供给侧改革对接,把需求管理和供给管理结合,提升基本公共服务供给能力、增加城市基本公共服务设施容量,把户籍人口城镇化率作为城镇化的关键指标,不断弥合二元经济,在城乡间要素流动更为顺畅的大环境中,最终使二元经济充分地一元化、现代化。

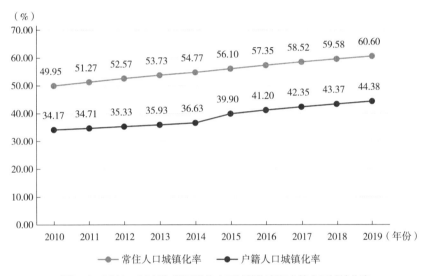

图5-1 2010—2019年我国常住人口城镇化率和户籍人口城镇化率

资料来源:国家统计局网站。

同时我们要特别清晰地意识到,中国在追赶—赶超的现代化战略实施过程中,所要实现的是新型城镇化,因为已经可以看到许多其他经济成长国城镇化推进过程中表现出来的一些弊病,我国要在这方面避免贫民窟化,避免随着城镇化进程所带来的种种城市病,必须以市民化为核心有效促进社会和谐,以城乡一体化为基本思想在全中国消除城乡分治,使农村社会成员在自由流动的情况下可以顺利成为城市居民——按这样的愿景推进，以城乡统筹一体化为特征，所有社会成员共享改革开放的成果。我国的新型城镇化必须把握好绿色低碳发展的要领，以生态环境保护保证生活质量，"望得见山，看得见水，记得住乡愁"，还要加上人文方面的高标准要求。这就是我国形成可持续高质量发展新格局内在的追求。

2. 增加城镇化的有效供给，构造内循环新局面

中国的真实城镇化水平现在应该认为是在户籍人口城镇化比率和常住人口城镇化比率两个指标中间位置的50%左右。换句话说，按照一般的国际经验，整个城镇化快速发展阶段在中国留下的空间，还有未达70%之前的20%左右，平均一年再上升1%，这个过程也要20年。这是我们弥合二元经济过程中不断形成巨大需求引发对应供给的一个强劲动力源——全部国土上成百上千的城镇中心区域要增加和扩大，未来几十年还要接纳近4亿人从农村人口转为城镇人口，而且要让他们尽可能顺利地成为市民，接受基本公共服务均等化的待遇。这个巨大规模的需求释放，正是弥合二元经济的过程，需要一轮又一轮扩大建成区、基础设施的建设和升级换代，一轮又一轮互动的产业升级，特别是现代服务业要在中心区域更加繁荣，要能够为社会成员提供更为多样化的有效供给，还有一轮又一轮的人力资本的培育，从农民工的培训到整个学习型社会相关人力资本的巨大投入。这些需求对应的供给，就是中国现在坚定不移拥抱全球化所面对的国内市场和全球市场结合而形成的"双循环"中的供给，这样的供需互动所形成的经济循环，使中国有希望走出一条和平发展、和平崛起之路。在这个命题之下，所谓新型城镇化的意义，可以放在现代化战略全局中做一个必要的概括：我们的现代化是在

"大踏步跟上时代"的过程中，缩小与工业革命后走在前列的发达经济体的距离，是工业化、城镇化、市场化、国际化以及法治化、民主化的合流。中国大踏步地跟上时代，把握好这几个方面合流而成的大潮流，向前推进"双循环"，城镇化又提供了高速发展期仍然相当可观的经济成长空间，合乎逻辑地在弥合二元经济方面，形成一个强劲动力源和增长引擎。

这样的历史进程要求使得挑战和机遇并存。中国如何预防和克服"城市病"，如何在供给侧结构性改革过程中控制和消除发展的结构失衡、失调，客观上必须领会供给侧结构性改革主线上的实质性要求，把握其内在规律，而这就要求我们需特别强调把创新发展作为第一动力，必须"守正出奇"。过去经济学界的主流认识是在反周期方面我们要继续做好，但仅仅强调以总量调控为主的反周期已远远不够，必须同时解决好优化结构、提高理性供给管理水平的问题，把供给侧结构优化作为满足人民美好生活需要、提升发展水平的一个主要的聚焦点和着力点。因为现在人民美好生活愿望的实现所受到的制约主要是由于结构失衡带来的不充分，在新型城镇化的推进中，我们就要聚焦于优化结构而形成有效供给，推动高质量发展。

3. "经营城市"，掌握好切入点，合理进行滚动开发

在中国城镇化推进过程中早已有"经营城市"之说，但这个说法也受到了一些批评和指责。应当对城镇化推进过程中的"经营城市"做出全面的评价，要看到把城市开发对接到经营概念，其实有非常积极的用意。对于城镇区域、中心区域的开发以及它的运营，不能简单地认为通过基层单位、微观主体以试错法就能解决好其结构优化的问题。任何一个城市，大到北京、上海，小到县域经济中

的一个市镇，它总体的基础设施、产业集群、生态保护、交通体系，各种各样公用事业的硬件，以及相匹配的商业网点、医院、学校等，必须要像在棋盘上布棋子一样形成合理结构。

就现代经济社会生活的国际国内一般经验而言，任何一个地方政府辖区的城镇化开发，不论是新区建设还是老城改造，首先必须由政府为主体牵头形成一个合理的顶层规划。"规划先行，还要多规合一"，即所有的规划要相互协调，不能各个部门都以自己的偏好为主，那样"九龙治水，非旱即涝"，后期会造成一系列资源低配置甚至非常严重的城市病问题。

其次，需要掌握好切入点，合理进行滚动开发。新区正像是在"一张白纸"上"绘制最新最美图画"的滚动开发，老区则是必须有旧城改造通盘合理规划后的滚动开发。比较典型的老城区开发如北京，过去讲"退二进三"——中心区域的第二产业要退出去，第三产业要补充进去，否则城市生活不方便，老百姓会越来越不满意，所以必须培育现代化取向下以第三产业为主的中心区。另外，已经建成的中心区，如果经过美化、改造，政府给出"第一推动力"，像大连若干年以前那样，政府安排对中心区域启动绿化改造从而加以美化，然后政府投入一定财力改造美化后的中心区域周边地皮上的设施、物业，对接市场运作的时候，商业价值凸显，经济学上对此称为"溢价升值"。再对接改革后从20世纪80年代开始的，拿到地块开发使用权必须经过招拍挂的公平竞争，开发商在物质利益的驱动之下拿到地块做符合规划要求的开发，带来的便是大量市场主体在竞争中加入一轮又一轮的滚动开发过程，而政府在这里面取得的，有我们现在一般称为"土地财政"的批租收入地块使用权，又有土地开发以后形成产业集群带来的税收、就业，以及老百姓的就业机会推举起来的收入水平提高和政府辖区内消费的兴旺、经济的繁荣等，整个链条就一环一环地带动起来了。这个开发的过程从政府的第一推动力开始，再对接市场，是市场运营的创新，支持的是"内循环为主体"的超常规发展，当然就称得上是"有效市场加有为、有限政府"的"守正出奇"，值得我们总结经验。这可能会出现一些偏差，但是全面地看，中国有这么多城市，这种政府给出合理规划而推动老区改造、滚动开发的经验，总体来说值得肯定。

在新区建设方面，近年北方有典型代表——雄安。与北京长远发展相匹配的雄安新区建设，还有近年已抓紧进行的北京通州潞河镇的新区（"北京城市副中心"）建设，这两个副中心其实是"梁陈方案"影子式的复活，即不得不在六七十年以后重新考虑在中心城区外面另起新区和副中心。很显然，这次我们要力求两个新区的规划建设经受住历史考验，一定要有城市开发建设和运营的"规划先行、多规合一"，在此中间政府一定要充分吸收民间智慧并得到专家群体的充分智力支持，建设和运营中的滚动开发一定要做好"经营城市"概念与市场机制的合理对接。

（三）双循环与作为重点的传统基建

在加快构建国内国际双循环新发展格局中，新老基建的有效结合，是经济社会可持续高效发展的长远支撑。传统基建的重点建设项目一直以来是国家作为经济社会发展基础条件支撑的固定资产投资任务。1978年改革开放伊始，发布于《中国统计年鉴》的国内固定资产形成总额，仅为1 079亿元（并且有别于基础设施项目的生产建设项目也在其中），经历40余年发展之后，有了从"生产建设型财政"向"公共财政"的转型，企业、民间的投资有极大的增加，2019年末这一指标已达422 019亿元，其发展趋势如图5-2和表5-3所示。传统基建发展至当下日新月异的数字时代，与新兴升级的数字化、智慧化技术结合，衍生了大批国内外亟待升级的"新基建"，而"新基建"的发展又必然需要与已具有联通国内国际重要支撑作用的铁路、公路、机场等大型基础设施建设，以及相关联的多种配套项目建设充分结合。

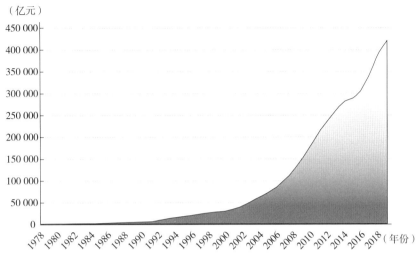

图5-2　固定资本形成总额

表5-3　固定资本形成绝对规模　　　　　　　　单位：亿元

年份（年）	1978	1979	1980	1981	1982	1983	1984	1985	1986
体量	1 079	1 163	1 310	1 345	1 517	1 697	2 134	2 769	3 212
年份（年）	1987	1988	1989	1990	1991	1992	1993	1994	1995
体量	3 720	4 714	4 399	4 527	5 656	8 253	13 232	16 751	19 838
年份（年）	1996	1997	1998	1999	2000	2001	2002	2003	2004
体量	22 723	24 714	28 014	29 467	32 669	37 088	42 672	52 574	63 975
年份（年）	2005	2006	2007	2008	2009	2010	2011	2012	2013
体量	73 852	84 979	102 345	124 701	152 691	181 041	214 017	238 321	263 980
年份（年）	2014	2015	2016	2017	2018	2019			
体量	282 242	289 970	310 145	348 300	393 848	422 019			

资料来源：《中国统计年鉴2020》。

1. 基建已成为国民经济发展中"稳投资"的关键力量

基础建设类重大项目落地,是在经济下行压力加大情况下"稳投资"的重要举措,也是深化供给侧结构性改革中"补短板、调结构"的重要抓手,更是"惠民生""护生态""增后劲"的重要行动。在我国经济运行稳中有变、面临下行压力情况下,中央多次在经济工作重要会议文件和工作部署中强调要补齐基础设施建设短板,加大城际交通、物流、市政基础设施等投资力度。总体来看,推进基础设施建设适合我国工业化、城镇化的客观需要,有利于发挥投资关键作用,以投资带动全面发展和促进消费,释放国内市场潜力;提升基础设施密度和网络化程度,有利于支持增长极的崛起和促进区域协调发展;投资可为带动就业和改善民生提供有力支撑。

在贸易摩擦形成明显冲击的 2018 年,国家发改委陆续批复多项基础设施投资项目,如 10 月 8 日,国家发改委批复新建上海经苏州至湖州铁路项目,总投资达 367.95 亿元;10 月 9 日,批复新建重庆至黔江铁路项目,总投资达到 535 亿元,涉及城市轨道、铁路、机场工程等基础建设领域。此后,国家发改委又批复了长春市城市轨道交通第三期、重庆市城市轨道交通第三期、上海市城市轨道交通第三期、广西北部湾经济区城际铁路、西安至延安铁路、武汉市城市轨道交通第四期、江苏省沿江城市群城际铁路,批复调整济南市城市轨道交通第一期、杭州市城市轨道交通第三期等项目。同期,还批复了新建山东菏泽民用机场工程、乌鲁木齐机场改扩建工程。又比如,2019 年国家发改委批复武汉市城市轨道交通第四期建设规划,其规划期为 2019—2024 年,建设项目总投资达到 1 469.07 亿元。

我国 2019 年全年基础设施建设项目总投资规模逾 1.2 万亿元,

2020年全年投资补短板力度进一步加大，基础设施投资在补短板和稳增长中扮演更加重要的角色。2020年年初，新冠疫情暴发后已可看到，鼓励基建投资的政策在持续发力。随着积极的财政政策加力提效，各个基建项目的执行进度也将加快。2013年以来，基建投资增速一直高于固定资产投资增速，基建投资在固定资产投资中占比已超过1/4。从"三驾马车"——投资、消费、出口三方面看，投资必然肩负支持经济发展行稳致远的重担，基础建设的投资又会作为政府逆周期调节的重要抓手。在"稳投资"的进一步发展中，要注重传统基建与物联网、工业互联网等新技术的结合，新型关键基础设施建设要配合加大制造业基础改造和设备更新，推动制造业的高质量发展，提升中长期供给能力和国际竞争力，并紧密联系"新基建"的布局促进宜居宜业新型城镇开发建设，助力国际国内双循环新发展格局的良性展开。

2. 完善传统基础设施建设中"内外结合""上下结合"是释放新动能必要举措

金砖银行成立、亚洲基础建设投资银行启航、中国高铁驶出国门等展现了中国积极参与全球基建和公共产品供应，这是传统基建置身于"双循环"中的"内外结合"，已在近年间进一步引发国际社会高度关注。中国以开放发展的眼光、雄心和实力，致力于国际经济中重大基础设施建设，以国内供给原材料、设备与技术的机制，已毫无疑问地带动和促进了国际间的供需大循环，既有利于全球范围内的包容性增长，也有助于优化国际经济社会的治理结构。

传统基建还有"上下结合"释放新动能的可观空间，即迎合新时期、新形势与新布局，需加强对于基建项目中地上、地下综合类和纯地下类项目的关注度。地上、地下综合类的基础设施，近些年越来越多地表现为各种交通枢纽（如航空港和高铁、地铁终端的一体化）的多层综合体、商业繁华地带楼宇主体化匹配地下步行街与停车场、地铁加配"顶盖物业"等，体现着城市建设创新中的新进步，更多的此类设施建设方兴未艾。此外，还有纯地下类的基础设施建设扩展匹配升级的客观社会需要。

2015年，国务院总理李克强在长春考察城市交通施工现场时指出，城市地下建设是外边看不见的"里子"工程，"里子"做好了，城市才真正有"面子"。同年7月，地下综合管廊建设也被国务院常务会议专门提及并指出："针对长期存在的城市地下基础设施落后的突出问题，要从我国国情出发，借鉴国际先进经验，在城市建造用于集中敷设电力、通信、广电、给排水、热力、燃气等市政管线的地下综合管廊，作为国家重点支持的民生工程。"

根据国外可考察资料，中国城市地下综合管廊起步晚、基础差、推进慢，全国大约有70%的城市地下管线没有基础性城建档案资料，加上归属各部门的管线档案互不相通，除了马路经常被开挖、工程延期外，也屡屡造成建设过程中挖断管线的事故。这些现状使得建设城市综合地下管廊的需求已经变得十分急迫。地下综合管廊建设新模式是把各种地下设施都引入管廊（亦称"共同沟"），逐步消除"马路拉链""空中蜘蛛网"等问题。地下综合管廊建设是现代化城镇建设比较先进的布局模式，任何城市都有供气、供热、上下水、供电、通信等一系列跟地下空间密切相关的城市基础设施，必须解决长期以来中国城市的管线基础设施各自独立布局的问题。各城市政府要综合考虑城市发展远景，按照先规划、后建设的原则，预留和控制地下空间，编制地下综合管廊建设专项规划，在各年度建设中优先安排。

3. 传统基建+"新基建"的发展，应联结于物流业、制造业，助力双循环新发展格局

2020年9月，国家发改委等部门联合出台《推动物流业制造业深度融合创新发展实施方案》(发改经贸〔2020〕1315号)，提出了18条重要举措。对于在当前形势下进一步深入推动物流业、制造业深度融合与创新发展，保持产业链、供应链稳定，构建以国内大循环为主体、国内国际双循环相互促进的新发展格局，具有重要指导意义。

作为国民经济的重要根基，制造业也是物流满足需求所依靠的来源。在我国社会物流总额中，工业品物流占90%以上，而工业品从原材料采集、生产制造到消费端整个流程中90%以上的时间是处于物流环节。物流业与制造业的融合程度，决定着"两业"发展水平和国民经济的综合竞争力。2009年，国务院首次推出我国物流业发展的第一个国家规划《物流业调整和振兴规划》，把"制造业与物流业联动发展工程"列入"九大工程"之一。这些年来，我国物流业、制造业联动融合发展趋势不断增强，在推动降低制造业成本、提高物流业服务水平等方面取得积极成效，但融合层次还不够高、范围不够广、程度不够深，与促进形成强大国内市场、构建现代化经济体系，以形成"双循环"新发展格局的总体要求还不相适应。

2020年，新冠肺炎疫情已对传统的物流业、制造业严重冲击，供应链弹性不足、产业链协同不强、物流业制造业联动不够等问题凸显，直接影响到产业平稳运行和正常生产生活秩序。加快新老基建与物流业、制造业的融合，是深化供给侧结构性改革、推动经济高质量发展的现实需要，也是进一步提高物流发展质量效率，深入推动物流降本增效的必然选择，更是适应制造业服务化、智能化、

绿色化发展趋势，加快物流业态模式创新的内在要求。完成制造业与物流业的升级升维的高质量发展，需妥善处理好与基建的结合与借力，促进信息资源融合共享，强化数字物流时代的新融合发展。其中，按政策性文件的相关指导方针，需积极促进工业互联网在物流领域融合应用、建设物流工业互联网平台、推动物流业制造业深度融合信息基础设施，在数字物流基础设施建设中、积极探索和推进区块链、第五代移动通信技术（5G）等新兴技术的应用，在物流信息共享和物流信用体系建设中标，将以传统基建+"新基建"的发展，助推物流业、制造业两业融合发展，加快传统行业数智化改造。

4. 发挥好地方专项债资金的引子钱作用，专注民生领域建设补基建短板

我国固定资产投资项目资本金制度自 1996 年建立以来，对改善宏观调控、调节投资总量、调整投资结构、保障金融机构稳健经营、防范金融风险等发挥了积极作用。2004 年，为应对当时经济过热，曾适当调高了固定资产投资项目资本金比例。2009 年为应对全球金融危机，又适度调低了其相关比例。2015 年，国家再次调整相关内容，除产能严重过剩行业外，其他项目的最低资本金比例总体调低 5%。当时对关系国计民生的港口、沿海及内河航运、机场等领域固定资产投资项目最低资本金比例由 30% 调整为 25%，铁路、公路、城市轨道交通项目由 25% 调整为 20%。2019 年 11 月，国家又一次下调部分基础设施项目最低资本金比例，铁路、公路等交通项目基础设施的最低资本金比例降至 15% 左右。

2019 年末，国家管理部门文件指出，地方专项债需发挥投资带头作用，补基建短板，专注民生项目投入。2019 年 6 月，中共中央

办公厅、国务院办公厅印发的《关于做好地方政府专项债券发行及项目配套融资工作的通知》提出"对国家重点支持的铁路、国家高速公路和支持推进国家重大战略的地方高速公路、供电、供气项目,在评估项目收益偿还专项债券本息后专项收入具备融资条件的,允许将部分专项债券作为一定比例的项目资本金"。9月4日,国务院常务会议又进一步扩大了专项债券作为项目资本金的领域。具体由原来的4个领域项目进一步扩大为10个领域项目:铁路、收费公路、干线机场、内河航电枢纽和港口、城市停车场、天然气管网和储气设施、城乡电网、水利、城镇污水垃圾处理、供水。这一举措可以使我国地方专项债的资金,在基础设施建设领域发挥"引子钱"式的乘数放大效应,在资本金中注入后,通过提高项目的资本充足率而为其进一步的融资增倍,更好发挥专项债"补短板、惠民生"的项目建设功能。财政部提出"专项债券额度需向手续完备、前期工作准备充分的项目倾斜",优先考虑发行使用良好的地区,特别提示要发挥好投资带动作用。国务院常务会议明确加快地方政府专项债券发行使用的相关措施的情况下,2020年拟提前下达的专项债部分新增额度,重点用于基础设施建设,如铁路、轨道交通、城市停车场等交通基础设施、城乡电网、天然气管网和储气设施等能源项目,农林水利、城镇污水垃圾处理等生态环保项目,职业教育和托幼、医疗、养老等民生服务,冷链物流设施、水电气热等市政和产业园区基础设施等。

5. 传统基建与"新基建"潜力释放,需给足民企机会

自2016年"两会"上习近平总书记作出给民营企业"吃定心丸"的重要讲话后,中央下发一系列关于完善保护产权的文件与中

央经济工作会议关于加快编纂《民法典》、鼓励企业家精神和纠正侵犯企业产权错案冤案的明确方针与重要指示，2017年又有中共中央办公厅、国务院办公厅联合发文要求保护和弘扬企业家精神，使我国2016年后一度滑坡的民企国内投资止跌回升。在波动中，还需进一步得到相关的法治化、基础性制度建设的保障。2018年11月1日，习总书记在亲自主持的民营企业家座谈会上发表长篇重要讲话，在再次明确大政方针的同时，高屋建瓴、语重心长地指出，民营经济和民营企业家是我们"自己人"，还提出了从六大重点方面支持民企的具体要求。

6. 基础设施建设中，需进一步落实"使用者付费"阳光化管理机制

有了以上对新老基础设施建设规律性认识的初步总结之后，在管理上的挑战也是非常明显的。中国在以贷款或政府体外资金为主要资金来源完成项目建设后，再以收取过桥费、过路费的方式匹配，加快交通基础设施建设，总体来说是利大于弊，支撑了中国几十年改革开放路径上的超常规发展。中国的高铁建设在全世界现已领先，从已经建成的公里数，还有与之相匹配的各种条件，从现在已达到的时速300公里以上这个阶段的高铁供给能力看，中国冲在了全球前沿，这是我国于特定科技应用领域的总体供给能力走到世界前沿领域的为数不多的案例之一。这方面有大量的建设贷款，不是财政渠道提供资金，但是财政资金在这里可以起到乘数放大效应，拉动更多资金进入，项目建成、运行后则以"使用者付费"形成贷款还本付息和项目投资固收的现金流。这种机制客观地要求我们的治理能力、管理水平提高。我们在这方面受到的制约也不容回避。这一点

可以结合北京航空港匹配高速路的案例分析。北京首都国际机场从航站楼 T1 到 T2、T3 扩建的同时，需要匹配的基础设施，包括从市中心区域通往机场的干道，要建成与机场连通、使航空港交通枢纽直接连通高速路，再达到中心区域和四通八达各个方面的基础设施。北京首都国际机场的高速路是收费的，这是运用中国经验的"使用者付费"机制。收费若干年后，面对社会舆论的质疑，管理部门认为需要必要的改革与调整。管理部门回应是确认贷款已经还完，现在费用可以往下调减，开始调成单向收费，再往后，又把 10 元下调成 5 元。那么反过来想，最理想的情况其实不应该是这样。我们如果有一种准公共产品领域建设方面更好的信息公开的管理规则与制度，最好是建设项目匹配的财务情况，每年度对全社会公布，具体内容让百姓看得一清二楚，这些事情如果都能有公信力地对全社会交代清楚，接着就可以引导社会成员来讨论，这样就可以使问题得到解决。大兴机场是不是可以采用这样的模式？如果将这个情况有公信力地向百姓公开，最大的可能性是社会成员可以接受，百姓知道所交费用是在加快建设下一轮的交通基础设施和对全社会成员造福的、对人民美好生活带来正面影响的相关设施建设。由此加快这些项目的建设，其实是比较理想的状态，但是很遗憾，由于种种条件的制约，现在还没做到。在若干年间并没有事前、事中、事后全面绩效管理的意识和相关约束的情况下，原来很多账本是拿不出来的。所以，过去的可能就无法再对社会公开了，但未来能不能全面处理好这种制度规则，在现代信息条件支持下，以后再做这样类似的项目，能不能做得更全面？应当承认这是现在看来利大于弊、造福民众、而未来很长一段发展过程中还有适用性的一个机制：架桥修路可以用贷款、政府体外的资金和以 PPP 的方式来做，但是所有的信息要最大限度地阳光化，公之于世，接受老百姓的监督，把成本交代清楚。接受多重审计监督，便可以各方面一起把这种交通基础设施的建设做得更快更好，更符合中国超常规发展现代化的战略需求。

我们以交通基础设施为例，可知以有效投融资项目建设支撑整个"双循环"通盘的发展，一定需要把机制创新的方面处理好，而在机制创新中一些基础的、管理性质的工作，实际上一定要与社会生活治理水平提高的阳光化、公共参与、公众监督、法治化、民主化等进步因素融合在一起，这也就是配套改革的系统工程。所以，有必要强调，在管理层面、技术层面的问题探讨之后，若从管理创新、机制创新发展连通到制度创新，实际上仍是配套改革问题，中央所说的打造现代化经济体系的主线是供给侧结构性改革，其中的龙头因素是制度有效供给，进而可以推进和完成经济社会转轨，带来我国双循环新发展格局中所有潜力、活力的释放。

第六章
双循环与数字经济创新发展

近几十年间,以"半导体"概念切入而形成的现代信息技术的发展,强有力地引领了人类社会的新技术革命。美国硅谷于 20 世纪最后十余年带动的数字化信息技术日新月异的蓬勃发展,开创了具有"颠覆性创新"特征的新经济——"数字经济"时代。千年之交后,"科技第一生产力"的前沿突出地表现为数字经济与互联网结合而生成的若干数字化平台公司,不管是以美国、欧洲为代表的发达经济体,还是以中国为代表的新兴经济体,都在迅速壮大,在社会经济生活中发挥日益举足轻重的巨大影响作用。数字经济的直观表现是随着大数据、云计算和人工智能的不断进步,日益渗透各行各业,商业模式、生产生活方式和社会管理方式得到创新,支持着各行各业提质增效的升级发展进程。在加快构建双循环新发展格局下,中国必须把数字经济的创新发展作为一大战略重点。本章主要聚焦于数字化平台企业的考察,以数字经济创新发展助力双循环新发展格局的分析认知来展开。

（一）数字经济平台在现实生活中的发展及其意义

1. 数字化平台的定义

"平台"不是新事物、新概念、新现象，而是商业、经济和互联网里最常见的词，例如平台经济、平台商业模式、平台经济学、平台竞争等。传统平台以汽车制造、证券交易等平台为代表，覆盖半径囿于当地或运输成本经济半径，规模门槛低，沟通反馈机制主要是单次的。而当平台被信息时代的通信、软件和互联网等技术手段介入后，其经济逻辑、商业战略、竞争和管制产生了颠覆性变化，数字化赋予了平台新的内涵。在数字化平台发展的过程中，体现出与以往不同的特点以及不可忽视的社会与经济价值。

与此前主流文献局限于数字化平台的创新或交易的功能不同，我们认为企业数字化平台带来了传统平台概念在信息革命和新经济时代的突破性的升级发展。数字化平台是实现信息联通的基础设施，并以信息匹配作为定位，以云计算、大数据、人工智能等必要的基础技术作为支撑，创新地促成各类交易、服务、管理、数字物流等功能的实现，提供生态圈化的单一接口，在实现多元化功能中能够对接海量的供给主体与消费市场，使供需双方便捷地进行信息匹配和价值交换，综合性地降低社会交易费用，提升供给体系质量和效率。在需要有一定的规模门槛来发挥边际成本递减甚至降到微乎其微的网络效应的情境下，数字化平台不仅创造了举足轻重的经济价值，而且创造了不容忽视的社会价值。

基于上述定义，可按照三要素来解构"新经济"中的数字化平台：一是作为信息中介的基础设施，二是连接海量供需双方，三是具有发挥网络效应必要的规模门槛。

2. 数字化平台企业的迅速发展

（1）超常规突破中的日新月异

数字化平台在世界经济中占据越来越重要的位置。联合国贸易和发展会议前些年已发布的报告指出，"全球数字经济活动及其创造的财富增长迅速，以其前所未有的速度和规模在短暂时间内创造的巨大财富，正对人类经济、社会生活产生着重大而深远的影响"。通过移动互联网覆盖率的提升、政府政策的积极引导以及人民生产生活条件的改善，激活了原有商业模式不易触及或运营成本极高的区域市场，突破了以往的线下实体商业形态，不再囿于地理和行政区域的划分，以数字平台连接了数量庞大的供应商、零售商与顾客，消除供需障碍，促进交易量的迅速增长。比如，2019年"双十一"当天仅天猫商城一个平台总成交额2 684亿元，物流订单超过10亿件，比2018年多出549亿元。同时，国家邮政局监测到"双十一"全天各邮政、快递企业共处理5.35亿件快递，同比增长28.6%，2019年"双十一"的快递数量总计可达28亿件。在受新冠疫情影响的2020年，我国社会商品零售总额出现多年未见的负增长，但天猫"双十一"（11月1—11日）总成交额上升达4 982亿元，同比增速为26%。

（2）数字化平台改变了传统的交易模式

以数字化电商平台为例，其将传统的商务流程电子化、数字化，大大降低了成本，突破了时间和空间的限制，能够满足供需双方的需求，提供超越传统线下方式的用户体验，提高交易效率。平台价值之所以具有颠覆性的影响，是因为其引入了指数级变化元素，可以制造网络效应，用户数量或类型左右平台所能实现的价值。网络效应，即网络的价值与用户数的平方成正比，网络使用人数越多，其价值就越大。而当网络形成一定规模后，价值的增长会以几何级数超过网络的增长。在数字经济时代，平台用户使用网站的次数越多，平台获得的数据就越多，用户的体验也就更趋于个性化，消费者可以获得更好的产品及购物体验：一是相比线下选货比价所花费的时间，在线上输入关键词即可快速浏览相关商品的一切信息，同时一般会有专门的客服人员解决疑虑；二是平台会对接物流配送和商品的售后服务；三是平台的信息公开、透明，商品价格都可直观获得。数字化电商平台的出现便捷地满足了传统消费"货比三家"乃至"货比多家"的诉求。

（3）数字化平台提高数据存储与输出的真实性、准确性，进而可推动业务迅速增长

实现数字化意味着数据不仅具备记录作用，还是企业各个环节的流程节点与全链条管理基石。数字化使得各部门之间实现数据的共享和联通，打通公司的全产业链条运作，形成"数据为王"的企业文化。这些数据是通过信息技术、虚拟空间、人工智能和大数据等获得，实现了更为准确的抓取与采集分析。可使一个产品的推广速度远远超过以往任何时代，企业依靠数据来推动业务更为迅速地

扩展和增长。

（4）政府支持数字化平台的发展

2013年开始，国家发改委、财政部、商务部、海关总署等多个部门陆续发布各项关于支持电子商务发展的政策，包括建立行政推进体系、网店服务体系、网货供应监管体系、网络物流体系、人才培训体系和考核评价体系等。2017年《政府工作报告》中提出推动"互联网+"深入发展、促进数字经济加快成长，让企业广泛受益，群众普遍受惠。2018年8月31日，十三届全国人大常委会第五次会议表决通过《中华人民共和国电子商务法》，自2019年1月1日起施行，使电子商务有了立法支持。2019年提出打造工业互联网平台，拓展"智能+"，为制造业转型升级赋能。深化大数据、人工智能等研发应用，壮大数字经济。

（5）数字经济的飞速发展正在使人类社会迈向智能经济时代

积累了用户数量，并结合技术演进，以及商业环节的数字化和供给端的数字化，数字经济正转向下一步的智能经济，更为便捷、精准匹配供需，创造新供给，引领新需求释放新一轮发展红利。其已展现了三大特征：一是数据成为关键的生产要素，核心的"数据＋算力＋算法"的智能决策和运行，有赖于数据的获取和处理能力；二是人机协同将成为未来主要的生产和服务方式，人类一定的"机器化"与机器的"智能化""生命化"意味着更多的工作需要由人机协同完成，如无人驾驶、温室大棚的智能化和流水线作业的去人工化等，云计算与大数据技术在各个行业日益渗透使得人机协同的生产方式越发普遍；三是以满足海量消费者的个性化需求为商业价值的追求方向，低成本、实时服务海量用户个性化需求的能力，在未来将成为每一个企业的基本能力。以数字经济的自动化、智能化化解复杂系统的不确定性，实现资源的优化配置，支撑经济的高质量和可持续发展。

（二）数字化平台价值认知

1. 从直观现象看数字化平台的意义

（1）数字化平台助推国民经济持续健康发展

数字化平台为国民经济转型发展提供了"创新"动力支撑。2017年，我国数字经济总量达到27.2万亿元，位居全球第二，占GDP的比重为32.9%，对GDP增长的贡献达到55%。2018年，我国数字经济总量达到31.3万亿元，占GDP的比重为34.8%，对GDP增长的贡献率达到67.9%。2019年前三季度，全国居民人均消费支出15 464元，比2018年同期增长8.3%，扣除价格因素，实际增长5.7%，最终消费支出增长对经济增长的贡献率达60.5%，在我国消费已经连续5年成为拉动消费增长的第一动力。其中，以电商平台为代表的数字化平台拉动消费功不可没，持续为经济增长助力，数字经济总量连年占GDP的比重超过30%。数字化平台对于资源的配置拥有传统经济模式所不具备的诸多优势，能够不断通过利益杠杆优化资源分配来追求资源利用的最优化，从而缓解我国国民经济可持续发展的压力。电商平台信息技术与规模的快速发展，加速了第三产业的发展，促进了我国产业结构升级，加快了经济发展模式的转变升级。

（2）数字化平台策应需求端消费升级

数字化平台为消费者众多需求集成提供载体并匹配物品或服务，促使用户体验进一步升级。我国居民消费正越来越多地从传统消费转向新兴消费，以及从商品消费转向服务消费，逐步由模仿化、同质化、单一化向差异化、个性化、多元化升级。目前新一轮消费升级，正经历着从"量变"到"质变"的过程，国家统计局数据显示，全国城镇居民家庭人均消费中，生存类消费占比逐渐下降，发展类消费占比不断上升，并逐步成为消费的核心，人们更多考虑进一步丰富自己的物质和精神生活，特别是医疗保健、教育娱乐和交通通信等方面的消费。保健医疗方面健康理念升级，更注重保健与预防；教育娱乐方面，学费支出的占比下降而作为可选择性消费的补习费支出保持高速增长；交通通信中私人交通占比强势上升。数字化平台以特色化和个性化的供需撮合、咨询服务、物流配送、线上线下结合的便捷、高效交易机制等策应了消费的升级。

（3）数字化平台为供给端的产业创新和社会进步创造条件

数字化平台在新技术革命成果的支持下，显著提高了供给端的产业创新能力和社会事业进步水平。比如，得益于居民消费升级与电商平台提供以消费者需求为导向的产品指引，各行业不断补充商品种类，提供有竞争性的产品服务并积极扩展跨境行业、母婴行业、时尚行业、生鲜行业、家装行业等。二手回收领域有闲鱼、爱回收、云集等，在线旅游有途牛、爱彼迎、飞猪等，物流方面联结顺丰速运、德邦物流等形成产业链，全行业协同共进。在金融服务领域，支付宝、微信支付等网络支付方式，便捷交易的同时也对传统的银行业务带来冲击。新兴的无人银行融合了虚拟现实/增强现实（VR/AR）技术、生物识别、语音识别及全息投影等技术，智能投顾可根据不同客户风险偏好和投资意愿，提供智能配资策略。蚂蚁森林关注环保事业，相互宝提供医疗保障服务，由淘宝等电商平台交易业务带动的淘宝村、淘宝镇在助力脱贫攻坚战中发挥了重要作用。农业双创，电商扶贫已成为众多地区脱贫致富的途径之一。丰富的网络零售和电子商务，为众多小微企业的初创提供孵化环境，在全民创业、万众创新的大环境下实现轻资产创业的目标。平台的准入门槛低、覆盖广、触达深、传播快，已成为众多行业的标配。

（4）数字化平台为精准匹配供需和满足人民美好生活需要提供了途径

数字平台助力供给端企业创新优化研发与生产能力，一方面，以消费者需求为导向重新配置产能，推动产业行业升级；另一方面，满足消费升级背景下人民日益增长的美好生活需要，运用大数据技术挖掘收集消费者需求信息，为商家定制化生产提供有效途径。由此，数字平台连接商家与顾客两端，赋予需求端更多参与权，改变了传统的社会生产模式，从以往的供产销转变为定制化生产模式，在促进供给端更精准的产品服务指向下，以消费者需求为导向做生产研发，能够及时掌握准确的消费者市场数据信息，并在市场竞争中抓住机会，高效配置资源。行业产业的进步、消费市场的潜力，以及国家、地方政策的大力支持使得数字化电商平台迎来发展机遇。驱使供给端不断创新以满足人民日益增长的物质文化需要，以及提高社会成员总体的满足感与幸福感。

显然，上述这些平台的积极作用、创新效应是推进中国现代化超常规发展战略贯彻落实的重要动力来源。面对中国实现现代化历史飞跃的"强起来"新时代，数字化平台功能作用的展现和发挥方兴未艾，我们对数字化平台的经济价值和社会价值进行专题研究，具有明显的必要性和重大意义。

2. 传统平台与数字化平台的对比

关于数字化平台的定义已引出了其相关的三大要素，在此稍作展开。

（1）实现信息联通的基础设施数字化升级

互联网发展之初，对它的关键认知之一是"去中介化"，互联网能够带来一种去中介化的可能性，消除传统的中间环节。随着人们认知的不断加深，对数字化平台的要求也并不是只强调去中介化，而是强调运用现代信息技术重构价值链、把领域格局变成"生产者—平台—消费者"的格局，从而成为具有全新的、更为高效的中介功能的基础设施。

（2）供给与需求两侧的双向便捷连接

平台会将生产者和消费者连接起来，并能够让他们交换价值。平台在每一个交换过程中为生产者和消费者创造价值互动，并为价值互动赋予了开放的参与式的架构。平台的首要目标是匹配用户，通过商品、服务或社会货币的交换为所有参与者创造价值。生产者和消费者通过平台交换三样东西（信息、商品或服务，以及某些形式的货币）形成供需互动中的交易。

相比传统平台，数字化平台具有两个方面的显著差别：信息和参与者。一方面，互联网上交换的是数字化信息，商品和服务交易是信息交换的后续行动。更重要的是，信息和信息流动发生了质变，丰富的信息在各个群体间高速流动、快速反馈，所有的交互又变成新的信息。另一方面，互联网平台上的参与者不再只是少数人群体，而是每个人都以个体方式参与，结果是不仅形成了数量庞大的社交连接，也使得真正到个体层面的大规模社会协作成为可能。数字化平台呈现的是数字化信息的快速流动与其引出的大规模社会化协作。互联网使信息在供给和需求两侧前所未见地便捷连接、快速交换，进而实现高效的精准匹配。

（3）规模门槛与网络效应

数字化平台的驱动力来源于数字化、宽带增长、云计算与大数据等大量基础技术支撑，可将无序的市场整合起来，创造出新效率，凭此过程平台提供集中化的市场服务和分散而广泛的个体和组织。数字化平台具有一定的规模门槛。这种规模门槛来源于网络效应。网络效应是指一个平台的用户数量对用户所能创造的价值影响。网络效应代表一种新的、由科技驱动的经济与社会现象。供应方的规模经济能够给用户体量最大的平台企业带来成本优势，而一旦越过一定的规模临界点后，这样的成本优势使传统的竞争者很难与其抗衡。

如表6-1所示，从上述三个要素出发，分别就交易成本、连接供需的范围等多个方面，对传统平台与数字化平台的对比要点进行列示。

表6-1 传统平台与数字化平台的对比要点

项目	传统平台	数字化平台	
		1.0版	2.0版
举例	汽车制造平台、证券交易市场	电信网络、单一功能App	现有主流四大平台"系"

续表

项目	传统平台	数字化平台	
		1.0版	2.0版
交易成本	高：戴蒙德搜寻与匹配理论	相对低	无限趋于零：吕本富的反戴蒙德理论
连接供需的范围	窄	相对扩大	增量供给+海量需求（长尾效应）
地理位置	囿于当地/运输成本经济范围	网络接入/覆盖区域	全国、全球，无边界（基于位置的服务技术等）
规模门槛/基础设施需求	低	较高，需要向用户分摊成本	很高：实现部分用户付费甚至无须付费，即可打平维护运营成本，需要云计算、大数据等大量底层技术支撑
沟通反馈渠道	单向	单向	双向
商业逻辑	无	简单	复杂、完整闭环
功能性	单一	聚焦于有限种类	生态圈、多功能
激活创新商业化的能力	无	有限	强
数据价值	无	有限	高、重要 新生产要素价值

3. 数字化平台的经济特征及经济价值分析

数字化平台本身的特征是拥有海量数据，而将海量数据衍生出经济特征的技术手段即人工智能，通过反映用户长期体验的海量数据，显著消除信息不对称性和精确识别用户需求，从而使供需两侧"精准"对接，为需求提供"定制化"供给，建立了供给侧对需求侧"及时""精准"响应的适应性机制。例如依托大淘宝生态的数据实力，聚划算提出的"新工厂供给"，可以在供应链改造中，帮助企业优化产品，推动传统制造业进行数字化升级，降低成本并为消费者提供优质优价的商品。在 2019 年天猫"6·18"大促销期间，用户直连制造（C2M）模式为产业和商家带来了 4.66 亿笔订单。以赛嘉电动牙刷为例，仅 6 月 16—18 日 3 天，其天猫旗舰店销售额就达到 2018 年同期的 45 倍。究其原因，优质电动牙刷的有效供给"精准"响应了国内特定群体消费者的需求。赛嘉品牌不仅在"6·18"迈入行业一线品牌，而且在国内市场的订单份额也有望首度超过海外。①

结合数字化平台的主要经济特征，可从如下层层递进的诸方面初步总结数字化平台的经济价值。

（1）通过完全信息匹配和优化信用体系建设，实现搜寻成本/交易成本的大幅下降，甚至趋于零，从而使得交易费用趋低

与数字化平台的供给"精准"响应需求的适应性机制相应，其经济价值首先体现在海量数据下"精准"联通供需渠道，显著降低交易成本，实现较低的市场价格。追本溯源，在传统平台下，最显著的制约为在时间、空间等先天条件下交换信息的成本较高。1961 年，美国经济学家乔治·斯蒂格勒通过分析信息成本影响商品价格等问题，首次将信息作为生产要素。现实经济环境中所存在的逆向选择、道德风险等因信息不完备而阻碍经济绩效的问题，都可与信息对接的"精准"而改变。从信息经济学到数字经济学的演变过程中，着力解决的问题就是依托人工智能、大数据等技术的进步，智

---

① 杨良敏，马建瑞，刘长杰，胡国良. 阿里巴巴：理想主义数字经济体的 20 年［J］. 中国发展观察，2019（18）.

能"精准"搜寻匹配海量数据，突破交易时间、空间等条件的限制，降低生产活动中交换的信息成本，实现供应商与终端消费者接近于零成本的供需渠道连通。

互联网平台发展到一定阶段，会出现趋向于边际成本为零的状况。社会成员接受服务的免费可称为边际成本归零，前提一定是在可持续运行的企业为主体的情况下总体供给的成本为零，比如漫游费。在经过了某一个社会博弈的临界点以后，漫游就免费了，变成了边际成本为零。从供方传导到需方受益，时间差一般都存在。首先是供方边际成本为零了，但它不一定在商业模式上让需方在接受供给的时候成本为零。"淘宝村"的孵化正是一开始以当地政府与阿里巴巴共同承担成本、无偿为村民进行培训的模式作为第一推动力，搭建更大规模商户数量的淘宝平台，依托数字技术，实现供需信息全面完整的匹配，通过扩大商品供需空间的方式，降低商品交易成本，显著提高交易额，带动地方经济发展。

（2）实现供需双方的良性、即时互动，加大服务密度和深度，降低部分行业的准入门槛

数字化平台的经济特征之一即为"行为特性"的生产关系。与传统平台下二元对立的"机械特性"的生产关系（即雇用与被雇用的生产关系）相比，"行为特性"的生产关系显现出"包容性"经济制度安排的经济价值。所谓"包容性"，即在数字化平台中所构建的生产关系是在竞争环境中收益为参与生产的社会成员所有，具有较高的生产性激励，且所有社会成员也有权参与设计生产制度。就经济价值层面具体来看，一方面，"包容性"体现在供应商、中间商与消费者的"良性"互动、深层次挖掘并连接各方需求，进而有效改善供给，服务质量得以随密度、深度的加大而显著提高；另一方面，

"包容性"体现在整个经济自由竞争的格局并非抬高市场的准入门槛，反而由于供需的及时、定制化互动，降低了交易价格，进而降低了某些行业的准入门槛，使得有更多的生产者进入行业，形成以自由竞争来推动企业经济绩效增长的良性循环。

比如，爱彼迎之所以颠覆了传统酒店业的经营模式，关键在于酒店经营者角色的"行为特性"：在传统酒店经营模式下，酒店经营者的角色准入门槛需满足土地、劳动力和资本等要素的基本要求，而依托以爱彼迎为代表的数字化平台，极具包容性、参与性的制度安排，一方面大大降低了原有要素的准入门槛，使得大量分散的社会成员以生产者身份加入酒店经营业务；另一方面，在爱彼迎的酒店经营平台上，酒店经营者的角色也可适时改变，每一个酒店经营者既可以是"房东"身份，也可以是"住客"身份，这种灵活、合意的角色转化，呈现了"新供给特性"以供需之间良性互动、通过自身服务体验而加大服务密度和深度，进而在供给竞争中获得比较优势，释放新的民间经济增长的潜力。

（3）促进知识扩散，扩大有效供给，使原本无法参与供给的潜在市场主体也能加入供给侧，显著扩大市场边界，对接海量、长尾市场

数字化平台的经济特征之一是可形成有助于知识和有用信息传播的"非竞争性"。一方面，形成市场定价表明拟生产的物质可进入交换环节；另一方面，反映正确信息的上述知识以便捷的扩散形式体现了扩大物质再生产范围，即扩大有效供给。上述两方面意味着数字化边界平台的经济价值之一是拟生产的物质在具有交换价值的前提下，可纵深拓展供给侧、扩大有效供给后使更多的生产商进入要素市场，更多样化地扩大市场内容和扩展其边界。

比如，依托新一代网络技术的 5G（第五代移动通信技术）应用案例，是数字化平台的发展，使无人车为代表的智能终端将从供给端再次变革汽车制造业，自动驾驶与人力驾驶的替代过程，又将是数字技术逐步变革劳动力的产业革命过程。据麦肯锡咨询预测，2025—2027 年将是自动驾驶的拐点，此时将是自动驾驶与人力驾驶的经济平价点。自动驾驶若能在中国落地生根，到 2030 年，将占到乘客总里程的约 13%，到 2040 年将达到约 66%。到 2030 年，自动驾驶乘用车将达到约 800 万辆；到 2040 年，将达到约 1 350 万辆。根据华为的预测，2025 年个人智能终端数量将达 400 亿，个人智能助理普及率达 90%，智能服务机器人将步入 12% 的家庭，个人潜能将在终端感知、双向交流和主动服务的支持下大幅释放。人需要休息，但是机器智能永不离线。①

于是，数字化平台所体现的经济价值包括延展市场的长尾效应明显，消费者群体扩大。究其原因，源于数字化平台本身的物理特征，即拥有海量数据的基础设施，数字技术的应用使得此基础设施上搭建的产业易流动、可分享，例如文学的传播平台已从人类故事的口口相传，到实物载体记录的文学作品流传于世，再到发展为虚拟世界中海量网络文学。与之相应地是文学本身的消费市场，也已从古代的贵族阶层，发展到近现代的知识分子小圈子，再到现代社会中覆盖大部分普通老百姓，文化消费市场的外延拓展显而易见。

在数字化平台 2.0 版本下，行业门类界限逐渐被打破，如第一产业的农业与第三产业的服务业有机融合，第二门类的制造业也与服务业有机融合，各类要素市场通过数字化平台连通广阔的产品市场、金融市场和海外市场。经济学理论视角下可表述为供给侧与需求侧

---

① 解构与重组：开启智能经济. 2019-01-03，http://i.aliresearch.com/img/20190103/20190103173342.pdf.

的连通渠道被扩大，由此对应于海量、长尾的消费市场，极低准入成本的大量供给主体加入经济生活以生产经营和活跃交易促进繁荣。例如消费互联网时代下，以淘宝网为代表的电商平台打破了时间、空间的界限，各类农产品、手工业制品、以知识付费为代表的无形产品、中间品等，均可实现远程同步交易。

（4）有效支持创新，帮助其成果更顺利地实现商业化

数字化平台依托数字资源对生产活动带来熊彼特提出的"创造性破坏"，即"不断地从内部革新经济结构，不断地破坏旧的、不断地创造新的结构"的过程，在数字化平台时代具备了前所未有的支持条件，创新之后的成果也可随之更好实现商业化。

中国的传统职业文化下的"干一行、爱一行、专一行"在数字经济时代已被"创造性破坏"。以文创 IP 产业为例，在主流媒体主打影视文创产品之后，往往紧跟手机游戏、制造商品衍生品，紧接着是通信工具上的表情包，甚至是实体经济中百货商店的玩偶、文旅地产项目等。IP 的附加值源于数字技术对传统文艺广播影视行业的"创造性破坏"，高高在上的"文学艺术名著"借力数字化平台，"飞入"寻常百姓家，商业化价值凸显。比如在明星、网红经济下，文创产品"秒售"频繁可见，消费随着所谓"带货"效应在数字经济模式当中容易呈现出短期爆发式增长，而网络售票平台的出现则让文创产业短短几个月实现几十亿票房的神话变为现实。

（5）通过数据支撑而来的规模集聚效应，为流量变现提供渠道的同时，实现少量用户付费、多数用户免费的平台自身运转，发展共享经济

数字化平台的数据逐步从非独立生产要素转变为独立生产要素：

在数字化时代，数据俨然已成为生产活动的必需品，即依托人工智能技术，改善信息作为生产要素出现不对称问题导致的生产结构扭曲，进而改善供给侧，又可以依托大数据的物理特征有效反映产品和服务需求。经济社会中全体成员的经济活动本身也成为"数据生产者"。与之相应的是规模集聚效应，并可进行流量变现，实现少量用户付费、多数用户免费的自身运转。

比如，以淘宝上的卖家"直播秀"为例，在传统平台下似曾相识地看作是"电视购物"，通过语音、图像作为媒介传播产品信息，依托以5G网络技术所构建的数字化直播平台体现了"超常规"正外部性，原因在于，以少量广告商、产品商付费得以运转的"直播平台"中的海量用户享受到了互动式购物体验，出现了规模集聚带来的"分享""共享"的正外部性。

综合上述方面，数字化平台的经济价值可归纳为依托数字技术"精准"连通供需、改善供给有效性，突破时空限制加大服务密度与深度，扩展市场对接长尾，增进集聚规模效益，减少交易环节、降低交易成本、提高交易效率，助力信用体系建设，发展共享机制，促进实现社会福利最大化。

4. 数字化平台的社会价值分析

在认知数字平台经济价值的基础上，还应进一步分析认识数字化平台的社会价值。数字化平台的信用体系带来超常规的正外部性，即数字化平台为其他平台生态圈创造超常规的经济价值，生发出正外溢效应，并且数字化平台所释放的往往是超常规的外溢效应。究其原因，以海量数据为载体的数字化基础设施功能不仅构建了一个闭合生态圈的平台市场，而且此平台可以立体的、高维地向外部环境释放正的外部效应，带动周边生态的立体化发展。具体可以概括为以下几个方面。

（1）数字化平台搭建的基础设施支撑多领域普惠发展

普惠发展是指经济、贸易、社会、科学、技术等方面发展所带来的利益和好处，能够惠及所有国家和所有人群，特别是惠及弱势群体、落后地区和欠发达国家。数字化平台作为新的基础设施，为人类社会发展提供了普惠发展的契机。

首先，数字化平台普惠经济贸易发展。我国通信基础设施的进步使得智能手机用户数、网民数和电子商务规模逐年上升。数字化平台所创造的新商业模式，深刻改变了国际贸易、金融和物流的行业景观。数字化平台催生跨境电商，推动国际贸易门槛不断降低，国际贸易的主体、客体、贸易过程都发生了重大变化，为发展普惠贸易创造了有利条件。普惠贸易也使更多小微企业和个人获得了平等参与国际贸易的机会，活跃市场主体，壮大参与国际贸易的个体队伍。在贸易过程中，数字化平台运用技术手段提高企业间信息交换的效率，将生产者和消费者直接联系起来，有利于产品的优化创新和企业的升级改进。

其次，数字化技术提供全球普惠金融路径。数字普惠金融已经成为全球认可的普惠金融创新实践路径。数字化平台能够降低金融服务成本、提高服务效率、拓展金融服务边界、提升金融服务的用户体验，让广大社会成员能享受到便捷、安全、可信的金融服务。比如阿里巴巴的支付宝业务的核心功能在于通过数字支付的便捷性，缩减交易时间，进而提高交易效率促进消费。而在支付宝海量交易数据下，衍生形成了可与传统银行信用体系相比的芝麻信用分，具有与银行提供购房、买车贷款、担保类似的功能。阿里巴巴通过支付宝、芝麻信用，让成千上万原本没有纳入传统信用体系的小商家、个体户，建立起信用档案、获得贷款。可以认为，通过海量交易数据平台所衍生出来的全社会成员的信用平台的发展属于超常规的。进一步来说，越来越多的芝麻信用用户，开始享受信用给生活带来的便利。无论是共享单车、共享充电宝，还是飞猪的信用住、闲鱼的信用回收，利用芝麻信用、支付宝信用授权，超过一定标准就可以享受到"信用免押"。这背后就是积累的商业信用量化的过程，其本质是商业信用资产化。一个人在商业社会的守信行为不断累加，就能够直接当钱花；比起钱来，信用还可以越用越多。数字化平台在让金融以低成本的方式便捷、有效地触达社会各个群体时，能有效甄别风险。生物识别解决了远程身份认证难题，尤其是为边远地区提供便捷的服务。人工智能提升了大数据处理效率，能够通过深度学习的方式不断迭代升级，用技术拓展金融边界。云计算通过低成本、高扩展性的运算集群，可极大地降低金融服务运营和创新成本。

最后，数字化平台作为基础设施支撑普惠科技。以服务器、存储和软件为代表的传统信息技术产品的采购和维护运营成本较高，而以云计算技术为代表的按需服务供给机制，使个人及各类企业能够以低成本获得所需的计算、存储和网络资源，降低技术门槛。从这个角度上讲，数字化平台发挥基础设施作用，打破了大企业在计算能力上的垄断，使计算成为普惠技术，为中小企业提供创业、创新的土壤和支持条件。云计算使用便利，大量创业者可基于云计算平台开发新的互联网产品和服务。阿里研究院报告显示，采用阿里云后，计算成本降低了70%，创新效率上升了300%，云计算成熟度越高，创业者从0到1的突破成本越低，周期越短。借助数字化平台这一基础设施，企业可以有效地应对业务迅速增长带来的IT资源供应压力，得到云计算按需提供的运算能力，因此能够迅速扩充资源，并有效应对短时间的、高峰值需求。

云计算由此发挥公共服务能力，可为高校和科研机构提供与企业同等的计算能力。研究开发通常依赖大量数据分析，强大的计算能力让创意和发现更有成功的可能，更好地发挥对生产经营的促进作用，特别是为中小企业的创新发展源源不断地提供原来难以企及的计算支撑能力。

（2）数字化平台对中国行业、社会、民生的普惠效应显著

通过多年积极探索数字化平台，在促进行业发展、扶贫、扩大就业和提高就业质量等民生重要领域取得突出成效。

首先，行业领先者带动行业共同发展。传统行业寡头的出现既倾向于操纵市场、抬高价格，从而使消费者承担高于边际成本的价格，更倾向于掠夺行业资源，造成行业中小企业生存艰难。然而互联网行业则与之完全不同，行业领先者与行业其他同行企业的发展更近似于经济学理论总结的"雁行模式"，先行者用自己的经验带动行业共同发展，降低后来者试错成本。

在新经济时代，企业仅仅依靠内部的资源进行封闭、自循环的高成本创新活动已经很难适应快速发展的市场需求以及日益激烈的企业竞争，"开放式创新"是行业主导模式。中国独特的"大平台、巨网络"让更多的小微创新活动进入开放市场，以更快的速度、更低的成本获得更多的收益与更强的竞争力。创新者能够更方便快捷地寻找资金、技术、外包、团队、咨询或战略联盟等以及合适的商业模式，并能更快、更好地把创新思想变为产品与利润。在一个规模足够大、层次足够丰富的市场上，如果创意转化的协作效率足够高、成本足够低，微小主体的创新也能极大减少市场中的摩擦、损耗与阻碍因素，及时被相关方捕捉和筛选，从而转化为社会经济发展的动力与有效供给。

数字化平台靠技术驱动的特点决定了互联网行业巨头对行业内的影响，往往是将可复制的经验共享，有利于促进中小企业百花齐放。为保持领先地位，行业领先者需要不断突破新技术，在追求创新的过程中，生产要素充分流动，由此保证了整个行业的活力。因此，相比传统行业垄断性企业能以家族性质延续数百年，互联网领域头部企业，却始终如履薄冰、不懈进取，因为其在战略制定和技术创新等领域，皆属于业内试错第一人，投入大量时间和成本，承担最多的失败风险，可能昔日最辉煌的企业，会因为战略失误而瞬间灰飞烟灭。因此可以说，行业领先者在压力和动力源源不断地推进创新，从而提升社会生产率，在创新中带动行业不断寻求积极发展。同时，数字化平台营造的创新环境和社会氛围形成的标杆启示，也广泛地激励和帮助千千万万市场主体的技术创新和商业模式创新。

其次，平台与技术双驱动，进行创新扶贫工作。以数字化平台为载体，市场、政府和社会合力消除贫困已经探索出成功经验：市场对资源配置起决定性作用，同时政府在基础设施、社会动员、人才培训方面发挥积极作用，村民、企业、产业园、数字化平台等多样角色广泛参与其中，营造良好生态，有助于促进消除贫困的有效性和可持续性。阿里巴巴在教育脱贫、健康脱贫、女性脱贫、生态脱贫和电商脱贫等方向的探索中，初步形成了阿里巴巴脱贫工作模式。作为数字化平台，一方面发挥平台企业以技术创新汇集资源、带动能力强的特点，充分展现流量优势，带动社会广泛脱贫、参与脱贫、助力脱贫；另一方面，将技术创新成果应用于脱贫工作的多个环节，用技术提高生产效率，增加销售收入，改变贫困状态。

数字化平台带动社会力量广泛参与。随着互联网技术的发展，新闻网站、社交网络、电商平台、移动支付、网络直播等多种方式，为个人和企业提供关注脱贫、参与脱贫的渠道和具体行动方案，特别是以技术创新助力智慧脱贫，输出可复制经验。比如在兴农扶贫探索中，阿里巴巴提出"亩产一千美元"计划，即以经济收益来定义农产品的单位价值，旨在推动互联网技术为农民的农业生产提供全程现代化服务，推动产业、货品、营销对接科技、人才、全球化概念的全面升级。

最后，扩大就业和提高就业质量，增强创业和就业的包容性灵活性，促进真正的普惠式社会公平。数字化平台提供了商业基础设施，可让千万卖家低门槛、低成本地向买家开展远程交易，也可以让不同年龄、性别、学历、民族、地理位置、身体状况的人（包括低学历者、残疾人、破产者等）都能有机会参与社会生产经营中，更多地自我实现劳动者的尊严。除了由此而来的产业主体和企业个体的就业以外，平台企业也因为渠道的下沉、技术的革新，促进扶贫工作，促进产业兴旺而形成更多就业机会，创造特色就业，在基本面上增加农民收入和带动返乡创业。

数字化平台生态体系创造的机会，直接带动了信息服务业的软件设计应用、现代物流业的快递服务、资金流转中的第三方支付等服务业新工种的快速发展，吸纳了大量大学生就业，以及促使传统产业就业者的转移。同时，涌现出新形态的就业形式和就业新种类，让拥有各种潜能、技能和天赋的人能够更好地发挥自身所长，实现灵活、多元的就业。

比如，"百城万人"残疾人远程批量就业公益项目，是由深圳市郑卫宁慈善基金会联动社会各界爱心资源，与阿里巴巴深度合作，推动实施的全国性大型公益项目。项目发挥残障人士尤其是居家残障人士稳定踏实、时间充裕的特点，依托互联网为电子商务产业链中的客服、分销、自媒体运营、个性化手工艺品定制等岗位提供优质人力资源，通过网络形式完成远程外派工作，获得稳定的就业机会及薪酬，批量改善残障群体生存状态，实现这一特殊弱势群体的生命价值，进而达成残疾人，特别是重残人员的网络就业、远程就业、居家就业的公益目标，同时解决电商人员流动的瓶颈问题，实现公益与产业可持续协同发展。

再如"淘宝村"。淘宝村是中国以数字化平台为基础条件的创造，这种新兴的经济模式对于提高农民收入、发展农村经济、促进农民创业和就业、消除贫困、推动城乡一体化具有重要作用，为解决我国"三农"问题探索出了一条行之有效的可选路径，为以数字经济促进乡村振兴提供了一个有力抓手。2019年，淘宝村数量升至全国25个省（自治区、直辖市）的4 310个以上，无论是在数量上还是在分布广度上都具有飞跃式特征。2019年，全国淘宝村和淘宝镇网店年销售额合计超过7 000亿元，在全国农村网络零售额中占比接近50%，活跃网店数达到244万个，带动就业机会超过683万个。2019年，全国超过800个淘宝村分布在各省级贫困县，比2018年又增加200多个；63个淘宝村位于国家级贫困县，比2018年增加18个，国家级贫困县的淘宝村年交易额接近20亿元。许多穷乡僻壤的农民群体由此路径进入了草根创业、自主就业、脱贫致富过程。

（3）数字化平台助力提高政府决策与服务的效率与质量，推动社会共治与公益

数字化平台的数据资源与政府信息平台和社会中介服务平台的对接，有利于显著提高政府科学决策的水平和公共服务的质量与效率。数字化平台引发和催生的增强经济、商务活动透明度和在线评价，也客观上产生了增强社会信用、提升社会信任、规范市场竞争

秩序和健全交易规则、创新治理模式、推进社会共治的正外部效应。同时,数字化平台还衍生了动员社会资源,共建大型工程(如维基百科)应对自然灾害与突发事件,"积沙成塔"做公益慈善的机制。

(三)以"新基建"直接支持的数字化平台企业的相关认识和辨析

第五章已专门讨论了充分肯定"新基建"意义和作用方面的认识,在此,还有必要对于"新基建"将直接支持其升级发展的我国数字化平台企业的功能作用与已有热议的"寡头垄断"问题作相关的考察分析,主要涉及以下四个方面。

1. 关于数字化平台支持新旧动能转换的基本认识

数字化平台属于"信息革命"所带来的"新供给"中的代表性创新升级产物。前述数字化平台已可总结的经济价值与社会价值,依新供给经济学的认识框架来说,都是供给侧要素组合中"全要素生产率"概念下形成强劲新动能、支持经济社会创新发展的体现。生产力层面包括劳动对象、劳动工具以及劳动者的关系加入了信息革命贡献的科技成果应用带来的"乘数效应",正如邓小平同志所言,体现的是"科学技术是第一生产力",其内涵就是人利用科学技术对传统生产要素的重新组合,从而实现"新旧动能转换",而且包含了新旧要素融合的过程,数据作为新的生产要素,与劳动、资本、技术等相融合，形成了技术升级、新的商业模式以及新的业态，从而扩大了新动能和新的有效供给能力。

在中国现代化追赶过程中，"新旧动能转换"需要有对"守正出奇"超常规发展战略的正确把握，必然涉及一系列的特定制度与机制安排，极为关键的是其解决一系列冲破既得利益阻碍、攻坚克难的问题的同时，使数字化平台这样的代表新生产力、新供给能力的新事物，能够在中国脱颖而出，超常规生长壮大，进而支持中国实现超常规发展的现代化宏伟事业。经济层面的价值体现融合社会层面的价值体现，之所以中国的数字化平台发展已表现出全球实践中的先行、卓越特点，首先是由于中国改革开放所形成的创新发展基本面，形成了中国大地上数字化平台的"后发优势"和为全球称道的强劲成长力。具体来说，在经济社会的经济组织制度以及体制机制安排与优化调整中，产业革命进程有望在社会主义市场经济之路上，继续得到作为构建现代化经济体系主线的"供给侧结构性改革"的激励与引领，"守正"而"出奇"地打开"新旧动能转换"的新局面，以制度结构、生产力结构的优化升级，实现高质量可持续的现代化成长。

2. 关于数字化平台实现"超常规的社会福利"的新认识

传统平台的经济社会价值主要体现于企业本身的利润、就业以及单一产业链的创造，而数字化平台除了能创造同样的价值外，在"创造性破坏""颠覆性创新"的驱动下，还可以进而超常规化扩大社会福利。以阿里巴巴为代表的中国数字化平台可以使中国中心区一些科技精英和金融精英支持的"风口上的猪"式的成功创新，迅速地去造福于欠发达区域的底层社会成员。草根层面的创业创新可以很快被带起来，而且这种连带效应在地域上会迅速扩展，并且也带有超常规的特点。于是数字化平台在普惠和扶贫、减贫的方面所表现出来的机制上的贡献，和已经形成的非常明显的正面效应，又和中国仍然有巨大发展空间的前景结合在一起，使共享经济的发展带来超常规的社会福利与"正的外部性"。

以阿里巴巴为代表的数字化平台在支持农村区域发展方面已体现了巨大的"社会福利"。以"淘宝村"为例，改革开放以后，中国实现快速工业化。但在城市化进程中，也出现了一系列农村问题，如劳动力长期持续流失，农村老人、妇女、儿童等"留守""闲置"现象与农村经济发展滞后并存，而电商平台的发展，打破空间限制，将农村的传统劳动与现代城市生活连通，使大量农村留守劳动力加入了创业者的行列。同时，电商平台不仅改善了低端市场，而且逐步改变了中高端市场。在中高端市场，在提升消费者"用户体验"方面还在发展。

"电商"这个概念在趋于模糊，因为线上线下正在结合，已不是纯粹的电商。"线上线下结合"的一些创新场景，比如线上线下结合的超市，如果它们获得成功，在居民住地 3 公里半径内以中端的价位就能持续享受到中高端的服务——五星级的最新鲜的三文鱼、最高品质的龙虾等通过手机下单或打电话，30 分钟之内就会按用户要求送到指定的场所。这种开拓性创新探索，体现了数字经济时代科技创新所带来的涉及低端、中端、高端等各阶层的普惠发展。

3. 关于以民企为代表的数字化平台发展的新认识

现阶段，中国代表性的数字化平台，如阿里巴巴等，要从股权结构来说，显然还是民营企业。民营企业为什么在电商新技术革命领域里能够引领潮流？放眼看去，中国成功的是 BAT+京东、苏宁以及美团、拼多多等，这个现象值得研究者进一步深刻认识。根据已有的事实、统计现象,在这种需要"烧钱"的新经济领域的突破,微民企具有相对优势。比如微信的成功就很好地反映了这个问题。腾讯也很痛苦,它最痛苦的时候想卖掉微信而没人接盘,却没想到经过一个瓶颈期以后,就一飞冲天了——不仅是处理社交朋友圈,而且以微信扫码使金融服务在帮助底层交易这方面,形成非常便捷的方式:中国的老百姓在街头可以手机扫码,打出租,买煎饼果子,这样的便捷是支撑了中国超常规发展中的经济景气与繁荣的重要创新和动力源。

国企为什么在这方面没有亮眼的表现?值得进一步分析认识。不可否认,国企民企各自有相对优势和相对劣势而发展的"共赢"之路是混合所有制改革。考虑中国的发展前景,在这个意义上,一定要特别注意"竞争中性"的原则,要把民营企业当作自己人对待,现阶段宏观政策中所强调的"高标准法治化营商环境",确实非常关键,这也紧密关联着新供给研究中强调的有效制度供给龙头因素。把这个"高标准法治化营商环境"在中国坚定不移地做好,哲理上就必须强调审慎包容的原则。政府有的时候不是"要出手"的问题,"不出手"却是政府最好的尽责。

4. 关于数字化平台"寡头垄断"的新认识

在传统工业时代,少数生产厂家或供应商在市场竞争中形成"赢家通吃"的现象,被称为"寡头垄断"。在经济学视角下,寡头垄断表现为少量供给主体单一生产者对产品、市场、消费者群体乃至交易价格的排他性控制,损害社会的创新活力、经济绩效和总福利。但在"数字化"经济时代,我们需要重新认识在数字化平台经济价值分析中所涉及的"寡头垄断"局面。科技创新成果应用,在社会的评价中已经有了"颠覆性"的说法，一般人想象不出这种超常规发展和它迅速改变商业模式和相关经济社会生活的效应。新商业模式使少数成功的"互联网+"式数字化平台企业在中国被形容为"风口上的猪"，没有翅膀也一飞冲天了，很快出现过去称为"寡头垄断"的局面（在这个行业里面千百家、甚至更大数量规模的企业试图做互联网+的创新，在创业中烧钱，资金来源主要是风投、创投、天使投，但成功者是极少数）。过去认为，这种寡头垄断局面一旦形成，便需要有一个反垄断法去调整，对冲可能带来的负面效应。

但在新供给经济学的分析框架中，已特别强调，这种直观的寡头垄断现象后边跟出来的新现象、新概念，需要在理论上作进一步的分析认知，而且这种认知的结论也带有某种"颠覆性"的特点：在实际生活中，无论美国还是中国，管理部门都注意到现在这种直观看到的寡头垄断，和过去概念上的寡头垄断有明显不同，原因在于这样由一系列数据表明的超常规发展、爆炸式的发展，带来了特别造福于经济社会的效应，就是共赢的效应。一般来说，数字化平台所形成的寡头垄断现象，主要表现为对使用者、流量等需求侧资源的竞争，并且由于数字产品所产生的网络效益更具规模经济特性，似乎更容易进入"赢家通吃"的市场格局，但事实已证明，少量数字化平台企业的迅速崛起成功后，作为赢家却并不通吃，而是会带出大量中小微企业作为"长尾"跟随"头部"的共赢，原因也是在于数字产品中所蕴含的数字技术的广泛扩散，需要尽可能多的中小微主体运用这种扩散来形成利益一致的生态圈，同时"数字寡头"也需要持续创新来维系其市场头部地位，正如现实经济实践中，互联网平台白热化的技术竞争。因此，数字化平台形成的垄断竞争是动态的、持续的，这种状态正好弥补了传统经济学意义下的市场失灵问题，从而促成了市场竞争的不断交互式升级发展和更为广泛的多方参与、共存共荣，既显著提高了资源配置的效率，又通过不断技术创新，拓展了市场容量和进一步形成从经济价值层面向社会价值层面的升华。至于电商平台发展中确实需要加以警惕的依靠数据支持价格"杀熟"、有可能出现的"控制市场再抬价""电商融资功能脱离必要监管"等问题，需要具体分析，厘清"创新垄断"与"不当垄断"的原则界限，与时俱进地认识数字经济的风控规律，努力做到及时地、由粗到细地健全管理监督规划。

（四）双循环中支持数字化平台健康可持续发展的若干问题与政策建议

1. 数字化平台发展实践中遇到的若干问题

（1）亏本促销、"烧钱"引流的特征

较典型的数字化平台成功案例，都要经历"烧钱"过程，但其总体上的成功率却是极低的，这是"新经济"发展中的一个鲜明特点，也是民营企业依靠机制的相对优势，有望成为"风口上的猪"的一种迄今可观察的统计现象，值得进一步研究探讨。

（2）销售过于依赖大促

作为电商初创企业，销售额是一切运营活动的起点。大促模式是电商运营突出特点之一，它可能使库存金额迅速放大，单次运营支出加大，但是销售资金回笼却有不确定性，一旦出现失误，现金流将陷入危机。但在"大促"竞争中，形成了中国特别火的一种经营形式，那就是电商热衷于造节。毋庸置疑，在流量红利时代，造节是扩大平台知名度、提高销售额、吸引投资的最佳策略之一。但当增量市场逐渐转为存量市场，某个临界点出现后流量成本和行业巨头有可能会在一起削弱大促的效力，因此在未来考虑大促时如何形成必要的谨慎，值得跟踪研讨。

（3）农产品较难以进入上行体系

农产品上行始终是农村电商的重点、难点。2017年全国农产品网络零售额仅占全国实物商品网络零售额的4.4%，生鲜产品线上渗透率仅为7.9%。电商平台对于产品标准化要求较高，特别是生鲜产品的生产作业较难做到全流程管理，因此生产环节的品质把控非常重要，但小农生产者往往无法兼顾质量、包装、运输等标准化环节，产品质量参差不齐现象难以避免。另外，产品消费评价能够通过平台快速反馈，要求产品能够迅速适应市场变化，或者具有较高的市场认可度。对于季节性强、同质化高的农产品而言，更需要多方合力来打通线上市场。结合着"冷链"建设，这一问题值得作为一大重点研究解决措施和积累解决经验。

（4）政策支持扶持有待进一步协调和优化

电商行业的发达地区是北上广深以及江浙地区，而农村电商却主要集中在中西部欠发达地区，两地发展电商有重大区别：沿海地区电商以市场驱动主导，内地电商更多由政府倡导推动发展市场。在县域来说，把这项工作交由商务局或电商办来管理是无可厚非的。但电商发展是个系统工程，仅靠一个商务局担当颇有局限性，势必涉及政府办、宣传部、食药局、市场监督管理局、交通局、农业局等，只有把各政府部门的资源整合起来，把各方面积极性调动起来，做好政策支持、扶持的协调和优化，县域电商才能有更好的发展。

（5）质量监管体系亟待建立和完善

社会中必然存在对产品质量识别能力不强、维权意识薄弱的用户，不良商家借助平台"搭便车"来交易差品、次品，客观上有可能为商家的不良行为开辟新通道，甚至形成制假售假、抄袭盗版的重灾区，引发恶性低价竞争，扰乱正常市场秩序，严重损害产品的正常形象和市场信誉。电商平台的产品质量安全涉及多主体，平台、企业、经营者各方均负连带责任，也需要政府综合运用市场手段和行政力量，创新治理方式，打击制假造假行为，探索建立和完善质量监管体系的办法。

（6）产业配套体系有待健全

一些地方的电商发展遭遇瓶颈，表现为各主体、诸产业间的协同度不足，运营效率低。这需要打造产业配套服务体系，整合行业间数据、信息、物流、人才等要素，形成生产商、经销商、运营商、服务商等多主体融合的电商生态体系，以满足电商快速发展的需求。特别是由于平台市场容量有限，后期进入者需付出更高的维护和运营成本，大多数小商户从事网络销售的难度有可能越来越大，即使对于多数电商专业村而言，产业网络和配套服务的联结机制，也还需要进一步强化。

2. 关于数字化平台发展的政策建议

如前所述，平台价值从传统到数字化的升级过程，就经济学理论来看，可理解为生产力的显著"阶跃"、生产关系的"螺旋式上升"变迁。就经济学实践来看，表现为数字技术向传统工业技术的创造性破坏、企业治理制度与社会制度向着更适合满足人民对美好生活向往的方面有效改善。而对数字化平台的未来创新发展思路，围绕中国"供给侧结构性改革"，提出以下方面可供政府决策者、企业经营者、研究者以及社会大众参考的发展与政策建议。

(1) 将数字化平台发展上升到国家战略层面

建议应当从国家战略层面，支持标杆式数字化平台继续竞争发展，创新升级。

改革开放以来实现了由低收入阶段向中等收入阶段的跨越式发展、继续向高收入阶段迈进的中国，在认识、适应、引领"新常态"的阶段转换中，恰逢其时地实施了"供给侧结构性改革"，其要义即为通过先进技术研发与投产和更有利于国家治理现代化的制度设计，提高中国经济社会发展质量。通过对传统平台向数字化平台的变迁发展过程可知，中国已处于数字经济时代的风口，已成功"一飞冲天"的头部数字化平台企业将在"优化供给以促新旧动能转换"的战略中发挥独特且不可替代的引领性作用：依托数字化平台对原有市场的要素结构、行业的产业结构等继续实行优化重构的突破。在要素市场方面，亟须以数据云平台所构建的数字基础设施为依托，突破关键的芯片技术，提升各要素的质量和效率，从而形成以人工智能为基础的海量产品市场，创造出新产品、新商业模式与新业态，从而扩大新动能；在产业结构方面，数字化平台本身的价值变迁过程而衍生的新兴分工、拓展市场容量，打造闭合的产业生态圈，将有效改善产能过剩问题。因此，国家应在战略层面继续支持标杆式数字化平台的继续竞争发展，创新升级。

（2）引导和促进让数字化平台发挥更大的社会价值

建议通过政府采购、行政许可或税费优惠等多种形式，充分发挥数字化平台的社会价值。

比如，普惠式发展的"淘宝村"可精准对接国家打赢扶贫攻坚战任务，完成党和政府在 2020 年实现全面建成小康社会的庄严承诺。以 2020 年"全面小康"为阶段性目标的扶贫攻坚战结束之后，随之而来还会有通过政府补贴改善基本生活的"老弱病残"等农村社会弱势群体如何防止"返贫"问题。数字经济时代最重要的经济特征是以数字化平台为依托，打破空间限制，精准对接供需，有效扩大市场容量。"淘宝村"的建立，正是利用农村现有的闲置劳动力，以较为轻松方便的当地特色农业发展为基础，将本地要素市场与全球产品市场精准对接，扩大农村特色产品的供需对接渠道，通过提高劳动参与率、扩大生产的方式，从根本上解决农村"返贫"问题。现阶段的"淘宝村"发展，对西部地区尚开发不足，而西部地区又是"返贫"问题的重点区域，未来的西部"淘宝村"的合作模式将是数字化平台企业与政府进行深度产业合作的共赢、共享发展道路。因此，国家运用适当的经济政策工具，可以支持、引导数字化平台更充分发挥其社会价值。

（3）优化营商环境：数字化平台更需要竞争中性

基于竞争中性原则，建议针对数字化平台的发展给予更加公平竞争的营商环境。

竞争是市场制度的灵魂，政府应创造公平有序的高标准法治化营商环境，让民营企业与国有企业等不同所有制企业都能公平竞争。竞争中性的要义在于，政府所采取的所有行动对所有企业间的竞争影响都是中性的，这可理解为适应市场经济客观要求的有效制度优化设计的基本立场。对于新兴的经济业态——以民企为主流的数字化平台，不应在所有制上"贴标签""盖帽子"，区别对待，对接的应为高标准法治化营商环境。以马克思主义"生产力决定生产关系"的历史唯物主义为指导原理的中国社会，更应一脉相承地与中国经济实践相结合、继承与发扬马克思学说，正如总书记所言，民企是"自己人"，在数字化平台的营商环境中，包括市场主体保护、市场环境构建以及政务服务的升级等多方面应进行有的放矢的有效制度供给以进一步解放生产力：在市场主体保护方面，以市场竞争为资源配置的唯一形式，不同类别的数字化平台企业依法平等适用国家资金支持、技术服务、人力资源调配以及土地适用等。在市场环境构建方面，数字经济领域需持续放宽市场准入，实行统一的市场准入负面清单管理，在新兴发展领域真正做好"法无禁止即可为"。在政务服务方面，涉及数字化平台支持的政府部门，如财政、发改以及工信等，应做好"法无授权不可为"的正面清单管理，多部门政策协同联动，聚焦改革重点领域、关键技术环节，形成政策合力，支持培育世界顶尖水平的中国数字化平台企业。

（4）针对数字经济领域对《中华人民共和国反垄断法》补充释法

建议针对数字领域，应对《中华人民共和国反垄断法》进行补充释法：一方面应该认识到数字化平台所谓的"寡头垄断"，总体上观察可引出的判断绪论是其并不减损社会福利，反而是基于一定的规模门槛提升社会福利的必要"头部"状态；另一方面应针对已有察觉和认为需要提防的不当竞争问题，形成法律形式的制约与防范。

在数字经济时代，反垄断法不应再以完全竞争为设定目标，而应当容忍适当的寡头垄断形式，实际上反而更有利于实现社会总福利趋于最大化。传统的反垄断法基于法律规制、行政管控以及市场约束等确定性手段维系市场公平竞争,而随着生产力与生产关系的跃迁,依托人工智能技术的数字化经营模式及其人与人之间的关系,具有现行确定性制度特质中难以囊括的不确定性因素,难以容忍寡头垄断现象的刚性规制,也会制约数字化平台技术与制度的继续进步,因此,我们建议新的《反垄断法》应具有实践与理论创新支持的立法创新。以行为经济学理论来看,面对不同的外部环境,主体应有不同的角色,而需对应不同的规制,这样的规制涉及法学、经济学、心理学以及道德伦理学等跨学科综合管理。把局限于市场壁垒变化、可竞争度分析以及超额利润的攫取等垄断评价标准,应用于数字经济领域,反而限制了以技术为商业竞争逻辑起点的数字化平台的技术进步与有效制度改革。因此,基于数字化平台经济、社会行为模式、价值的评价标准,亟须优化建立新的标准,从而将在数字化平台垄断地位认定、行为取证、技术外溢效益评价甚至社会福利评价等"行为特征—规制构建—效益分析"脉络在实践中探索更有利于数字技术进步与有效制度供给的法律构建方向。对于数字化平台企业运行中已发现或令世人担心的"杀熟""二选一"、以技术企业行使金融公司业务职能的风险等问题,则应基于专业化的研讨,制订尽可能合理的规制性和防范性条款。

第七章

双循环与实体经济升级发展

（一）实体经济升级发展的重大意义及其形态认识

实体经济一般是指产出端表现为物质产品的经济门类，如工业、农业、矿业，而金融、娱乐等经济门类则被称为"虚拟经济"。两个概念在经济学术语里其实并无褒义、贬义的区别，但就社会经济总体而言，实体经济是国民经济的基础和命脉。

放眼当今世界，美国正在积极进行再工业化，提出让制造业重返美国；德国掀起了工业4.0的浪潮，许多工业巨头对绿色工厂、机器人、智能制造领域的投资不遗余力。可以说无一例外，世界主要经济体都把发展实体经济放在国家战略高度上来对待。发展实体经济对社会的意义有以下几点：一是保证供给，特别是高品质的产品供给，实体工厂、制造企业的产出能为我们消费者的一系列生活需求提供解决方案；二是促进就业、增加税收，我们这样的人口大国，每一个社会成员的就业都离不开各种各样的企岗位需求，其中实体经济解决了大部分的就业，企业在创造出一个个经济成果的同时，也带来了源源不断的工作岗位，为各个家庭提供收入来源。同样，实体经济发展好了，税收才能不断有"源头活水"，社会管理、国防、治安、基础设施建设等都离不开税收的支持，其为社会的和谐稳定营造了政府履职的物质条件。

发展实体经济，要研究"新实体"范式，需要用新的眼光和思路去开展工作。提到发展实体经济，并不就只是说我们要去发展传统的产业，也不是意味着只有看得见摸得着的才叫实体经济。人们感觉"看不见摸不着"的一些经济成分也可能是重要的实体经济，比如信息技术、生物技术、互联网改变了许多传统行业，为我们的实体经济发展找到了新的方向，使我们正在进入"新实体经济"的时代，不仅生产和制造是实体的，生产性的服务和流通也是实体经济及其升级发展的重要部分。

（二）双循环新发展格局中实现实体经济的升级

中国经济进入新发展阶段后，加快构建"内循环为主体"的双循环新发展格局，客观上成为重塑我国国际合作和竞争新优势的战略抉择。这一方针是对客观经济规律和我国发展趋势的科学把握，是在需求下掌握发展主动权的先手棋。改革开放以来特别是加入世界贸易组织后，我国加入国际大循环，形成"世界工厂"发展模式，这对我国快速提升经济实力、改善人民生活发挥了重要作用。

然而，随着单边主义、保护主义等逆全球化趋势不断抬头，传统的国际循环有所弱化，发展中面临的国际环境不稳定性、不确定性明显增加。新冠肺炎疫情、气候变化等带来的风险，更加剧了全球信任赤字和发展赤字的扩大。在这种情况下，把发展立足点更稳定地放在国内，更多依靠国内市场实体经济发展，就成为中国维护经济安全的必然选择。对我国来说，国内大循环要解决的是基础性主体性问题，而其中特别要倚仗的是制造业为代表的实体经济的升级发展。实践也已反复告诉我们，关键核心技术是买不来的，只有把战略性科技力量掌握在自己手中，实现关键核心技术自主可控、自立自强，才能把创新主动权、发展主动权牢牢掌握在中国人自己手中，从根本上保障国家经济安全、国防安全和现代化道路上的和平崛起。

加快构建以国内大循环为主体、国内国际双循环相互促进的新发展格局，也是以国内完整分工体系作为依托，以生产、消费、分配、流通等多环节全面顺畅为要领，通过创新驱动和供给侧结构性改革，打通国民经济循环当中的堵点和断点，使我国实体经济能够实现已迫切需要的升级发展，同时能够构建"以内促外"的新竞争力。在未来"十四五"时期乃至更长时期内，推动经济高质量发展，要紧紧围绕深化供给侧结构性改革这一主线，紧紧抓住改革创新这一根本动力，把我国重点放在推动产业结构转型升级上，把实体经济做实做强做优。通过推动产业基础高级化、产业链现代化，努力改变我国传统产业多新兴产业少、低端产业多高端产业少、资源型产业多高附加值产业少、劳动密集型产业多资本科技密集型产业少的状况，构建多元发展、多极支撑的现代产业新体系，形成优势突出、结构合理、创新驱动、区域协调、城乡一体的发展格局，使得经济结构更加优化，创新能力显著提升。

1. 结合"微笑曲线"认识中国实体经济的升级发展

在实际生活中，全球的产业价值链、供应链里，我们可以看到有一个表述方式，叫作"微笑曲线"。

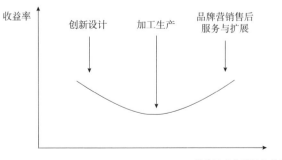

图7-1 "微笑曲线"

如图7-1所示，纵轴、横轴在一起构成的直角坐标系，纵轴表示相关市场主体的收益高或低，横轴表示整个从产品创意创新设计，到产品加工，再到最后成品提供出来到品牌营销、售后服务的过程，那么全过程中收益率的高低是一个前高后低再后高，即中间部分低、两头高的这样一个曲线，有些像人微笑时的嘴型，所以叫"微笑曲线"。中国现在已经成了世界工厂，我国大量的市场主体所做的是"微笑曲线"中间这一段的工作，左边品牌创意的成功树立，以及右边的市场上不断做品牌营销、售后服务，市场上一轮一轮产品和服务的扩展这两头儿，大部分还都掌握在外国厂商手里，这是中国现在实体经济领域里的一个基本现实。

比如，从一般人们可观察到的制造业中的儿童玩具看，中国已生产全球85%以上的儿童玩具，但是却没有什么叫得响的中国本土品牌。玩具中的一个很有名的"芭比娃娃"，是国外的品牌，长盛不衰几十年，不断推出新产品。近些年，大量的芭比娃娃在中国加工成为最终产品，中国人做的是中间收益率最低的这部分工作。别人创意创新设计，品牌树立了以后取得左边这个高收益，然后交给中国的"世界工厂"来贴牌生产，中国取得的虽然有GDP，有税收，特别是有就业和工资，有加工企业一定的利润，但这个利润是很薄的。然后到了后面的环节，市场品牌营销，不断推出新产品的市场扩展、售后服务环节，又是高收入了。芭比娃娃几十年长盛不衰，生产出了不计其数的产品，不断推陈出新，那么这些年中国拿到了加工机会，所做的是中间收益率最低的部分。中国的实体经济领域是一种代表性的供应链上的分工模式。如考察一下苹果智能手机在中国的加工生产，又是一个典型代表。在郑州附近富士康的规模宏大的厂区内，出货高峰期会有二三十万人在"三班倒"地加工生产苹果手机，产成品源源不断运出到各个市场，这对中国本土经济景气与繁荣的支撑贡献是不言而喻的。但中国得到的，还只是微笑曲线中间部分体现的低水平收益。中国实体经济的升级发展的方向就是要努力使本土的产能，越来越多地从微笑曲线的中间位置，托升到左边、右边的高端位置上去。这就是我们的升级发展。

这种升级发展可以举一个已经有所成功的例子。比如广州的厂家生产汽车，开始是市场口碑很好的"广州本田"（简称广本），中国做的是微笑曲线中间这种活。但最近几年得知，广州生产厂家引进、消化、吸收、再创新，形成自己具有完全知识产权准备一款一款推出的产品系列，其中"广汽传祺"这款车在近年汽车市场下行的时候，却每年可以卖出五十多万辆，这样就把自己在微笑曲线上的位置变成了左边、右边高端的位置。这种中国本土企业从微笑曲线中端上升到左右高端的成功的例子，在以创新来实现高质量升级版的发展过程中，应当越来越多，这也将同时意味着中国"以内循环为主体，国内、国际双循环相互促进"的新局面，将愈益生机勃勃地发展起来。

2. 把"中国制造"提升为"中国创造""中国智造"

中国的工业体系、制造业变成"世界工厂"之后，升级的压力是非常明显的。"中国制造"需要在高质量发展、升级发展中发展成为"中国创造""中国智造"（智能制造、智慧制造），我们必须经受这一升级所面对的困难、挑战和考验。

中国制造业在当前世界的水平可概括为"大而不强"。2015年，工信部时任部长苗圩曾对全球的制造业四级梯队，作了一个简要描述。全球制造业已基本形成四级梯队发展格局：第一梯队是以美国为主导的全球科技创新中心；第二梯队是高端制造领域，包括欧盟、日本；第三梯队是中低端制造领域，主要是一些新兴市场国家，包括中国；第四梯队主要是资源输出国，包括石油输出国组织（OPEC）、非洲、拉美等国。

"毫无疑问，世界各国都在争相介入新一轮国际分工争夺战中，随着比较优势逐步转化，全球制造业版图将被重塑。作为全球科技创新中心，美国在制造业基础及前沿科技创新方面仍将处于领先地位。在第二梯队中，德国、日本等国家地位将进一步巩固，一些后发国家有望通过技术、资本和人才积累，通过产业升级进入这一梯队。在第三梯队中，大量的新兴经济体通过要素成本优势，积极参与国际分工，也将逐步纳入全球制造业体系。"苗圩认为，"中国现在处于第三梯队，目前这种格局在短时间内难有根本性改变，面对技术和产业变革及全球制造业竞争格局的重大调整，我国既面临重大机遇也面临重大挑战，当然机遇大于挑战，经过若干阶段的努力，提升位次完全有可能，希望到中华人民共和国成立100年（2049年）时，把我国建设成为世界制造业发展的强国，为实现中华民族伟大复兴的中国梦形成坚实基础。"

现阶段的主要问题：一是我国自主创新能力薄弱。大多数装备研发设计水平较低，试验检测手段不足，关键共性技术缺失。企业技术创新仍处于跟随模仿阶段，底层技术的"黑匣子"尚未突破，一些关键产品也很难通过逆向工程实现自主设计、研发和创新。二是我国基础配套能力不足。关键材料、核心零部件严重依赖进口，先进工艺、产业技术基础等基础能力依然薄弱，严重制约了整机和系统的集成能力。如我国拥有自主知识产权的"华龙一号"核电机组，虽然大部分设备实现了国产化，但是15%的关键零部件还依靠进口。三是我国部分领域产品质量可靠性有待提升。基础能力跟不上，制约了产品的质量和可靠性，突出体现在产品质量安全性、质量稳定性和质量一致性等方面。部分产品和技术标准不完善、实用性差，跟不上新产品研发速度。另外，品牌建设滞后，缺少一批能与国外知名品牌相抗衡、具有一定国际影响力的自主品牌。据不完全统计，世界装备制造业中90%的知名商标所有权掌握在发达国家手中。四是我国产业结构不合理。低端产能过剩、产能不足，产业同质化竞争问题仍很突出。而真正体现综合国力和国际竞争力的高精尖产品和重大技术装备生产不足，远不能满足国民经济发展的需要。

在中国经济下行压力不断加大的今天，许多人为服务业超越制造业成为国民经济第二大产业而欢呼，甚至认为中国可以逾越工业化发展阶段，直接进入以服务业为主导的经济结构。对此，苗圩认为，不管是从历史经验还是现实情况来看，这都是脱离实际的一种观点。

全球"新一轮工业革命正在发生"，这就是工业生产的第四个阶段，即智能制造时代或工业4.0时代。新一代信息通信技术与制造业融合发展，是新一轮科技革命和产业变革的主线。

在苗圩部长作出上述评论后，虽然近几年来中国制造业又有了一些显著进步，但总体来说，我们心里要有数，中国实体经济仍然处于全世界的中流水平。高端的美国、欧洲、日本还在发展，并且美国已开始竭力打压、遏制中国；低端的发展中经济体，则有印度、越南等所表现出的急起直追。中国实体经济、制造业水平不往上走，我们"夹在中间"的状况不改变，会越来越被动。我们现在和高端比，虽然技术水平不足，但是我们的产品在"大路货"上便宜；和低端比，虽然我们的人工成本等已经开始高于印度、越南等国，但是我们技术比它们好，产业链比它们全。但是上有压制，下有追赶，中国夹在中间，我们还能走多远？一些专家考察分析后认为，这个时间窗口大概为5—10年，这就是中国的机遇与挑战。抓住这5—10年，中国自己以制造业为代表的实体经济的升级，能不能向上走到中高端，去接近高端？这样一个目标得到实现，才能避免在高端和低端两头挤压之下，我们落入发展空间越走越窄的不利局面。如果我们迟迟地总是比不上高端而被人压着，而低端的成本竞争早已经比拼不了越南、柬埔寨、孟加拉国等，我们中间这条路就会是越来越窄。从珠三角开始注重的"腾笼换鸟"是不得不为之，传统制造业出于成本比较等因素，向东南亚等地的转移为"腾笼"，之后能不能实现我国本土先进制造业成功发展而来的"换鸟"，则是关键。

怎么样能够真正腾笼换鸟升级发展？一定要讲有效制度供给与科技创新、管理创新的结合，以提供高标准法治化营商环境，进一步打开解放生产力、向"中国制造""中国智造"升级的新局面。从上海自贸区开始，领导人就有非常清醒的意识，升级发展还不只是政策的问题，重头戏是改革的问题——改革的基本的理念，在企业方面，弄清楚"准入前国民待遇"定位之后，要让它们面对"负面清单"，即"法无禁止即可为"，充分发挥潜力活力、试错力、创造力，而政府方面要在有所约束之中适用"正面清单"，"法无授权不可为"，而且"有权必有责"，要有全套绩效考评和问责制。政府要把工作放在维护公平竞争、保护产权、实现竞争中性的环节上。这些理念和原则非常好，怎样真正落实就是改革攻坚克难的考验了。

我们微观层面的核心问题，在宏观层面条件的制约下，仍然是怎样让企业焕发活力。国有企业、民营企业都有自己的难题，实体经济升级发展，的确有种种不利因素、不良预期，但同时我们要看到毕竟还有成长空间带来的潜力与积极性，要投资，要创业，要发展。只有走通产业升级、在全球成长为中高端和高端制造业强国之路，我们才能摆脱"被夹在中间"的潜在威胁，开创"中国创造"和"中国智造"的新局面。

（三）实体经济的可持续发展要以"六新"为重点

习近平总书记近年在山西视察时强调指出了"六新"，具体表述是新基建、新技术、新材料、新装备、新产品、新业态，要求在这些方面不断取得突破。这样的要求对于传统上以煤为主的山西作为资源型区域实现高质量升级发展，显然具有重大的指导意义。"六新"的精神实质和科学发展观、新发展理念是一脉相承的，又突出了发展新阶段的新特征、新的关键词。中央指出，创新发展是第一动力，在推动现代化的过程中，要通过创新发展带动资源型区域煤炭焦炭行业的协调发展、开放发展、绿色发展，落到共享发展的共赢、共同富裕的具体业绩上，就一定要在这个精神指导之下跟上时代步伐和新技术革命、新经济日新月异的大潮。在面对新经济大潮提出挑战的情况下，国内各企业已经有这方面明确的意识和进步。虽然是资源型的区域，但是要在增收的同时还要"增绿"，要在取得已有发展成绩的基础上，特别注重区域绿色发展方面的创新。

基于总书记提出"六新"的具体表述，"六新"的相关理解可初步概括为：

第一，新基建。这是中央几年来反复强调的一个概念，它的"新"，就新在和数字经济紧密相连——概括所说的新经济、信息革命时代，从半导体行业充分发展到移动互联、万物互联这样一个背景之下，有必须密切连接的一系列硬件基础设施建设，如在不动产形态上建成数据中心、人工智能中心，以及与我们 5G 匹配的整体硬件设施，使我们现在所说已经有中国自己高地特征的特高压输变电与数字化技术结合在一起形成全套的网络等。当然，还有产业互联网。整个新基建聚焦于数字经济的基础设施，是我们进一步推进转型升级的前提性和技术性的条件。

第二，新技术。这是强调我们信息革命时代创新的技术成果，要从硬件到软件成功配套，把这种技术成果用于生产经营、创新发展的实践，这样才能真正形成"第一生产力"的带动、放大和乘数作用。

第三，新材料。运用新技术创构新材料，要从资源开发初级产品的深加工，发展到与最先进的前沿性的工艺等结合而成的升级发展之中，这是加工对象的重要组成要素。新经济的很多成果的具体应用和新材料紧密联系在一起。比如石墨本来是大量存在的一种材料，但是如果一直深度开发到现在大家都关注的石墨烯，它对产业升级发展会产生莫大的影响作用。

第四，新装备。新技术的运用、新材料的突破必然是从"带动"和"倒逼"两个方面要求新设备要应运而生，从资源开发到后续深度加工全产业链的一系列环节，形成新的工艺水平和达到生产力的新境界。在实际生活中，我们已经注意到很多设备方面的高水平，现在是在国际上至关重要的制高点。新经济在竞争中间，中国已经有很多在全球有影响的进步，比如现在电商平台概念的头部企业，它们的影响力远不限于中国了，但是在这次中国与美国发动的贸易摩擦、科技竞争打压过程中卡脖子的技术是什么？是高水平芯片。而高水平的芯片生产所需一项关键的装备是什么？就是高水平的光刻机。这种新装备往往制约我们在新经济发展过程中可达到的程度。这在我们进一步推进中国创新发展中，显然是一个要瞄准国际高水平而努力形成自己的装备制造能力、供给能力不可回避的挑战性问题。

第五，新产品。新经济表现在投入产出的结果方面，能够在产出端形成新的有效供给，这就表现为适合需要的新产品，包括我们整个产业链条里一系列的中间产品，以及最终满足老百姓美好生活中需要的消费品，即最终产品。

第六，新业态。产业链、产业集群由前面"五新"而引出的产业生态的升级状态，势必就成为第六新，指的就是一种新业态。像煤炭、焦炭、煤焦化工行业，需要转型升级发展。比如，山西省孝义市虽在过去煤焦重化工业形成产业集群的支撑之下，已经成为全国的百强市之一，在山西也位于前列，但是这个转型升级又成为挑战性的问题，不能简单地满足于孝义、吕梁在山西现在已经取得的领先位置。我们的战略思维是要把目标定在中国、要对标世界，我们的煤焦化工行业能不能一直冲到国际概念之下的最高水平。这种新业态产业集群的形成，应该是我们发展战略里的一种目标设定。

（四）以金融改革创新支持实体经济发展

1. 制度创新是金融创新发展的龙头

中国现代化的实质问题是必须完成经济社会的转轨，主线上必须顺应孙中山先生当年所说"世界潮流浩浩荡荡，顺之则昌，逆之则亡"中蕴含的认识，即紧跟世界文明发展，推进工业化、城镇化、市场化、国际化和高科技化，以及政治文明的民主化、法治化——这是只可顺应不可违拗的人类文明主潮流。在这个过程中，中国实体经济发展所需要的制度创新，是要以供给侧的有效制度供给来支撑中国潜力活力的释放，以顺天应人实现现代化。其中，与金融相关的制度创新是一个非常重大而严肃的命题，实际讨论中也会出现不同意见的争议。

近几十年来中国金融发展在改革这一概念上，应得到高度肯定。如今，我们已经有了与国际惯例对接的中央银行垂直调节的商业金融体系，而且这些年，中国在直接融资方面已建立了上海、深圳两个证券交易所，开放股票市场，近年一直推进到科创板。在政策性金融和开发性金融方面，也已有诸多的探索与初步经验。

但除了要看到金融发展的进步，还要看到中国金融创新的问题所在。简要地说,一大突出问题是中国的金融领域里仍然存在要素流动受到明显阻碍的过度垄断问题。据披露,2017年底中国银行业金融机构近4 500家,虽然数目较多,从数字上表现出了银行金融机构多样化的发展进步,但是离较合意较充分的竞争状态,仍然有非常明显的差距。中国需要得到融资支持的主体,在这些年所面临的突出问题就是融资难、融资贵,甚至跟融资完全搭不上关系。特别是大量与"三农"、小微企业相关的创业、创新发展中草根层面的融资诉求,许多科技创新型企业迫切需要的融资支持,都一直是难上加难。虽然有关部门多次表态要解决这一问题,但始终未能得到很好解决。为解决问题客观需要的中国金融制度的创新,是必须推进使金融机构和金融产品多样化的改革,最关键的是使各种金融产品和金融服务可以无缝对接于现实生活中的多样化需要,使各种类型的实体经济企业和经济主体包括农村区域乡村振兴和草根层面创业创新主体,都能得到的金融支持和金融服务。这个境界从制度供给层面来说,只有最大限度地消除过度垄断才能达到。

2. 金融创新要结合科技创新战略

现在我们面临的是新经济时代,信息技术的发展有目共睹,即使制度方面的突破性进展和政策支持方面较为明显的政府介入还达不到,只要让科技创新更好地结合金融创新,就有可能打开一定的空间使商业性金融的边界扩展。

例如这几年,一些已经在经济和社会中形成巨大影响力的电商企业,已经在积极推进互联网上的小贷发放。这种小额贷款对应实际生活中草根层面的创业创新一线,而数字经济平台公司凭借着大数据、云计算和风控体系的设计,可以在网上接受小额贷款的申请,以"零人工干预"的方式由软件系统处理，不断发放小额贷款。一笔贷款可以低到只有 3 000 元，也可以高到 20 万元——这些申请者都是过去注定无望得到金融支持的草根层面的创业创新主体，比如小微企业、个体工商户等。许多农村区域现在加入创业创新过程的淘宝户，都可以通过这个系统得到小额贷款支持。在这样的实践过程中，电商公司小额贷款利率水平比一般常规金融低利贷的水平高一些成为"中利贷"，就可以满足风控要求，能够可持续运转。这些年这种融资支持系统还在不断优化，这样金融创新和实体经济的发展相得益彰，并得到风险防控方针的较好贯彻，使金融达到支持实体经济发展而不出现脱实向虚空心化的基本要求。

3. 高度重视以金融创新支持实体经济升级换代方面的经验教训

我们还可以观察分析一个已经发生的具体案例。20 世纪 80 年代曾经争议不断、后来又有很多研究者给予高度肯定的"温州模式"，一度表现得相当活跃和有支撑力，曾经连续七年在全国金融生态评比中高居第一，但是后续又出现了"跑路事件"，暴露了温州金融方面实际存在的问题，即实际形成的支撑力并没能帮助温州区域实体经济突破向上升级的天花板，种种原因造成温州金融生态的主流长期未得到多样化的发展，无奈地在自然选择中造成了实际上的常规金融边缘化，在区域里是那种交易费用很高的灰色金融，甚至是黑色金融的高利贷，维系着融资方面的资金链。在世界金融危机冲击之下，它的脆弱性表现出来的就是由"跑路事件"暴露了所有的矛盾，实际上交易费用极高的高利贷已使当地发生产业空心化，温州的发展一度痛失好局。

在中国要想让金融更好地支持实体经济升级换代，一定要把金融多样化的改革往前推进。金融机构要多样化，金融产品要多样化，以较充分的多样化供给体系的竞争，把高利贷边缘化乃至挤出去，使各种类型的融资需求大体上都能找到可对应的金融供给，这样金融生态才能避免温州式的教训而真正健康发展起来。

4. 以多样化金融体系形成无缝对接的金融与资本市场

在党的十九大精神和金融工作会议精神指导下，把握好在经济生活中的金融如何更好服务实体经济的主题，首先需要强调大局观，正本清源纠正金融脱实向虚的错误倾向，还要完善大系统的监管，在金融领域设立稳定协调委员会下辖"一行两会"，稳字当头对风险加以防范的同时，要以金融系统深化改革来系统化构建商业性金融和政策性金融的协调配套大框架体系。

面对现实来说，金融改革在中国取得一系列的成果与进展的同时，仍然存在金融领域中过度的垄断。金融领域必然有垄断，它的准入门槛较高，但是垄断不能过分，过度的垄断一定要消除。数据显示，中国上市公司从收益水平最高的往下排，前十位全是银行。以美国方面的情况作对比，美国前十位中只有三家银行；中国的各个行业在 A 股上市公司中，盈利水平最高的是银行业，第二位一下子落到很低的水平上，而美国第一位是高新科技企业，第二位是银行业，从第一、第二到第三和其后，盈利水平是平滑的降低过程。这可以说明，在要素流动性上中美之间有巨大的差异，如有要素较充分的流动，不可能出现这种情况。过度垄断造成金融机构多样化不足，金融产品也不能够在竞争中充分的多样化，去适应各种不同的需求，所以必须通过金融深化改革，使金融体系能够在供给侧改革的概念下实现结构优化,尽可能充分形成不同的金融机构,提供多种多样的产品,适应社会生活中各种类型的实体经济代表的市场主体的融资需求。这样充分的金融产品的供应,应该能够把现实场景中比比皆是的高利贷边缘化乃至挤出去。不能设想一点都不存在高利贷,但至少要防止"潜规则强制替代明规则"而引出"跑路事件"这样的教训重演。过去已有一些探索,比如小额贷款公司,我们强调它是资本金融资、自担风险,应该得到更多的发展以"中利贷"的形式形成较适合中小企业的金融产品,这些应能更多提供出来。而发展方向应该是由低利贷和中利贷形成一个格局,把高利贷挤掉、摒除出去。

5. 注重金融结构优化提高直接金融的比重

中国直接金融比重还非常低,股市、债市形成的直接融资只占20%左右。从国际经验来看,市场经济代表性的经济体美国直接金融占80%左右。对比之下,当然不能简单照搬美国的经验数据,但是直接金融比重过低确实有问题。现在都在谈论宏观杠杆率,中国广义货币供应量M2和GDP比值已经高达近250%,与大量的间接金融以贷款方式一进一出在重复计算M2有关,况且这些年贷款还有短期化的倾向。因为M2增长大家担心"狼"来了,但是物价波澜不惊,2010年以来CPI一直在1—2的区间小幅波动,生产价格指数(PPI)曾长达54个月负增长,2016年七八月间终于转为正值,现在又在低迷状态。中央把"去杠杆"转变为"稳杠杆",这跟中国具体国情和金融结构是有关的。同时也应注意到,直接金融比重更高,将更有利于要素流动中企业家才能的更好发挥,可以更多使市场竞争性带来正面效应,产生加分的因素。间接金融更多是靠企业家去寻找"抵押物"和"处关系"求银行，直接金融则是企业家可以到股市、债市和私募领域，依靠以自己甘冒一定风险创新创业的相关信息对受众的发布，去对应到"金主"的市场性评判，再对应到资源配置，更有利于激发企业家的"稀缺资源"潜力和作用的发挥。所以从发展方向上看，虽然不能简单模仿美国的高比重，但是至少应把我国的比重显著地向上提升，金融改革要争取相关的一系列具体措施来达到提高比重的结果。

6. 从战略高度上促使健康可持续的政策性融资体系匹配金融创新

中国要使政策性金融体系匹配了商业性金融体系，才能"守正出奇"地支持中国发展。形式上辅助性的政策性金融战略层面上却有重大的全局意义和挑战性。中国的现代化要依托于中国的超常规发展，有效市场必须加上有为、有限的政府，如何"守正出奇"？很多政策必须打在政策性融资方面，而它又是双刃剑，处理不好会乌烟瘴气。但是美国、英国等老牌的及名列前茅的发达经济体的经验，以及第二次世界大战后日本的经验中，没有一家可以忽略政策性金融。中国也在这方面有所试探。党的十八大后，重新提出政策性金融、开发性金融的概念。现在也可注意到，领导层强调的绿色金融、普惠金融、草根金融，对精准扶贫的金融支持等，这些无一例外是具有浓厚政策色彩的金融，是一个有别于商业性金融的体系。国际经验和国内的经验都表明，中国在追求超常规发展，必须在战略层面掌握好打造健康可持续的政策性金融体系，其中财政是应有的后盾支持，因为这必然涉及财政的功能作用。美国、英国支持中小企业的机制是运用预算资金做贴息、信用担保，中国也在引用这些经验，近些年地方政府还越来越看重产业引导基金，以及这些年在努力创新发展的 PPP，这里面的政策色彩都非常鲜明。在双轨运行下，财政支持的机制是"政策性资金、市场化运用、专业化管理、杠杆式放大"。为使之可持续，要建立多重监督审计的制度约束，最大限度地防止设租寻租和腐败之风，对支持对象要有规范化的遴选，希望得到支持的对象虽然不能都得到支持，但是每一轮挑选出来应该都是政策金融按照定位应该去支持的对象。如果搞成乌烟瘴气的靠"关系"，不该得到支持的依靠"拉关系""处关系"得到支持，这个体系就不可持续。

7. 把握好发展和规范的关系势在必行

金融创新的很多新领域中，在还未制订明确规则的情况下，首先要给出创新试错的弹性空间，允许有发展中的试错，在适当的时候，要以规范发展防范风险。中国的互联网＋典型的是民营企业冲在一线，可扫码支付的微信和阿里的支付宝是竞争关系，但是合在一起使中国公众普遍跨越了信用卡普及阶段，非常便捷地得到了金融服务，促进了经济的繁荣。

第八章
双循环与"一带一路"倡议

（一）"一带一路"倡议的背景、要义和实质追求

1. 提出"一带一路"倡议的背景与实施中的发展延伸

丝绸之路起始于中国的西汉时期，汉武帝派张骞出使西域而开辟，以首都长安（今西安）为起点，经甘肃、新疆到中亚、西亚，并连接地中海各国。至东汉时期，其起点又延伸至洛阳，成为连接亚洲、欧洲和非洲的古代陆上的重要通道，其主要作用表现为商业贸易路线，最初的作用是运输古代中国出产的丝绸等商品，后成为东方与西方之间在经济、文化、政治等诸多方面进行交流的重要道路。1877年，德国地理学家李希霍芬在其著作《中国》一书中，首次把"从公元前114年至公元127年，中国与中亚、中国与印度间以丝绸贸易为媒介的这条西域交通道路"命名为"丝绸之路"，后被学术界和大众广泛接受与使用。学界后来还把丝绸之路作为古代中国与西方所有政治经济文化往来通道的统称，如有北向蒙古高原再西行天山北麓进入中亚的"草原丝绸之路"，有长安到成都再到印度通过崎岖山道——"茶马古道"的"西南丝绸之路"，还有从广州、泉州、杭州、扬州等沿海城市出发通南洋、阿拉伯海，直到非洲东海岸的"海上丝绸之路"等。

"一带一路"是"丝绸之路经济带"和"21世纪海上丝绸之路"的简称。2013年9月和10月,国家主席习近平先后提出了共建"新丝绸之路经济带"和"21世纪海上丝绸之路"的重大倡议,意在依靠中国与有关国家的双边、多边关系,借助并发展既有的区域合作平台,高举和平发展旗帜,运用古代丝绸之路的历史符号,积极发展与沿线国家的经济合作伙伴关系。"一带一路"倡议体现的是中国在改革开放大政方针指引下实现经济起飞之后,以"走出去"发展战略为先声,以寻求和平发展、和平崛起中构建"人类命运共同体"为内在哲理逻辑,与其他经济体共赢发展、升级发展的大思路。

回顾历史,鸦片战争后积贫积弱、满目疮痍的中国,经内忧外患、列强欺凌、甲午海战惨败、戊戌变法速夭之后,20世纪经过先后三件大事(辛亥革命、1949年中华人民共和国成立、改革开放),终能"大踏步跟上时代",锁定"伟大民族复兴"的现代化宏伟目标,并推进到更为积极与外部世界互动的"一带一路"倡议。历史证明,闭关锁国是死路一条,开放是改革的必要伴随条件和催化剂。

"一带一路"建设具有以国家倡议付诸实践而延续古代陆上与海上"丝绸之路"的历史意义。国家主席习近平于2013年9月、10月分别提出此合作倡议,路线贯穿亚欧非大陆,陆上依托国际大通道,海上以重点港口为节点。截至2020年11月,中国已经与138个国家和地区、31个国际组织签署201份共建"一带一路"合作文件。同时,"一带一路"倡议也是中国由"站起来""富起来"到"强起来"历史飞跃中,努力建设"人类命运共同体"的重要组成部分。历史风云中,从最初的"海防"与"塞防"之争,转变为现在"向西为主"的"政策沟通、设施联通、贸易畅通、资金融通、民心相通",从发展经贸、互惠互利入手,正在逐步推进"人类命运共同体"建设。于"货畅其流、地尽其力、人尽其才"中争取多赢与共赢的进展,正是体现为中国于现代化的和平发展、和平崛起；同时，也造福于"一带一路"沿线与相关的经济体和世界各国人民，一同打造政治互信、经济融合、文化包容的利益共同体、责任共同体和命运共同体。

2018年《政府工作报告》中指出，我国对外贸易和利用外资结构优化、规模已稳居世界前列。坚持对外开放的基本国策中，着力实现合作共赢，开放型经济水平显著提升。倡导和推动共建"一带一路"成效显著：发起创办亚投行，设立丝路基金，一批重大互联互通、经贸合作项目落地。设立上海等11个自贸试验区，一批改革试点成果向全国推广。改革出口退税负担机制、退税增量全部由中央财政负担，设立13个跨境电商综合试验区，国际贸易"单一窗口"覆盖全国，货物通关时间平均缩短一半以上，进出口实现回稳向好。外商投资由审批制转向负面清单管理，限制性措施削减2/3。外商投资结构优化，高技术产业占比提高一倍。加大引智力度，来华工作的外国专家增加40%。引导对外投资健康发展。推进国际产能合作，高铁、核电等装备走向世界。新签和升级8个自由贸易协定。沪港通、深港通、债券通相继启动，人民币加入国际货币基金组织特别提款权货币篮子，人民币国际化迈出了重要一步。中国开放的扩大，有力促进了自身发展，给世界带来了重大机遇。推动形成全面开放新格局，进一步拓展开放范围和层次，完善开放结构布局和体制机制，以高水平开放推动高质量发展。推进"一带一路"国际合作中，坚持共商共建共享，落实"一带一路"国际合作高峰论坛成果。推动国际大通道建设，深化沿线大通关合作。扩大国际产能合作，带动中国制造和中国服务走出去。优化对外投资结构，加大西部、内陆和沿边开放力度，拓展经济合作新空间。

2019年《政府工作报告》中继续提到，共建"一带一路"取得重要进展。首届中国国际进口博览会成功举办，海南自贸试验区启动建设。货物进出口总额超过 30 万亿元，实际使用外资 1 383 亿美元、稳居发展中国家首位。同时，提出共建"一带一路"引领效应持续释放中，需同沿线国家和地区的合作机制不断健全，经贸合作和人文交流加快推进。出台稳外贸政策，货物通关时间压缩一半以上。下调部分商品进口关税，关税总水平由 9.8% 降至 7.5%，新设一批跨境电商综合试验区等发展路径节点目标。2020 年度受新冠肺炎疫情冲击下，《政府工作报告》中再次肯定了共建"一带一路"取得的新成效。

2. "一带一路"倡议要义与各地区定位

我国提出的共建"丝绸之路经济带"和"21 世纪海上丝绸之路"的重大倡议中，"丝绸之路经济带"在内地圈定了新疆、重庆、陕西、甘肃、宁夏、青海、内蒙古、黑龙江、吉林、辽宁、广西、云南、西藏 13 省（自治区、直辖市）；21 世纪"海上丝绸之路"圈定了上海、福建、广东、浙江、海南 5 省市，共计 18 个省（自治区、直辖市）。同时，我国由国家发改委、外交部、商务部于 2015 年 3 月 28 日联合发布的《推动共建丝绸之路经济带和 21 世纪海上丝绸之路的愿景与行动》提出，发挥新疆独特的区位优势和向西开放重要窗口作用，深化与中亚、南亚、西亚等国家交流合作，形成丝绸之路经济带上重要的交通枢纽、商贸物流和文化科教中心，打造丝绸之路经济带核心区。利用长三角、珠三角、海峡西岸、环渤海等经济区开放程度高、经济实力强、辐射带动作用大的优势，加快推进中国（上海）自由贸易试验区建设，支持福建建设 21 世纪海上丝绸之路核心区。在国家对于"一带一路"通盘的战略规划下，各地定位如表 8-1 所示。

表8-1 "一带一路"布局下各地区定位

区域	定位
新疆、陕西、甘肃、宁夏、青海	面向中亚、南亚、西亚国家的通道、商贸物流枢纽、重要产业和人文交流基地
沿海诸市	加强沿海城市港口建设，强化国际枢纽机场功能
广西	21世纪海上丝绸之路与丝绸之路经济带有机衔接的重要门户
云南	面向南亚、东南亚的辐射中心
内蒙古、黑龙江、吉林、辽宁、北京	向东北亚开放的重要窗口
重庆西部开发开放重要支撑和郑州、武汉、长沙、成都、南昌、合肥	内陆开放型经济高地

资料来源：根据相关文件整理。

3. "一带一路"倡议的实质追求

"一带一路"将主要向西在陆上、海上推进建设，形成遍布全国、连通国际的网状"五通"大格局，即以"政策沟通、设施联通、贸易畅通、资金融通、民心相通"作为内在逻辑支撑发展。其中主要按地缘关系展开沿线国家和地区的政策沟通，形成发展规划的共识，再落实到合作开发建设交通、物流、园区、城镇、经济区域节点等的基础设施，支持以互利互惠（经济学所论证的以"比较优势"互通有无）机制发展商贸、投融资，增进友谊的同时，使各沿线经济体人尽其才、地尽其利，货畅其流，繁荣发展，共赢共荣。共赢的机遇是以比较优势发挥所有相关经济体的潜力，在工业化、城镇化、市场化、国际化、信息化升级发展进程中，使人民美好生活需要日益变为互利互惠中的现实。显然，推进"一带一路"建设，在我国构建"双循环"新发展格局中，将发挥极为重要的作用。

"一带一路"分为沿线城市地区和国家分为北线两条、中线一条、南线与中心线，共计 5 条，其分布如表 8-2 所示。

表8-2 "五通"线路地区线路图

线路	途径地区
北线 A	北美洲（美国、加拿大）—北太平洋—日本、韩国—日本海—符拉迪沃斯托克（扎鲁比诺港，斯拉夫扬卡等）—珲春—延吉—吉林—长春（即长吉图开发开放先导区）—蒙古—俄罗斯—欧洲（北欧、中欧、东欧、西欧、南欧）
北线 B	北京—俄罗斯—德国—北欧
中线	北京—郑州—西安—乌鲁木齐—阿富汗—哈萨克斯坦—匈牙利—巴黎
南线	泉州—福州—广州—海口—北海—河内—吉隆坡—雅加达—科伦坡—加尔各答—内罗毕—雅典—威尼斯
中心线	连云港—郑州—西安—兰州—新疆—中亚—欧洲

资料来源：根据相关文件要求整理。

2020 年 6 月，习近平主席向"一带一路"国际合作高级别视频会议发表重要致辞，提出要把"一带一路"打造成"合作之路、健康之路、复苏之路、增长之路"，这反映了国际社会的共同愿望，也为共建高质量"一带一路"进一步指明了方向。2020 年，"一带一路"合作伙伴在新冠肺炎疫情中相互支持，缔结起团结抗疫、共同发展的"命运纽带"。中欧班列开行突破 1 万列，前 10 个月运量已超过 2019 年全年，成为助力各国抗疫的"钢铁运输驼队"。"空中丝绸之路"运送超过 1 700 吨中国援助医疗物资，搭建起"空中生命通道"。2020 年前三季度，中国对"一带一路"国家和地区非金融类直接投资达 130 亿美元，同比增长了近 30%。大多数"一带一路"项目坚持不停工不裁员，持续推进，一批新项目顺利启动，为全球经济寒冬注入了一股暖流，为各国抗疫情、稳经济、保民生做出了积极贡献。

国务委员兼外交部长王毅表示，短期内疫情暴发给世界经济造成严重冲击,为共建"一带一路"带来困扰,但"一带一路"合作不仅没有止步,反而逆势前行,又取得了新的进展,展现出强劲韧性。后疫情时期更需要"一带一路"为国际间的发展注入新动力。依靠于国内正在积极构建的"以国内大循环为主体、国内国际双循环相互促进"的新发展格局,将有助于推动中国经济实现高质量发展,也将为共建"一带一路"提供更强动力、更大空间、更优路径。

2020年11月15日,中国与东盟10国和日本、韩国、澳大利亚、新西兰共15国,正式签署区域全面经济伙伴关系协定(RCEP),将打造全球迄今规模最大的自由贸易区。对外开放中积极把握相关的发展机遇,符合双循环格局下以内循环为主体带动内外循环相互促进的发展要领。同时,按照国际高标准、高水平的合作协定,也可倒逼国内经济大循环实现升级发展,并提供由中国本土而延伸、促进到外部的推进城镇化、工业化、信息化的机遇。

我国已有的实践经验是加入WTO以来"清理文件柜",催化和倒逼本土实打实地创新改革,在市场规则与国际惯例接轨的道路上,引领双循环新格局中各城市区域与市场主体的高质量发展,带动更广大周边区域的共同繁荣发展。"一带一路"沿线的诸多城市(镇),都具有这一网状大系统中的节点地位和意义,在"一带一路"建设中,既有大批可把握的城镇化发展机遇,又有各个节点必然率先发展、升级发展对更广大关联区域的外溢性,会提升周边及沿线区域的景气水平与繁荣程度。

（二）"一带一路"倡议的实施与其"共赢"机制

以胸怀中国、放眼世界的定位，我们可以从宏观视角和整个人类社会视角，在此简要讨论"一带一路"命题之下怎样认识它的"共赢"。

1."一带一路"倡议的多赢性质理解

"一带一路"倡议的内在哲理是构建"人类命运共同体"中的"共赢和多赢"，为实现沿线所在国民众的获得感，首先在于推进基础设施建设，实现货畅其流、地尽其力、物尽其用、人尽其才。其具体推进，要求各区域国土开发基础设施建设，配之以 PPP 等投融资机制创新，更好地推进"一带一路"上的具体项目发展。我国在实施现代化战略，建设现代化经济体系方面表述的战略方针并强调为"主线"的"供给侧结构性改革"，要以制度结构优化和制度供给的有效性带出整个供给体系质量和效益的提高，而且我们所追求的也正是在中国现代化和平发展过程中全球范围内的这种正面效果。在杭州 G20 峰会上，共同宣言提出的主题就是"结构性改革"，这和我国提出的"供给侧结构性改革"指的是同一个概念。因此，在全球范围内，我们所解决的主要矛盾在战略方针中体现为要优化结构。"一带一路"上很多经济体的共同特征是发展中国家、新兴经济体。基于这方面的共性，特别值得我们共同探讨如何以增加有效制度供给为龙头，完成经济转轨和推进现代化，推进结构性改革，提高整个供给体系质量与效率，调动各个经济体的潜力，解放生产力，内在契合于"一带一路"的多赢性质。

"一带一路"所体现的，是中国在经过贯彻改革开放大政方针，实现了经济起飞，成为世界工厂，又以前些年"走出去"发展战略为先声而寻求和平发展、和平崛起中，对接了领导人明确地给出的一个哲理意味非常鲜明的发展方向，即我们要构建"人类命运共同体"。在这个背景之下，正是要以"一带一路"来确立和贯彻与其他经济体共赢发展、升级发展的大思路。

我国在20世纪90年代确立社会主义市场经济目标以后，中国经济在"走出去"这方面十分被看重。实际的"走出去"，在现象形态上，首先是中国的商品输出迅猛发展。过去我们只有很有限的外贸，输出的基本是"低档产品"，但是在商品输出发展过程中，我们越来越多的商品开始体现出来，可以进入超市，可以成规模，再往后，也可以在欧美开始出现一些中国的品牌店。除了商品输出，还有劳务输出，中国人开始越来越多参加相对欠发达区域的一些建设项目，派劳工出去，也参加一些发达经济体的建设项目。商品输出、劳务输出之后，开始有一些中国有一定竞争力的技术输出，比如若干年前新疆一个企业特变电工，从开始时一个很小的集体企业做大后成为上市公司，在一些电器制成品方面的技术很有特色，之后就开始向巴基斯坦和东南亚输出技术，也可以用技术专利去取得境外收入。再往后是资本输出，比如曹德旺董事长的福耀玻璃公司，10多年前就在美国投资，跟着产能走出去建厂。

从现在"一带一路"倡议实际的发展态势来看，它主要是向西，在陆上和海上推进相关的建设，要形成一个网状的互联互通的大格局。为什么向西为主呢？就"走出去"战略的策略匹配视角而言，中国现在进一步向外面寻求发展，不能选择太平洋方向，因为会形成跟美国的正面对撞。我们现在要从地缘关系开始，从西面与我国连得比较近的发展中国家开始互通互联。这当然就要选择往西为主，通过过去说了多年的"欧亚大陆桥"，把中国和外部的互动一直推进到欧洲，有可能加上海路一直延展到头号强国美国的地盘上。但这是一个渐进的发展过程。

在这样一个过程中，很多产业的发展自然而然是跟经济社会的需要联合在一起的，比如中国人富裕以后，越来越多的人拥有私家车，"一带一路"沿线上的欠发达经济体，首先从我们最接壤的蒙古、哈萨克斯坦等国家开始，那里的老百姓收入提高以后，是不是也要更多地考虑购买私家车呢？我们的很多产能，如机动车制造能力，以后会越来越多对接全球市场潜力。

在这个网状系统里，有一个"五通"概念的提炼，即"政策沟通、设施连通、贸易畅通、资金融通、民心相通"。内在逻辑是我们先按照地缘关系展开沿线国家的政策沟通，这主要是政府出面做的事情，这方面已经看到在许多的国际场合或论坛上，我们的领导人、有关部门、请来的国外领导人及他们的部门代表都在各自陈述自己的政策，在这些政策里显然有一些共同点，即在政策沟通的基础之上，按照政策形成的发展规划确认共识以后，要落实到合作开发、建设相关的交通、物流、园区、城镇、经济区域、节点等各种各样的基础设施和实现其联通，要以这样的硬件和以后要配上的软件、管理等，还有人员素质的提高，来支持以互利互惠的机制发展商贸。这就说到了第三点——贸易畅通，贸易畅通是人类社会早就注意到的需要互通有无，不是固守自然经济了。对互通有无，经济学早已论证，这是一个各自的比较优势合在一起的共同发展，对双方都有利。这是一个几百年来被经济学者反复说明的"为什么会有贸易？因为对两边都有好处"的道理。多国参加的贸易对多国也都会有好处。在这个过程中，商贸的发展一定会带来进一步促进投融资的发展——资金融通在一开始，往往就是第一推动力，以后又有不断的以资金融通支持扩大的项目建设与商贸规模，支持各国共同注重的经济社会发展。

再往后说，还要做到民心相通。"人类命运共同体"包括增进友谊，大家都是地球村的村民。这样的哲理其实不正是对接中国人古代就非常推崇的走向"天下大同"吗？"人类命运共同体"内涵落在实际生活中，一定要落实在各个沿线的经济体中，老百姓首先能感到是人尽其才——有事儿干了，潜力、创造力有地方发挥，开发出各种各样的可能性，到市场上提供被人们所接受的产品。人尽其才，会带着地尽其利——土特产要靠自然资源的支持，跟着货畅其流，带来的是繁荣，使原始积累加快完成，生产进一步扩大规模，发展的质量得到提高，之后的合乎逻辑就是共赢共荣。在中国西部欠发达区域的发展经验也有这个过程特征。基础设施为什么要在西部加快建设？西部很多地方要寻求发展，其路径必是"要想富先修路"，这是先导因素。经济学上说，这是准公共产品——既然是公共产品范畴，就不能简单按照盈利的原则去理解它的建设。客观需要决定了要先把路建起来，中国的西部开发就是如此。看起来开始车辆很少，首先还是发达地区的有些人，开着车到经济欠发达的西部收集土特产，然后运到外面去卖个好价钱。那么这所带来的，不仅是使当地人有一些收入，而且会激活当地一些人的商品交易意识，也学会怎么样进入市场经济，当这些当地人开始学收集土特产，租车往外卖，路上跑的车就开始多起来。完成原始积累以后，这些西部的能人带着他的团队，还会需要买车、形成车队，以后这个路网上的车辆一定会越跑越多。"一带一路"也是这样一个过程，一定是在共同发展的过程中共同走向繁荣，寻求共赢。这个共赢的机遇在原理上很清楚，即比较优势发挥，所有的相关经济体的潜力跟着工业化、城镇化、市场化、国际化、信息化升级发展的过程，使人民美好生活的需要日益变成互惠互利中的现实。

2."新型国际关系"的认知框架

首先，在相关背景上，要特别注意中国现在给出的判断，我们已经在面对"百年未有之大变局"，这是就全球而言、就中国所处的整个国际局面而言的。前些年看起来风起云涌的全球化，现在却遇到逆流；在全世界被称为最重要的双边关系——"中美关系"这个视角上，必须承认，已经发生了巨大的变化。基辛格非常简略的判断是中美关系"回不到从前了"，他后面还跟着一个说法，"已经走到了冷战之峰的山脚下"。在这样一个局面之下，中国从自己的发展来看，我们追求的现代化是走到了改革开放解放生产力之后的"世界第二大经济体"，国际背景是"东升西降"，即总体而言东方是走上坡路，西方都是走下坡路，但是现在我们却正面对着接受跨越"中等收入陷阱"，接受所谓"门槛效应"的历史性考验。全球的统计现象表明，前面70年左右的时间里，有100多个经济体达到了按照世界银行可比口径所称的中等收入阶段，但其中绝大多数未能继续向上发展如愿成为高收入经济体。中国是在2010年人均国民收入达到4 000美元，坐稳了中等收入经济体这把交椅。2019年，我们已经继续提高到人均国民收入10 000美元。但是再往前走，我们有没有可能经过"十四五"期间形成一个中高速的而且有高质量发展特征的发展历程，成为高收入经济体？现在很有希望，但正在面临考验：经济在2010年以后的增速一降再降，新冠肺炎疫情暴发之后，我们还要注意到，前面已经有的经济发展阶段调整叠加上贸易方面的挑战，贸易摩擦早已经综合了科技、外交、人文交流对抗这些因素，形成了非常严峻和复杂的局面。宏观经济运行在前面所称的经济阶段转换、贸易摩擦及其升级，以及新冠肺炎疫情冲击之下三重因素叠加，10年下行的过程到底怎么转变，我们还必须在这方面经受历史检验。

其次，在这个局面之下，我们对于时代主题的认识——"和平与发展"，也受到了挑战。但是需要有一个基本的分析和引出理性认识的结论，即决定和平与发展时代主题最主要的因素没有改变。按照新供给经济学的认识框架来说，人类社会中的创新发展，这些看得见摸得着的这些创新成果，都是发生在供给侧。需求是永远在变化的，但是需求主体本身并说不清楚什么样的产品和服务能够适应他们不断上升的诉求（就像马车夫想象不出变为汽车司机，使用固定电话的广大用户谁也想不到会出现乔布斯创意成功的智能手机），只有由市场主体的生产经营提供出来的产品和服务形成现实的、不断创新的有效供给，才能不断形成供需之间在升级轨道上的循环互动，使整个人类的物质文明得到进步，进而使物质文明支撑的精神文明、政治文明和整个文明形态继续往上走。在这个创新过程中，供给侧的创新已经形成一个全球共享的产业链，共享经济在信息革命时代有日新月异的发展。美苏冷战结束之后，这个"你中有我、我中有你"的全球产业链，已经成为一个基本事实。同时，也是由于供给侧的创新，在"第二次世界大战"之后非常清晰地形成了核威慑，而核威慑的平衡，就使"第一次世界大战""第二次世界大战"相隔20年、"第二次世界大战"到现在70年左右之后的第三次世界大战成为极小概率事件。这样的一个基本认识，其实就是邓小平同志当年所说的我们的时代主题是"和平与发展"的依据。这直接支持了党的基本路线是经济建设为中心，要抓住它一百年不动摇，把中国的现代化推进到伟大民族复兴。这样一种基本的国际局面，即供给侧创新形成的全球产业链和制约全世界的核威慑，并没有在逆全球化面前被颠覆——我们仍然认为，已经看到的逆全球化的种种不良表现，不可能改变全球化在人类文明中的主潮流。这是个非常重要的基本战略判断原点，它联系与决定着我们能不能够很好坚持党的基本路线，保持我们的战略耐心和战略定力。

最后，中国经济在这种局面下，我们长期向好的基本趋势也没有改变。领导人和有关部门反复说的这句话并不是一句空话，我们客观上看，中国的工业化和城镇化走到什么地步了？我们的基本看法是，中国的工业化虽然在沿海某些高地有工业化后期特征，但是在沿海不少洼地，广袤的中部、西部，总体来说还是中期，甚至有的地方还是初期。当下全中国工业化是从中期向中后期的演变为主，这也直接证实了党的十九大所判定的中国的国际地位仍然是全球最大的新兴经济体，而且这样一个判断也有如前所述的城镇化真实水平还留有巨大发展空间做佐证。总体而言，中国继续发展的空间还相当可观，我国的成长性和工业化、城镇化加在一起的成长潜力、韧性、回旋余地是客观存在的，这些也必然要结合中国的市场化和国际化，形成一个中国经济成长性变成现实的现代化发展过程。

客观如此，我们主观的理性选择是什么？就是坚定不移地在不确定性面前把握住我们可以把握的确定性，做好中国自己的事情。要以可选择、应选择好的现代化和平崛起战略和它的策略组合，坚定不移地贯彻党的基本路线，坚持改革开放大政方针，抓住经济建设为中心——这是改革开放以后支撑着国民经济实现超常规发展的最基本国策。在党的基本路线指导之下，我们当下就应该重温邓小平同志所特别指出的"冷静观察、沉着应对、善于守拙、韬光养晦、绝不当头、有所作为"的战略思路，有理有利有节地处理好"和平竞争"，打造"人类命运共同体"的国际关系。我们承认国际上是有竞争关系的，但是总体来说这个竞争是在"和平与发展"时代主题下的和平竞争，是可以共赢的。在处理中美关系上，要力求斗而不破，守住底线思维，绝不跟着美国的节奏走。现在和未来很长时期内我们总体是守势，因为我们是世界第二大经济体，而且在很多地方我们被美国卡脖子，如华为芯片案例。但我们处于守势的过程中，同时又坚信时间是中国最好的朋友，我们绝不脱钩，要走到让美方最后无可奈何地接受中国持续和平崛起。

3. "一带一路"倡议面临的挑战

相关的挑战也是十分明显的。美国作为世界头号强国，推行单边主义、孤立主义、霸凌主义，对我国极限施压，还逼着其他国家选边站。这些情况在恶化中国对外的国际关系和环境。在这个严峻的局面之下，我们有必要对"一带一路"倡议相关的主客观因素深化认识，抓住最主要的大国关系，采取冷静、理智、有远见的对策。

中美关系被称为当今世界最重要的双边关系。我们曾表述为建设性的大国伙伴关系，想寻求共赢，以在这个方面贯彻中国和平崛起的诉求。但美国现在非常明确地认为，中国是战略对手，实际上就是把中国设为美国心目中的头号敌人。冷战结束以后，美国原来最主要的敌对目标苏联解体了，现在又把中国列为自己的头号敌人，眼下中美关系再也回不到过去了。但是我们也要意识到，中美关系与当年美苏关系已有重大的不同。

虽然中美有分歧，但是生产力决定生产关系。中美两国现在已经在共享全球一个产业链，相互之间在产业链里已经处于很大程度上你中有我，我中有你。特别要注意，贸易摩擦开始以后，剑拔弩张之际，美国有胆识的投资家和企业家马斯克仍来中国投资。一年多的时间，特斯拉先进的电动新能源汽车便成规模地不断下线。之后在人们仍感觉情况不妙的情况下，又有总部设在美国的跨国公司要在中国安排比特斯拉更大规模的投资。这说明在商言商的企业家心里有个大的判断，就是产业链既然在一起，别人都担心的时候，我恰恰可以谈一个好对价。就像巴菲特说的，别人恐惧的时候我大胆，别人大胆的时候我才悠着点，这样才能防范风险。这样的一个道理，中国企业家同样会有考虑。曹德旺10多年前跟着产能走，现在仍然是要跟着产能走——他追加了在美国的投资，而且受到了美国州政府非常好的优惠待遇。这种联系要想完全切断谈何容易？总之，中美之间的基本局面与当年美苏之间的冷战不可同日而语，我们希望通过经济的力量促使二者在社会生活中共存。

对中美关系，我们要有理有利有节，要准备"打持久战"。在此期间，要跟美国各个方面继续发展关系。美国实际上也不是铁板一块，一些人士也有这方面的表态，一方面要遏制中国，要长期坚持这个方针，另外一方面还会保持交流往来。我们在捍卫底线的同时，应争取跟美国"斗而不破"，要千方百计防止滑入冷战局面。我们必须有战略耐心、战略定力，有的时候看起来"面子"上差一点儿，实际上我们争取斗而不破，时间将是中国的朋友，扛过未来十年、十几年，局面就可能大不相同。这十几年里不确定性是非常明显的，但中国要抓住确定性，就是千方百计和美国斗而不破，等于中国继续缩小和它的距离。美国其他的追随者，我们也是要有斗争、有交流，努力缓解矛盾，化解不利因素。美国阵营里的一般盟友，和中国有的时候近一点儿，有的时候远一点儿，我们也要处理好，增进交流，降低矛盾的"摩擦系数"，更努力发展经贸、投资和人文交流，这样可以在一定程度上形成反制美国的因素。

中国还有和其他的一些中小国家的广泛联系，要更积极地按照"一带一路"倡议和规划处理好关系，加快发展。在"一带一路"推进过程中，首先是和这些国家合作——一些欠发达的经济体，迫切需要得到一些"第一推动力"，中国现在有一定的资金动员能力，有我们可以使用的各种生产要素。处理好复杂的问题，当然也会有一些挑战，这些欠发达经济体往往政局比较混乱，甚至发生动荡，法治化程度也比较低，这些事情我们都得应对。在遇到敌意打压的时候，我们需要保持理性的冷静和必要的适当宽容的态度，努力求同存异，引导和平发展因素，更有效地形成合力，避免"只见树木，不见森林"，防止走极端。

需要强调，中华民族最根本的利益之所在，是在构建"人类命运共同体"的努力中去完成现代化和平崛起的伟大复兴。虽然现在看起来受到严峻的挑战，我们仍然要全力争取。"一带一路"建设是中国和外部世界共赢的重要发展框架，和美欧日、东南亚、大洋洲、非洲、拉丁美洲的关系都会和"一带一路"的推进发生交集，我们要牢牢把握共赢人类文明的哲理，深刻认识人类社会供给侧创新形成的共赢的主客观条件——向共享经济的发展，越来越多地使大家知道可以寻求共赢，不一定在竞争中走极端，不是那个所谓的零和博弈。而且如前所述，制约着极端形势下的战争可能性的是什么呢？就是核威慑。有了核威慑，就形成了核威慑战略均势，谁都不敢轻易动手。这就正是邓小平同志说的现在时代主题变为"和平与发展"的重要决定因素之一。时代主题正是靠这种来自生产力层面的创新，以共享经济的推动以及核威慑的制约共同形成的,我们要对此有深刻的认识。所以我们应该坚持,在种种的不确定性之中,牢牢把握我们有所作为的确定性,坚定不移以经济建设为中心,在深化改革中于深水区攻坚克难,坚定不移全面开放,高举构建"人类命运共同体"的旗帜,做好"一带一路"的合作开发建设。要做好应对最严峻挑战和最困难局面的准备,同时应该尽一切努力,千方百计争取最好的和平发展的结果。

（三）"一带一路"建设将成为内外循环相互促进的举足轻重的舞台

1. "一带一路"国际循环中的外贸载体之责

　　2013年我国提出建设"一带一路"倡议，以欧亚大陆为核心，陆地和海上两个方向涵盖欧亚非三个大洲，推动世界经济整合。此后我国开始付诸实施，坚持"共商、共建、共享"的基本原则和"和平合作、开放包容、互学互鉴、互利共赢"的丝路精神，不断加强与沿线国家的沟通磋商，加强政策沟通、道路连通、贸易畅通、货币流通和民心相通，稳步推进合作计划，进一步拓展我国对外经贸关系的发展。在"一带一路"建设中，我国取得了丰硕的成果，如表8-2所示，我国对"一带一路"沿线国家和地区的进出口总额逐年上升，沿线国家和地区对华直接投资额2017年有所下降后，也在逐年上升。亚投行、丝路基金、中国—国际货币基金组织联合能力建设中心等合作机构的成立，推动了人民币在沿线国家的国际化。"一带一路"正在成为我国参与全球开放合作、改善全球经济治理体系、促进全球共同发展繁荣、推进构建"人类命运共同体"的中国方案。随着经贸合作领域的不断拓宽，贸易投资方式的不断创新，

"一带一路"倡议为各参与方的经济发展注入了活力。

表8-2 我国与"一带一路"沿线国家贸易情况   单位：亿元

项目	2016年	2017年	2018年	2019年
进出口总额	62 517	73 745	83 657	92 690
出口总额	38 319	43 045	46 478	52 585
进口总额	24 198	30 700	37 179	40 105
"一带一路"沿线国家和地区对华直接投资金额	458	374	424	576

资料来源：国家统计局官网。

"一带一路"建设与新近签署的RCEP十五国国际自贸区两项重要的建设部署，其包含的广泛地域与涉及民众的规模，使得其中也带出大批可把握的内外循环相互促进的机遇。历年来积极推动"一带一路"建设，加强与沿线国家和地区的沟通磋商、务实合作，我国政府实施了一系列政策措施，加强沟通磋商，在基础设施互联互通、产业投资、资源开发、经贸合作、金融合作、人文交流、生态保护、海上合作等领域，兴办了一批条件成熟的重点合作项目。与此同时，统筹国内各种资源，强化政策支持。在融资支持机制方面，除发起亚洲基础设施投资银行和丝路基金之外，"一带一路"还强化中国—欧亚经济合作基金投资功能，推动银行卡清算机构开展跨境清算业务和支付机构开展跨境支付业务。

现在"一带一路"项目建设已取得不少成果。比如，肯尼亚是中国"一带一路"倡议在非洲的支点，是新丝路建设中获得中国资金援助最多的国家。2014年5月李克强总理访问肯尼亚期间，中肯签署了关于蒙巴萨—内罗毕铁路相关合作协议，作为东非铁路网的咽喉，规划全长2 700千米，预计总造价250亿美元。2015年6月6日，我国外交部在布达佩斯同匈牙利外交与对外经济部签署了《中华人民共和国政府和匈牙利政府关于共同推进丝绸之路经济带和 21 世纪海上丝绸之路建设的谅解备忘录》。在后续技术保障方面国内的相关企业和政府机构已经对"一带一路"的卫星发射进行了规划和研究，未来 3—5 年内，将发射多颗通信卫星，与此同时，"一带一路"途经国家的通信信号也将逐步实现全覆盖。2015 年 12 月 22 日，中国建筑公司与巴基斯坦正式签署巴基斯坦卡拉奇—拉合尔高速公路项目 EPC 总承包合同，为中巴经济走廊最大交通基础设施项目。

2. "一带一路"倡议在国际循环中的经济增长、全球化平衡与区域合作使命

"一带一路"倡议要建立一个政治互信、经济融合、文化包容的利益共同体、命运共同体和责任共同体，是包括欧亚大陆在内的世界各国构建一个互惠互利的共同体，肩负着三大使命。

第一，探寻经济增长之道。"一带一路"是在后金融危机时代，作为世界经济增长火车头的中国，将自身的产能优势、技术与资金优势、经验与模式优势转化为市场与合作优势，实行全方位开放的一大创新。通过"一带一路"建设共同分享中国改革发展红利、中国发展的经验和教训。中国将着力推动沿线国家间实现合作与对话，建立更加平等均衡的新型全球发展伙伴关系，夯实世界经济长期稳定发展的基础。

第二，实现全球化再平衡。传统全球化由海而起，由海而生，沿海地区、海洋国家先发展起来，陆上国家、内地则较落后，形成巨大的贫富差距。传统全球化由欧洲开辟，由美国发扬光大，形成国际秩序的"西方中心论"，导致东方从属于西方，农村从属于城市，陆地从属于海洋等一系列不平衡不合理效应。如今，"一带一路"

倡议正在推动全球再平衡。"一带一路"倡议鼓励向西开放，带动西部开发以及中亚、蒙古等内陆国家和地区的开发，在国际社会推行全球化的包容性发展理念。同时，"一带一路"倡议是中国主动向西推广中国优质产能和比较优势产业，将使沿途、沿岸国家首先获益，也改变了历史上中亚等丝绸之路沿途地带只是作为东西方贸易、文化交流的过道而成为发展"洼地"的面貌。这就超越了欧洲人所开创的全球化造成的贫富差距、地区发展不平衡，从而推动建立持久和平、普遍安全、共同繁荣的和谐世界。

第三，开创地区新型合作。中国改革开放是当今世界最大的创新，"一带一路"倡议作为全方位对外开放战略，正在以经济走廊理论、经济带理论、21世纪的国际合作理论等创新经济发展理论、区域合作理论、全球化理论走向世界。"一带一路"倡议强调"共商、共建、共享"的基本原则，给21世纪的国际合作带来新的理念。

3. 推进"一带一路"倡议实施中的若干关注要点

（1）区域间需抓好"一带一路"倡议风口，发挥各地禀赋乘势发展

"一带一路"倡议是事关中国完成现代化和平崛起的战略大思路，要延续前已论及的"走出去"导向和逻辑，促使"扩大开放"升级，既依靠地缘关系，又要面对全球网状系统循序渐进、全面统筹地发展互惠互利的"互通"打造"人类命运共同体"，同时也使我国在"双循环"全局框架中，更积极地以开放来催化、倒逼改革。

在已明确的行业、企业发展战略框架基础上，我们应进一步完善、扩张硬件和充实、提升软件实力，包括合作与竞争意识的培育、人才的聚集、经营管理经验的积累、金融支持、"供应链金融"机制

的综合性营造等,在"一带一路"倡议框架之下,需细分做好每个板块的优化。在当前复杂、严峻形势下,继续跟踪、应对"百年未有之大变局"的同时,"一带一路"建设可在已形成的基本格局下更注重循序渐进、抢抓机遇"风口",依托各地资源禀赋的"比较优势",低调行事,务实推动。

(2)致力于缓解国际体系阻碍,以开放包容优化相关制度安排

"一带一路"倡议涉及众多贸易行为,期间沿线国家和地区的制度差异问题是需缓解的新重点,其中涉及企业会计准则问题。当前,"一带一路"沿线绝大部分国家的会计准则是使用国际财务报告准则(IFRS)或者使用本国会计准则但趋同于 IFRS,但趋同不等于等同,跨国企业仍需谨慎考虑会计准则差异对其资本运作、经营管理和财务报表损益带来的影响。各国会计准则的制定也主要分成两个模式:一是相关的委员会或者专业的会计机构根据该国的实际情况制定并颁发实施,二是受经济发展、社会环境和历史因素的限制,一些国家无法制定会计准则,只能借鉴 IFRS 或者别国会计准则并在此基础上结合自身国情特色,发展一套属于自己国家使用的会计准则。虽然各国在会计立法上能找到相似的共同点,但具体到各国家中,仍存在明显的国情差异,在全球经济一体化的背景下,应充分考虑本国特色,建立最适合国情的会计法律制度体系。

"一带一路"沿线 117 个国家和地区,企业会计模式多样,会计实务差异大,在没有前人引导、没有案例分享的情况下,"走出去"的企业在财务管理过程中会面临诸多困难,亟须提升自身管理水平。幸运的是,已经有部分中国企业在对外发展中创新性地构建了财务共享服务中心,有效规避了各国会计模式不一致带来的挑战,有力

地支撑了企业全球战略的发展,为更多中国企业提供了可借鉴的经验。在致力于缓解国际体系阻碍,以开放包容优化相关制度安排中,一是积极搭建国际间财务共享服务中心;二是对国际大循环中的财务共享服务实现科学管理;三是既注重实务差异化管理,又需关注国际化人才的培养。助力国际循环在新时期完成升级转型,进而高效支撑推动"一带一路"沿线国家和地区企业的高速发展。

(3)掌握好后疫情时代"一带一路"沿线投资要领

从2020年全年经济社会发展整体而言,"一带一路"国际间的合作已在疫情突发的背景之下,表现出了强劲的韧性。在新时期结合于新经济、数字化的"一带一路"可持续发展具备巨大的潜力。2021年1月14日,据最新公布数据表明,中国是2020年唯一实现贸易正增长的世界主要经济体,全年外贸增长率为1.9%,在大疫之年成果斐然。而作为多边合作的重要载体,"一带一路"倡议显然在推动全球经济复苏等方面将发挥重要的作用。

在已有基础上,加深"一带一路"倡议下的国际合作联动。在突发新冠肺炎疫情冲击下,"一带一路"沿线国家和地区整体风险普遍上升,多数国家普遍面临经济下滑、货币贬值以及债务攀升的压力,经济、债务风险显著抬升。后疫情时代,沿线各国普遍面临推动经济复苏和结构性改革的艰巨任务,而国际产业链的保护性回迁和各国自我驱动型经济发展路径的转向使得推动贸易区域化对中国和沿线国家都成为重要选择。在此背景下,"一带一路"倡议的意义更加凸显。未来,在RCEP及中欧投资协定的加持下,中国与东亚、东盟、欧洲的紧密度将进一步提升,与其他区域国家的关联度将呈分化趋势。下一阶段的"一带一路"倡议将更侧重于贸易、气候变化合作及扶贫,东盟、欧盟和非洲的战略布局或将有明显分化。

RCEP将推动中国—东盟区域内产业链重组。中欧投资协议草案签订,中国和欧盟的战略重点将指向合作,经济贸易领域外还有能源、气候变化和农业技术方面的机会。未来10年非洲将成为"一带一路"最大的重点,中国有长期布局计划,投资、扶贫和贸易均将稳步推进。而在企业走出去的过程中,不同中资企业面临的限制和机遇不同,建议企业去海外高风险地区投资要秉承风险中性原则,进行汇率和利率风险对冲,不熟悉的领域不要轻易试水。多种数字化手段加持下金融市场为实体经济运行及"一带一路"倡议融资起到积极作用。后疫情时代,随着中国经济持续向好、海外量化宽松(QE)政策推进,在岸和离岸市场对中国资金及中国发行人相应的金融产品需求提升,对中国市场和中国资金的依赖度会增大。

第九章
双循环与本土的区域发展战略

当今世界，经济不稳定因素增多，深层次矛盾突出，贸易保护主义、单边主义抬头，但和平与发展的主题不可逆转，经济全球化是人类社会发展的必经之路。我国审时度势，提出了以国内大循环为主体、国内国际双循环相互促进的新发展格局，既是应对外部环境发生变化的主动转型，又是实现我国经济社会更好发展的理性选择。我国已经推出并积极落实的多项本土区域发展战略，是双循环新发展格局的重要接口，既能为国内经济发展提供支撑，又能配合扩大开放，与国际接轨，更好地推动形成双循环新发展格局。

（一）粤港澳大湾区

1. 粤港澳大湾区的基本情况[①]

粤港澳大湾区包括香港特别行政区、澳门特别行政区和广东省广州市、深圳市、珠海市、佛山市、惠州市、东莞市、中山市、江门市、肇庆市（以下称珠三角九市），总面积5.6万平方千米，2017年末总人口约7 000万人，是我国开放程度最高、经济活力最强的区域之一，在国家发展大局中具有重要战略地位。改革开放以来，特别是香港、澳门回归祖国后，粤港澳合作不断深化实化，粤港澳大湾区经济实力、区域竞争力显著增强，已具备建成国际一流湾区和世界级城市群的基础条件。

建设粤港澳大湾区，既是新时代推动形成全面开放新格局的新尝试，也是推动"一国两制"事业发展的新实践。建设粤港澳大湾区，为全面贯彻党的十九大精神，全面准确贯彻"一国两制"方针，充分发挥粤港澳综合优势，深化内地与港澳合作，进一步提升粤港

[①] 中共中央 国务院印发《粤港澳大湾区发展规划纲要》[EB/OL].新华网，2019-02-18，http://www.xinhuanet.com/politics/2019-02/18/c_1124131474.htm.

澳大湾区在国家经济发展和对外开放中的支撑引领作用，支持香港、澳门融入国家发展大局，增进香港、澳门同胞福祉，保持香港、澳门长期繁荣稳定，让港澳同胞同祖国人民共担民族复兴的历史责任、共享祖国繁荣富强的伟大荣光。

粤港澳大湾区区位优势明显。粤港澳大湾区地处我国沿海开放前沿，以泛珠三角区域为广阔发展腹地，在"一带一路"建设中具有重要地位。

粤港澳大湾区经济实力雄厚。经济发展水平全国领先，产业体系完备，集群优势明显，经济互补性强，香港、澳门服务业高度发达，珠三角九市已初步形成以战略性新兴产业为先导、先进制造业和现代服务业为主体的产业结构，2017年大湾区经济总量约为10万亿元，创新要素在粤港澳大湾区集聚，创新驱动发展战略深入实施，广东全面创新改革试验稳步推进，国家自主创新示范区加快建设。

粤港澳大湾区内，国际化水平领先。香港作为国际金融、航运、贸易中心和国际航空枢纽，拥有高度国际化、法治化的营商环境以及遍布全球的商业网络，是全球最自由经济体之一。澳门作为世界旅游休闲中心与内地及葡语国家商贸合作服务平台的作用不断强化，其多元文化交流的功能日益彰显。珠三角九市是内地外向度最高的经济区域和对外开放的重要窗口，在全国加快构建开放型经济新体制中具有重要地位和作用。

当前，世界多极化、经济全球化、社会信息化、文化多样化深入发展，全球治理体系和国际秩序变革加速推进，各国相互联系和依存日益加深，和平发展大势不可逆转，新一轮科技革命和产业变革蓄势待发，"一带一路"建设深入推进，为提升粤港澳大湾区国际竞争力、更高水平参与国际合作和竞争拓展了新空间。

2. 粤港澳大湾区规划和政策体系构成

《粤港澳大湾区发展规划纲要》将战略定位描述为五方面：充满活力的世界级城市群、具有全球影响力的国际科技创新中心、"一带一路"建设的重要支撑、内地与港澳深度合作示范区以及宜居宜业宜游的优质生活圈。而发展目标则分为中期和长期两个阶段。

到 2022 年，粤港澳大湾区综合实力显著增强，粤港澳合作更加深入广泛，区域内生发展动力进一步提升，发展活力充沛、创新能力突出、产业结构优化、要素流动顺畅、生态环境优美的国际一流湾区和世界级城市群框架基本形成。

到 2035 年，大湾区将形成以创新为主要支撑的经济体系和发展模式，经济实力、科技实力大幅跃升，国际竞争力、影响力进一步增强；大湾区内市场高水平互联互通基本实现，各类资源要素高效便捷流动；区域发展协调性显著增强，对周边地区的引领带动能力进一步提升；人民生活更加富裕；社会文明程度达到新高度，文化软实力显著增强，中华文化影响更加广泛深入，多元文化进一步交流融合；资源节约集约利用水平显著提高，生态环境得到有效保护，宜居宜业宜游的国际一流湾区全面建成。

目前粤港澳大湾区建设正在稳步推进，有着广阔的发展前景。广东作为改革开放的排头兵，有着四十多年改革开放积累的成果，香港和澳门自回归后经济社会继续长期保持繁荣、稳定和发展，所以粤港澳大湾区有基础、有条件、有潜力成为高质量发展的典范。在粤港澳大湾区内，充分发挥香港金融业、澳门旅游休闲业、珠三角制造业的各自优势，取长补短、深化合作、创新发展，显著增强其经济实力和区域竞争力，充分发挥其辐射引领作用，带动其他地区的发展，同时顺应全球发展趋势，在新一轮的科技革命和产业革命中，把握机遇，以更高的水平参与全球合作和竞争，不断提升国际竞争能力，更好地融入全球经济体系。

该规划纲要重点工作列为七大项，涉及科技、经济、交通、生态、对外开放等多个维度。

一是建设国际科技创新中心，深入实施创新驱动发展战略，深化粤港澳创新合作，构建开放型融合发展的区域协同创新共同体，集聚国际创新资源，优化创新制度和政策环境，着力提升科技成果转化能力，建设全球科技创新高地和新兴产业重要策源地。

二是加快基础设施互联互通，加强基础设施建设，畅通对外联系通道，提升内部联通水平，推动形成布局合理、功能完善、衔接顺畅、运作高效的基础设施网络，为粤港澳大湾区经济社会发展提供有力支撑。

三是构建具有国际竞争力的现代产业体系，深化"供给侧结构性改革"，着力培育发展新产业、新业态、新模式，支持传统产业改造升级，加快发展先进制造业和现代服务业，瞄准国际先进标准提高产业发展水平，促进产业优势互补、紧密协作、联动发展，培育若干世界级产业集群。

四是推进生态文明建设，牢固树立和践行"绿水青山就是金山银山"的理念，像对待生命一样对待生态环境，实行最严格的生态环境保护制度。坚持节约优先、保护优先、自然恢复为主的方针，以建设美丽湾区为引领，着力提升生态环境质量，形成节约资源和保护环境的空间格局、产业结构、生产方式、生活方式，实现绿色低碳循环发展，使大湾区天更蓝、山更绿、水更清、环境更优美。

五是建设宜居、宜业、宜游的优质生活圈，坚持以人民为中心的发展思想，积极拓展粤港澳大湾区在教育、文化、旅游、社会保障等领域的合作，共同打造公共服务优质、宜居、宜业、宜游的优质生活圈。

六是紧密合作共同参与"一带一路"建设，深化粤港澳合作，进一步优化珠三角九市投资和营商环境，提升大湾区市场一体化水平，全面对接国际高标准市场规则体系，加快构建开放型经济新体制，形成全方位开放格局，共创国际经济贸易合作新优势，为"一带一路"建设提供有力支撑。

七是共建粤港澳合作发展平台，加快推进深圳前海、广州南沙、珠海横琴等重大平台开发建设，充分发挥其在进一步深化改革、扩大开放、促进合作中的试验示范作用，拓展港澳发展空间，推动公共服务合作共享，引领带动粤港澳全面合作。

3. 粤港澳大湾区规划的影响及对"双循环"的促进作用

（1）丰富"一国两制"实践

香港和澳门回归后的繁荣发展证明了"一国两制"实践的成功。但在发展的同时也积累了一些问题。

香港一直将传统产业作为自己经济发展的重心，过度依赖金融服务、房地产等传统优势产业，虚拟经济蓬勃发展，但创新能力不足，面临着房地产和金融泡沫破裂的危险，而且容易受外部经济波动影响。尤其是之前的"修例风波"和当前爆发的新冠肺炎疫情对香港产生了很大的冲击。加上大部分工业企业的迁出，导致工业基础不稳定，难以走出原有经济结构的桎梏。此外，高昂的房地产价格和租金，一方面增加了企业的运行成本，增加了企业的负担，在一定程度上抵消了税收优惠；另一方面，加大了居民的负担，使得住房、收入差距等民生问题更加突出。这些暴露出来的深层次的矛盾正制约着香港的进一步发展，亟须得到解决。

澳门回归后一改回归前长期经济衰退的局面，经济实现了快速增长，取得了耀眼的成就。但在快速发展的同时，第一、第二产业占比逐渐下降，尤其是第一产业已经彻底消亡。如今，博彩业一业独大，成为支柱产业，在促进经济发展的同时，也暴露了许多阻碍经济发展的弊端。博彩业属于第三产业中的旅游业，而来自内地的旅客占比不断攀升，客源结构单一，且过于依赖国际资本，外向度高，容易受外在因素的影响，缺乏可持续性和稳定性。澳门经济结构过于单一，辐射带动效应小，依靠博彩业发展起来的大多是服务业，缺乏高新技术等工业产业，不利于经济的平衡发展。近年来，在中央政策的引导下，澳门开始探索发展多元经济，取得了明显的效果，但任重道远，继续推进产业适度多元化依旧是澳门未来发展的重要任务。

港澳都需要寻找新的发展动能，而粤港澳大湾区的建设为当前香港和澳门更好地融入国家发展大局提供了一个重大机遇。同时也为本土的珠三角核心区域进一步扩大开放，加强改革、升级发展提供了机遇。粤港澳大湾区规划通过进一步深化合作，融合发展，协同发展，优势互补，使港澳加快经济转型，增强发展的内生性，充分发挥港澳作为区域发展的核心引擎作用，不仅为港澳今后的发展指明了方向，而且丰富了新时代"一国两制"事业发展的伟大实践，是内地与港澳深度合作的示范区，有利于保持港澳长期繁荣稳定，并有望打造一个可以与世界上已有全球影响力的纽约湾区、东京湾区一比高下的强劲增长极区域。

（2）引领高水平开放

粤港澳大湾区的建设是对形成新时代全面开放新格局的积极开拓，是要建立一个充满活力的世界级城市群，是要更好地发挥香港和澳门作为自由开放经济体在国家对外开放中的功能和作用，使广东开放型经济发展水平进一步提高，扩大开放，有效对接国际国内"两个市场、两种资源"，高水平参与国际经济合作与竞争。随着《关于金融支持粤港澳大湾区建设的意见》的出台，在粤港澳大湾区内，金融市场和金融基础设施互联互通，跨境贸易和投融资更加便利，金融业对外开放水平和金融服务创新水平不断提高，粤港澳大湾区将更好地发挥在经济发展和对外开放中支持和引领的作用。

此外，粤港澳大湾区的战略定位是"一带一路"建设的重要支撑。粤港澳三地一直走在对外开放的前沿，地理位置优越，处于"一带一路"枢纽地位，产业体系扎实、完善，金融体系成熟，可以携手参与"一带一路"建设，深化我国与沿线国家和地区的"人类命运共同体"的关系，引领高水平开放。同时，粤港澳大湾区的建设还可以为沿线国家创新制度体系提供经验。

（3）深化改革与创新

粤港澳大湾区是在一个国家、两种制度、三个关税区、三种货币的条件下建设的，跨境协调机制还不够完善，市场的互联互通水平还不足，内部发展差距明显，要进一步加强发展的协同性、包容性。所以推动粤港澳大湾区发展的关键在于深化改革与创新，创新体制机制，推动要素联动流动。作为制度创新先行示范区的前海，深入拓展"前海模式"，不断探索务实创新的改革举措，形成可复制与可推广的经验，在推进粤港澳大湾区深化改革与创新方面发挥着重大作用。"港人港税、澳人澳税"政策就是在前海先试行，而后推广到大湾区内其他城市。体制机制的对接与创新推动了要素自由流动，有利于建立起以知识密集型服务业为主导，高附加值先进制造业为支撑的产业结构，使珠三角的产业集群通过全球化整合嵌入全球产业分工，构建全球价值链。今后粤港澳大湾区将继续致力于破除体制机制障碍，积极推动各类要素高效便捷流动，使珠三角九市市场经济体制更加完善、香港经济增长得到持续稳固的支撑、改变澳门经济结构相对单一和发展资源有限的现状。已经"得改革开放风气之先"的广东深圳，还要在市场体系、商业文明的培育和建设上，向香港、澳门已与国际商业文明长期接轨后具有高标准法治化营商环境对标；中国特色社会主义市场经济先行示范区深圳，是与粤港澳大湾区建设浑然一体的，两个区域战略的紧密结合对完成经济社会转轨、取得全面改革"决定性成果"具有全局意义。

粤港澳大湾区建设是制度创新支持的首要任务，是为了打造具有全球影响力的国际科技创新中心。广东、香港和澳门三地既在全球资源配置、科技创新以及产业发展等方面有着有利的条件，又有能力承担起这一任务。广东具有众多的高科技公司、产业集群与创新能力的优势；香港具有低税制以及高校基础研究能力强的优势，且金融体系发达；澳门具有对外开放水平高和完善服务体系的优势。充分发挥粤港澳三地各自的优势，加大协同力度，就可以吸引和对接全球创新资源，增强创新的协同力，加快科技创新成果的转化应用，使粤港澳大湾区的发展活力和国际竞争力更好地迸发出来。如今，"两廊"（广深港科技创新走廊、广珠澳科技创新走廊）和"两点"（深圳河套、珠海横琴）的空间布局正在逐步构建；高校的创新研究院正在筹备建设；一批重大科技基础设施和大型科研设备也已开工建设。其中，深港之间的合作尤为瞩目，随着在科创领域合作的不断深入，深港已经在科技创新和发展新兴产业中取得了显著的成果。深圳—香港地区在2019年世界知识产权组织发布的全球创新指数报告中位列全球第二大科技集群。

（4）粤港澳大湾区对"双循环"有力促进

粤港澳大湾区不仅是一个超大规模的经济建设项目集群，它还涉及政治、法律、医疗、教育等社会生活的各个方面，既有利于带动其他地区加快发展，对全国的发展起引领和支撑的作用，又可以加快构建更加开放的经济新体制，为世界的发展贡献一份中国力量，形成内外循环系统的良性互动。粤港澳大湾区作为中国经济内循环与外循环的结合与对接区，建设好大湾区，有利于促进中国经济内外双循环良性互动，发挥大湾区在市场、机制、创新、科技、人才等方面对国内国际双循环的能动作用，积极迎接挑战[①]。

粤港澳大湾区可为国内国际双循环提供有力支撑，粤港澳大湾区拥有国内经济循环与国外经济循环互促发展的良好基础，其本身具有的开放经济结构为双循环提供广阔空间，并有效降低内外对接的制度性摩擦成本。

强化"国内大循环"，可有效防风险和补短板，保障极端情况下国内产业链和供应链稳定运行，其着力点在于产业基础再造和产业链提升，确保供应链安全，也保障企业产品销得出，同时最大限度扩大国内市场需求，培育新形势下我国参与国际合作和竞争的新优势。"双循环"互促，也利于粤港澳大湾区抢抓第四次产业革命带来的新基建、新投资、新就业、新消费的经济发展机遇。新基建为第四次产业革命构建基础设施，包括构建各种类型智能终端、构建5G等通信基础设施，构建城市大脑、行业大脑、国家大脑、数据存储中心、超级计算设施等智能中枢设施。这些领域都是大湾区的优势

---

① 任志宏. 充分发挥粤港澳大湾区在促进"双循环"中的作用[EB/OL]. 南方网，2020-08-11，http://gba.china.com.cn/2020-08/11/content_41251540.htm.

领域，发展好优势和领先产业对于国家发展意义重大，也能够发挥粤港澳大湾区作为中国经济重要引擎的功能。同时，内循环的稳定有利于提升粤港澳大湾区参与外循环的竞争力，有利于保持经济开放性与创新力。

> **专栏一　东莞市人民政府出台关于贯彻落实粤港澳大湾区发展战略文件**[①]
>
> 　　建设国家创新型城市，是东莞贯彻落实粤港澳大湾区发展规划、深度融入国际科技创新中心建设，支撑和引领东莞经济社会高质量发展和可持续发展，争当全省实现"四个走在全国前列"排头兵的必然选择。《东莞市人民政府关于贯彻落实粤港澳大湾区发展战略全面建设国家创新型城市的实施意见》（以下简称《意见》）基本原则定为（1）创新引领，强化支撑。把创新驱动发展战略贯穿到城市科技、经济和社会发展的方方面面，把科技服务于经济社会发展放在首位，不断强化科技创新对全面创新的引领作用，培育新动能、发展新经济。（2）市场主导，政府引导。充分发挥市场对技术研发方向、路线选择、要素价格等各类创新要素配置的主导作用，更好发挥政府在创新驱动发展中的统筹协调、宏观管理、政策扶持、监督指导和环境营造等方面的服务引导作用。（3）系统推进，重点突破。立足全局和长远，加强创新发展的顶层设计，加快完善区域创新体系，实现创新驱动全面协调发展。围绕创新驱动发展战略的重点领域、重点环节，集中力量进行重点攻关，以重点突破

---

① 关于贯彻落实粤港澳大湾区发展战略 全面建设国家创新型城市的实施意见［EB/OL］.东莞市人民政府，2019-03-22, http://www.dg.gov.cn/zwgk/zfxxgkml/szfbgs/zcwj/qtwj/content/post_591731.html.

带动整体推进。(4) 开放创新，多方联动。主动集聚海内外优质创新资源，强化与香港、深圳、广州等周边地区的联系，强化部门协同、园区协同、镇街协同，优化创新资源配置，多方联动共同推动国家创新型城市建设。

近期目标定位：到2020年，初步形成贯穿源头创新、技术创新、成果转化、企业培育全链条，具有东莞特色的区域创新体系，创新能力较大提升，创新主体充满活力，创新效率大幅提高，创新环境显著优化，基本建成在粤港澳大湾区有较大影响、支撑引领经济社会发展作用突出的国家创新型城市。全社会研发投入占GDP的比重从2018年的2.55%提高到2.8%，国家高新技术企业数量从2018年的5798家提高到7000家，每万名就业人员中研发人员数量从2018年的130人提高到150人，每万人发明专利拥有量从2018年的26.2件提高到35件。建设创新强镇10个，认定培育100家创新型企业，引进战略科学家团队10个。

远期目标定位：到2025年，全社会研发投入占GDP的比重达3.0%以上。区域创新体系进一步完善，城市创新能力大幅提升，拥有一批国际化创新型领军人才，聚集一批高水平实验室和研发机构，形成一批高成长创新型企业，掌握一批颠覆性核心技术，建成粤港澳科技成果转化示范区，成为具有国际影响力的创新型城市。

《意见》分拆成五项重点任务有待落实。一是加强基础前沿研究，构建源头创新体系。推进重大科技基础设施建设与应用。对标国际先进，高标准规划、建设中子科学城，推进中子科学城与深圳光明科学城协同发展，共同打造综合性国家科学中心核心区。高标准建设省实验室。对标国家实验室，高标准建设松山湖材料实验室,形成国内顶尖的"全链条"综合性材料科学研究创新集群,引领国际材料科学未来发展方向。支持高校开展基础研究。全力争取大湾区大学落户东莞,高起点、高水平、高标准规划建设,力争建设成为融合粤港澳大湾区科教资源、服务国家创新驱动发展战略和"一带一路"建设的以理工科为主的开放型创新型大学。支持颠覆性技术创新。围绕我市十大重点新兴产业发展需求,支持源头创新和重大技术集成创新,培育吸引一批开展颠覆性技术创新的优秀人才和创新团队,加快孵化一批颠覆性技术创新企业,推动构建基于颠覆性技术的产业生态。

二是加强产学研协同创新,构建技术创新体系。建设高水平新型研发机构。以促进新型研发机构开展成果转化、支撑产业发展为目的,实施新型研发机构"提质增效"计划,聚焦成果转化、产业孵化、市场化运营、行业服务,大力支持新型研发机构提升技术创新能力、人才培养能力、成果转化能力、服务产业能力。深化产学研协同创新,大力支持重点领域核心关键技术攻关以及推进军民融合创新发展。

三是深化科技与经济融合,构建成果转化体系。强化重大平台的带动作用。推进孵化器育成体系建设,实施孵化育成体系提质增效行动计划,鼓励孵化载体加快构建"众创空间—孵化器—加速器—科技园"全孵化链条,促进科技成果转移转化及产业化,全面开展创新强镇建设。

四是突出企业创新主体地位,构建企业培育体系。实施百强创新型企业培育计划,支持发展一批高成长性企业,鼓励企业加大研发投入。

五是加快集聚创新资源,营造良好创新创业环境。建设知识产权强市。积极争创国家知识产权强市。实行最严格的知识产权保护，打造粤港澳大湾区知识产权保护高地。强化人才引进培育，完善人才流动和评价机制，创新事业单位人才引进激励机制，支持港澳台及外籍人才来莞创新创业。营造良好的科技金融发展环境，建设现代化科技创新治理体系。

专栏二　深圳市粤港澳大湾区建设指引介绍[①]

2020年6月，深圳市委大湾区办正式发布《粤港澳大湾区建设深圳指引》(以下简称《指引》)，提纲挈领、图文并茂地展示了《粤港澳大湾区建设发展规划纲要》主体内容，并从国家战略、核心引擎、社会参与三个层面，对粤港澳大湾区现阶段的空间布局、重大项目、重点领域以及深圳在金融、就业、居住、人才引进、教育等方面提供的政策支持等基本情况作了详细介绍，以引导社会各界更好地了解、支持、参与粤港澳大湾区建设。《指引》提出，深圳将在建设国际科技创新中心，推进深港金融市场互联互通，加快基础设施互联互通等7个领域重点投入，并列出了"10+1"区在大湾区建设中的不同定位。

《指引》列出了7个重点平台：前海深港现代服务业合作区、深港科技创新合作区、光明科学城、深港口岸经济带、西丽湖国际科教城、沙头角深港国际消费合作区、粤港澳大湾区深圳生物医药产业创新合作区。深圳将在7个方面发力，全力投入"双区"建设。其中包括：建设国际科技创新中心；推进

---

① 《粤港澳大湾区建设深圳指引》发布［EB/OL］.新华网，2020-06-17，http://www.gd.xinhuanet.com/newscenter/2020-06/17/c_1126123809.htm.

深港金融市场互联互通；加快基础设施互联互通；构建具有国际竞争力的现代产业体系；推进文化旅游事业发展；建设宜居宜业宜游的优质生活圈；紧密合作共同参与"一带一路"建设，提升深圳国际化水平。而"10+1"区战略定位将深圳"10+1"区，在"双区"建设中进行明确定位及重点项目：

福田区：聚焦金融、文化、教育等核心服务功能的中央商务区，重点推进深港科技创新合作区建设；罗湖区：老城区焕发新活力的国际消费旅游区，重点推进深港口岸经济带建设；南山区：创新资源集聚辐射枢纽功能的中央智力区，重点推进西丽湖国际科教城建设；盐田区：国际航运枢纽，重点推进沙头角深港国际旅游消费合作区建设；宝安区：珠江两岸协同发展的区域服务中心；龙岗区：全球电子信息产业高地的深圳东部中心；龙华区：新兴产业高地和时尚产业新城；坪山区：未来产业试验区的深圳东部中心，重点推进深圳高新区坪山园区和粤港澳大湾区深圳生物医药产业创新合作区建设；光明区：世界一流科学城和深圳北部中心，重点推进光明科学城建设；大鹏新区：世界级滨海生态旅游区，重点推进国际游旅游自由港建设；深汕特别合作区：新兴产业新城。

梳理了深圳提供的政策支持，共计29条。涉及出入境便利化、人才交流、机制对接等方面。在出入境便利化方面，深圳实行外籍人士144小时过境免签政策，开展粤港澳大湾区出入境便利化改革试点等。在生活方面，保障在粤工作的港澳居民子女与内地居民子女同等享受教育，试点香港居民异地见证开立内地个人银行结算账户。在人才交流方面，鼓励港澳青年到大湾区创新创业，进一步扩大建筑业专业人士资格互认范围。

专栏三　广东省人民政府出台关于贯彻落实粤港澳大湾区发展战略文件[①]

2020年7月，为深入贯彻落实《粤港澳大湾区发展规划纲要》（以下简称《规划纲要》），把粤港澳大湾区建设作为广东改革开放的大机遇、大文章抓紧做实，携手港澳建设富有活力和国际竞争力的一流湾区和世界级城市群，打造高质量发展的先行区、示范区。广东省委和省政府印发《关于贯彻落实〈粤港澳大湾区发展规划纲要〉的实施意见》（以下简称《实施意见》）。《实施意见》包括重大意义和总体要求、重点工作任务、保障措施等三个部分，主要着眼长远发展，对标大湾区到2035年的建设目标，对未来十多年广东省要重点推进落实的大事要事进行谋划，突出战略性和协调性。

按照"三步走"的安排，携手港澳有力有序推进粤港澳大湾区建设。第一步，到2020年，粤港澳大湾区建设打下坚实基础。构建起协调联动、运作高效的大湾区建设工作机制，搭建起省贯彻实施《规划纲要》、推进大湾区建设的"四梁八柱"。第二步，到2022年，粤港澳大湾区基本形成发展活力充沛、创新能力突出、产业结构优化、要素流动顺畅、生态环境优美的国际一流湾区和世界级城市群框架。第三步，到2035年，粤港澳大湾区全面建成宜居宜业宜游的国际一流湾区。区域发展协调性显著增强，对周边地区的引领带动能力进一步提升。

《实施意见》将重点工作拆分成九大方面。

[①] 省委、省政府印发关于贯彻落实《粤港澳大湾区发展规划纲要》的实施意见[EB/OL]. 广东省人民政府，2019-07-05，http://www.gd.gov.cn/gdywdt/gdyw/content/post_2530491.html.

一是优化提升空间发展格局，优化区域功能和空间布局，构建极点带动、轴带支撑的网络化空间格局，推动大中小城市合理分工、功能互补，以提高珠江西岸发展水平为重点，进一步提高区域发展协调性，辐射带动周边地区加快发展。

二是强化粤港澳大湾区辐射带动作用，以粤港澳大湾区为引领，统筹大湾区与粤东粤西粤北地区生产力布局，带动珠江—西江经济带创新绿色发展，推动大湾区与周边区域协调、协同、共同发展。

三是建设国际科技创新中心，深入实施创新驱动发展战略，大力加强创新基础能力建设，全力组织实施关键核心技术攻关，加快提升自主创新和科技成果转化能力，不断优化区域创新环境，打造全球科技创新高地和新兴产业重要策源地。

四是构建现代化基础设施体系，以交通、信息、能源、水利基础设施为重点，携手港澳推进大湾区基础设施"硬联通"和机制"软联通"，形成内联外通、高效衔接的基础设施网络，建设一体化、便捷化、智能化的现代基础设施体系。

五是协同构建具有国际竞争力的现代产业体系，坚持以供给侧结构性改革为主线，建设世界级先进制造业集群，推动传统产业改造升级，培育壮大战略性新兴产业，做优做强高端现代服务业，实现粤港澳产业优势互补、紧密协作、联动发展，加快构建以创新为战略支撑、先进制造业为主体，现代金融、人力资源相配套的现代产业体系。

六是推进生态文明建设，牢固树立和践行绿水青山就是金山银山的理念，把生态保护放在优先位置，实行最严格的生态环境保护制度，携手港澳加强污染联防联治，推动形成绿色发展方式和生活方式，实现粤港澳大湾区天更蓝、山更绿、水更清、环境更优美。

七是建设宜居宜业宜游的优质生活圈，坚持以人民为中心的发展思想，始终把人民对美好生活的向往作为奋斗目标，拓展与港澳在教育、文化、旅游、创业、医疗、社会保障等领域合作，积极引进港澳优质公共服务，完善便利港澳同胞在大湾区内地发展的配套政策，构建与国际接轨的公共服务体系，共同打造宜居宜业宜游的优质生活圈。

八是加快形成全面开放新格局，充分发挥港澳在对外开放中的功能和作用，进一步优化珠三角九市投资和营商环境，提升大湾区市场一体化水平，实现粤港澳开放资源融合、开放优势互补、开放举措联动，引领形成陆海内外联动、东西双向互济的开放格局，打造"一带一路"建设重要支撑区。

九是共建粤港澳合作发展平台，加快推进深圳前海、广州南沙、珠海横琴等重大平台开发建设，发展一批特色合作平台，充分发挥其在进一步深化改革、扩大开放、促进合作中的试验示范作用，引领带动粤港澳全面合作。

（二）长三角一体化

2018年11月5日，习近平总书记在首届中国国际进口博览会上宣布，支持长江三角洲区域一体化发展并上升为国家战略，着力落实新发展理念，构建现代化经济体系，推进更高起点的深化改革和更高层次的对外开放，同"一带一路"建设、京津冀协同发展、长江经济带发展、粤港澳大湾区建设相互配合，完善中国改革开放空间布局。改革开放特别是党的十八大以来，长三角一体化发展取得明显成效，经济社会发展走在全国前列，具备更高起点上推动更高质量一体化发展的良好条件，也面临新的机遇和挑战。

1. 长三角一体化规划的发展基础

长三角一体化规划范围包括上海市、江苏省、浙江省、安徽省全域（面积35.8万平方千米）。以上海市，江苏省南京、无锡、常州、苏州、南通、扬州、镇江、盐城、泰州，浙江省杭州、宁波、温州、湖州、嘉兴、绍兴、金华、舟山、台州，安徽省合肥、芜湖、马鞍山、铜陵、安庆、滁州、池州、宣城27个城市为中心区（面积22.5万平千米），辐射带动长三角地区高质量发展。以上海青浦、江苏吴江、浙江嘉善为长三角生态绿色一体化发展示范区（面积约2 300平方千米），示范引领长三角地区更高质量一体化发展。以上海临港等地区为中国（上海）自由贸易试验区新片区，打造与国际通行规则相衔接、更具国际市场影响力和竞争力的特殊经济功能区。①

实施长三角一体化发展战略，是引领全国高质量发展、完善我国改革开放空间布局、打造我国发展强劲活跃增长极的重大战略举措。推进长三角一体化发展，有利于提升长三角在世界经济格局中的能级和水平，引领我国参与全球合作和竞争；有利于深入实施区域协调发展战略，探索区域一体化发展的制度体系和路径模式，引领长江经济带发展，为全国区域一体化发展提供示范；有利于充分发挥区域内各地区的比较优势，提升长三角地区整体综合实力，在全面建设社会主义现代化国家新征程中走在全国前列。

2. 长三角一体化规划的作用

（1）推动形成区域协调发展新格局

发挥上海龙头带动作用，苏浙皖各扬所长，加强跨区域协调互动，提升都市圈一体化水平，推动城乡融合发展，构建区域联动协作、城乡融合发展、优势充分发挥的协调发展新格局。提升上海服务功能，面向全球、面向未来，提升上海城市能级和核心竞争力，引领长三角一体化发展。加快都市圈一体化发展，推动都市圈同城化以及市圈协调联动；促进城乡融合发展，提高城乡基础设施联通水平、推动城乡公共服务一体化、全面推进以人为核心的新型城镇化；推进跨界区域

---

① 中共中央 国务院印发《长江三角洲区域一体化发展规划纲要》[EB/OL]. 中华人民共和国中央人民政府，2019-12-01，http：//www.gov.cn/zhengce/2019-12/01/content_5457442.htm.

共建共享，推动省际毗邻区域协同发展。加强跨区域合作，探索省际毗邻区域协同发展新机制；加强协同创新产业体系建设。

（2）加强协同创新产业体系建设

深入实施创新驱动发展战略，走"科创+产业"道路，促进创新链与产业链深度融合，以科创中心建设为引领，打造产业升级版和实体经济发展高地，不断提升在全球价值链中的位势，为高质量一体化发展注入强劲动能。构建区域创新共同体，联合提升原始创新能力，协同推进科技成果转移转化强化，协同创新政策支撑；加强产业分工协作，共同推动制造业高质量发展。制定实施长三角制造业协同发展规划，全面提升制造业发展水平，按照集群化发展方向，打造全国先进制造业集聚区。合力发展高端服务经济。加快服务业服务内容、业态和商业模式创新，共同培育高端服务品牌，增强服务经济发展新动能。引导产业合理布局；推动产业与创新深度融合，加强创新链与产业链跨区域协同，共同培育新技术新业态新模式。

（3）提升基础设施互联互通水平

坚持优化提升、适度超前的原则，统筹推进跨区域基础设施建设，形成互联互通、分工合作、管理协同的基础设施体系，增强一体化发展的支撑保障。协同建设一体化综合交通体系，共建轨道上的长三角提升省际公路通达能力，合力打造世界级机场群，协同推进港口航道建设；共同打造数字长三角，协同建设新一代信息基础设施，共同推动重点领域智慧应用，合力建设长三角工业互联网；协同推进跨区域能源基础设施建设，强化生态环境共保联治。

3. 长三角一体化规划与更高水平对外开放

以"一带一路"建设为统领，在更高层次、更宽领域，以更大力度协同推进对外开放，深化开放合作，优化营商环境，构建开放型经济新体制，不断增强国际竞争合作新优势，共同提升对外投资合作水平。稳步扩大对外投资，进一步优化结构、拓展布局、创新方式、提升水平，共同推动对外投资可持续高质量发展。推动重点领域开放合作，深化国际人文合作。共同打造国际一流市场环境。全面对接国际高标准市场规则体系，打造稳定、公平、透明、可预期的市场环境。加快中国（上海）自由贸易试验区新片区建设，以投资自由、贸易自由、资金自由、运输自由、人员从业自由等为重点，推进投资贸易自由化便利化，打造与国际通行规则相衔接、更具国际市场影响力和竞争力的特殊经济功能区。强化开放型经济集聚功能与强化开放型经济集聚功能，推进投资贸易自由化便利化，实现带动长三角新一轮改革开放。

2020年是执行《长江三角洲区域一体化发展规划纲要》的第一个完整年份，是第一轮《长三角地区一体化发展三年行动计划（2018—2020年）》的收官之年，这一年长三角一体化战略取得了明显的进展。从基础设施到公共服务，从产业集聚到创新协同，从深化改革到扩大开放——2020年长三角区域以国家战略为指引，在"一体化"中谋划更高质量发展，为构建"双循环"新发展格局探路，在构建以国内大循环为主体、国内国际双循环相互促进的新发展格局的背景下，长三角区域积极发挥人才富集、科技水平高、制造业发达、产业链供应链相对完备和市场潜力大等诸多优势，探索形成新发展格局的路径。

（三）海南自贸港区

海南是我国最大的经济特区，具有实施全面深化改革和试验最高水平开放政策的独特优势。支持海南逐步探索、稳步推进中国特色自由贸易港建设，分步骤、分阶段建立自由贸易港政策和制度体系，是习近平总书记亲自谋划、亲自部署、亲自推动的改革开放重大举措，是党中央着眼国内国际两个大局，深入研究、统筹考虑、科学谋划作出的战略决策。在海南建设自由贸易港，是推进高水平开放，建立开放型经济新体制的根本要求；是深化市场化改革，打造法治化、国际化、便利化营商环境的迫切需要；是贯彻新发展理念，推动高质量发展，建设现代化经济体系的战略选择；是支持经济全球化，构建"人类命运共同体"的实际行动。发展目标定位为到本世纪中叶，全面建成具有较强国际影响力的高水平自由贸易港。[①]

1. 海南自贸区规划重点

从国际来看，海南自贸港是深入中国巨大经济腹地的通道，是

---

① 中国（海南）自由贸易试验区总体方案。

分享日益壮大的中国市场更直接的桥头堡。从内地来看，海南自贸港是中国企业走向"一带一路"的支点，是中国经济融入世界更直接的窗口，海南自贸港由此具有了独特的地位。

（1）加快构建开放型经济新体制

大幅放宽外资市场准入。对外资全面实行准入前国民待遇加负面清单管理制度。深化现代农业、高新技术产业、现代服务业对外开放，在种业、医疗、教育、旅游、电信、互联网、文化、金融、航空、海洋经济、新能源汽车制造等重点领域加大开放力度。

提升贸易便利化水平。对进出海南洋浦保税港区的货物，除禁止进出口和限制出口以及需要检验检疫的货物外，试行"一线放开、二线高效管住"的货物进出境管理制度。

创新贸易综合监管模式。研究赋予海关特殊监管区域内企业增值税一般纳税人资格，在海关特殊监管区域全面实施货物状态分类监管。

推动贸易转型升级。培育贸易新业态新模式，支持发展跨境电商、全球维修等业态。探索建立跨境服务贸易负面清单管理制度。

加快金融开放创新。充分发挥金融支持自贸试验区建设的重要作用，出台金融领域的一揽子政策措施，以服务实体经济、促进贸易投融资便利化为出发点和落脚点，以制度创新为核心，大力推动自贸试验区金融开放创新。

（2）加快服务业创新发展

推动现代服务业集聚发展。依托博鳌乐城国际医疗旅游先行区，大力发展国际医疗旅游和高端医疗服务，对先行区范围内确定需要进口的、关税税率较高的部分医疗器械研究适当降低关税。支持开展干细胞临床前沿医疗技术研究项目。

提升国际航运能力。依托自贸试验区,科学有序开发利用海洋资源,培育壮大特色海洋经济,建设南海服务保障基地。建设具有较强服务功能和辐射能力的国际航运枢纽,不断提高全球航运资源配置能力。

提升高端旅游服务能力。发展环海南岛邮轮航线,支持邮轮企业根据市场需求依法拓展东南亚等地区邮轮航线,不断丰富由海南邮轮港口始发的邮轮航线产品。加大科技国际合作力度。

创建海南南繁育种科技开放发展平台。

2. 海南自贸区与"一带一路""双循环"的协同

海南自贸区有利于加强"一带一路"国际合作。按照"共商、共建、共享"的原则,构筑全方位立体化开放通道。鼓励"一带一路"国家和地区参与自贸试验区建设。支持"一带一路"国家和地区在海南设立领事机构。支持与"一带一路"国家和地区开展科技人文交流、共建联合实验室、科技园区合作、技术转移等科技创新合作。推动海口、三亚与"一带一路"国家和地区扩大包括第五航权在内的航权安排,提高机场航班保障能力,吸引相关国家和地区航空公司开辟经停海南的航线。与"一带一路"国家和地区自由贸易园区在投资、贸易、金融、教育等方面开展交流合作与功能对接。①

海南自贸区有利于推动形成全面开放新格局。探索建设中国特色自由贸易港。根据国家发展需要,逐步探索、稳步推进海南自由

---

① 中共中央 国务院关于支持海南全面深化改革开放的指导意见[EB/OL].2018-04-14,http://www.gov.cn/zhengce/2018-04/14/content_5282456.htm.

贸易港建设，分步骤、分阶段建立自由贸易港政策体系。海南自由贸易港建设要体现中国特色，符合海南发展定位，学习借鉴国际自由贸易港建设经验，不以转口贸易和加工制造为重点，而以发展旅游业、现代服务业和高新技术产业为主导，更加强调通过人的全面发展，充分激发发展活力和创造力，打造更高层次、更高水平的开放型经济。积极吸引外商投资以及先进技术、管理经验，支持外商全面参与自由贸易港建设。在内外贸、投融资、财政税务、金融创新、出入境等方面探索更加灵活的政策体系、监管模式和管理体制，打造开放层次更高、营商环境更优、辐射作用更强的开放新高地。

自贸港在推进经济全球化、带动世界经济增长方面起着重要作用。在新一轮全球产业链、供应链、价值链重构中，海南把握住离岛免税政策，可成为国内大循环的中心节点和国内国际双循环的战略连接。

通过深入推进国际旅游岛建设，不断优化发展环境，进一步开放旅游消费领域，积极培育旅游消费新业态、新热点，提升高端旅游消费水平，推动旅游消费提质升级，释放旅游消费潜力，积极探索消费型经济发展的新路径。拓展旅游消费发展空间。实施更加开放便利的离岛免税购物政策，提升旅游消费服务质量。

（四）京津冀协同环渤海区域发展战略[①]

京津冀协同发展已由2015年4月30日中央政治局会议审议通过的《京津冀协同发展规划纲要》给出了顶层规划，核心是京津冀三地作为一个整体协同发展，要以疏解非首都核心功能、解决北京"大城市病"为基本出发点，调整优化城市布局和空间结构，构建现代化交通网络系统，扩大环境容量生态空间，推进产业升级转移，推动公共服务共建共享，加快市场一体化进程，打造现代化新型首都圈，努力形成京津冀目标同向、措施一体、优势互补、互利共赢的协同发展新格局。京津冀地区同属京畿重地，战略地位十分重要。当前区域总人口已超过1亿人，面临着生态环境持续恶化、城镇体系发展失衡、区域与城乡发展差距不断扩大等突出问题。实现京津冀协同发展、创新驱动，推进区域发展体制机制创新，是面向未来打造新型首都经济圈、实现国家发展战略的需要。京津冀空间协同发展、城镇化健康发展对全国城镇群地区可持续发展具有重要示范意义。

---

① 中共中央政治局 津冀协同发展规划纲要[EB/OL].新华网，2015-04-30，http://www.xinhuanet.com/politics/2015-04/30/c_1115147507.htm.

在京津冀协同规划中，最受瞩目的无疑是京津冀三地功能定位。未来京津冀三省市定位分别为：北京市是"全国政治中心、文化中心、国际交往中心、科技创新中心"；天津市是"全国先进制造研发基地、北方国际航运核心区、金融创新运营示范区、改革开放先行区"；河北省是"全国现代商贸物流重要基地、产业转型升级试验区、新型城镇化与城乡统筹示范区、京津冀生态环境支撑区"。

1. 功能定位

以首都为核心世界级城市群，功能定位是科学推动京津冀协同发展的重要前提和基本原则。经反复研究论证，京津冀区域整体定位和三省市功能定位各四项内容，体现了区域整体和三省市各自特色，符合协同发展、促进融合、增强合力的要求。京津冀整体定位是"以首都为核心的世界级城市群、区域整体协同发展改革引领区、全国创新驱动经济增长新引擎、生态修复环境改善示范区"。

区域整体定位体现了三省市"一盘棋"的思想，突出了功能互补、错位发展、相辅相成；三省市定位服从和服务于区域整体定位，增强整体性，符合京津冀协同发展的战略需要。

2. 发展目标

京津冀协同发展的目标是：中期到 2020 年，北京市常住人口控制在 2 300 万人以内，北京"大城市病"等突出问题得到缓解；区域一体化交通网络基本形成，生态环境质量得到有效改善，产业联动发展取得重大进展。公共服务共建共享取得积极成效，协同发展机制有效运转，区域内发展差距趋于缩小，初步形成京津冀协同发展、互利共赢新局面。从目前完成情况看，中期目标基本达成。远期到2030年，首都核心功能更加优化，京津冀区域一体化格局基本形成，区域经济结构更加合理，生态环境质量总体良好，公共服务水平趋于均衡，成为具有较强国际竞争力和影响力的重要区域，在引领和支撑全国经济社会发展中发挥更大作用。

经反复研究论证，京津冀确定了"功能互补、区域联动、轴向集聚、节点支撑"的布局思路，明确了以"一核、双城、三轴、四区、多节点"为骨架，推动有序疏解北京非首都功能，构建以重要城市为支点，以战略性功能区平台为载体，以交通干线、生态廊道为纽带的网络型空间格局。"一核"指北京，把有序疏解非首都功能、优化提升首都核心功能、解决北京"大城市病"问题作为京津冀协同发展的首要任务。"双城"是指北京、天津，这是京津冀协同发展的主要引擎，要进一步强化京津联动，全方位拓展合作广度和深度，加快实现同城化发展，共同发挥高端引领和辐射带动作用。"三轴"指的是京津、京保石、京唐秦三个产业发展带和城镇聚集轴，这是支撑京津冀协同发展的主体框架。"四区"分别是中部核心功能区、东部滨海发展区、南部功能拓展区和西北部生态涵养区，每个功能区都有明确的空间范围和发展重点。"多节点"包括石家庄、唐山、保定、邯郸等区域性中心城市和张家口、承德、廊坊、秦皇岛、沧州、邢台、衡水等节点城市，重点是提高其城市综合承载能力和服务能力，有序推动产业和人口聚集。

制定京津冀协同发展计划时，北京人口过度膨胀，雾霾天气频现，交通日益拥堵，房价持续高涨，资源环境承载力严重不足，造成这些问题的根本原因是北京集聚了过多的非首都功能。按照习近平总书记重要指示精神，有序疏解北京非首都功能。2020年雾霾治理取得了突出的成就，疏解工作有序推进。

从疏解对象讲，重点是疏解一般性产业特别是高消耗产业，区域性物流基地、区域性专业市场等部分第三产业，部分教育、医疗、培训机构等社会公共服务功能，部分行政性、事业性服务机构和企业总部等四类非首都功能。疏解的原则是：坚持政府引导与市场机制相结合，既充分发挥政府规划、政策的引导作用，又发挥市场的主体作用；坚持集中疏解与分散疏解相结合，考虑疏解功能的不同性质和特点，灵活采取集中疏解或分散疏解方式；坚持严控增量与疏解存量相结合，既把住增量关，明确总量控制目标，也积极推进存量调整，引导不符合首都功能定位的功能向周边地区疏解；坚持统筹谋划与分类施策相结合，结合北京城六区不同发展重点要求和资源环境承载能力统筹谋划，建立健全倒逼机制和激励机制，有序推出改革举措和配套政策，因企施策、因单位施策。

3. 京津冀辐射带动环渤海一体化发展

京津冀协同发展在推动形成以国内大循环为主体、国内国际双循环相互促进的新发展格局中，无疑是举足轻重的重大战略之一。京津冀协同发展也能辐射周边，以京津冀为核心、辽东半岛和山东半岛为两翼的环渤海经济区域，主要包括北京、天津、河北、山东、辽宁三省两市经济区域，面积51.8万平方千米。2018年，地区总人口2.6亿，占全国18.4%；地区生产总值18.7万亿元，占全国20.4%，是我国北方发展基础较好的区域，也是继长三角、珠三角、粤港澳之后最有条件形成跨区域合作的经济区域。随着经济全球化和区域经济一体化不断加深，环渤海地区更高质量一体化发展具有承载对内"协同发展"与对外构建"合作共赢"格局的战略责任。短期看，有利于解决环渤海地区城市单打独斗所带来的产业布局无序、资源环境关系紧张的问题。从长期看，还可以通过构建世界级湾区城市群组，从根本上解决我国南北发展不平衡问题，并为"一带一路"倡议及东北亚经济合作发展提供重要载体。

(五)东北再振兴

从最早提出东北振兴战略以来,已经过两轮振兴大规划,第一轮是在 2003 年 10 月,中共中央、国务院发布《关于实施东北地区等老工业基地振兴战略的若干意见》,明确了实施振兴战略的指导思想、方针任务和政策措施。随着振兴战略实施,东北地区加快了发展步伐。第二轮是在 2012 年 3 月 4 日,国务院批复了关于东北振兴十二五规划——要着力破解制约东北振兴的体制性、机制性、结构性矛盾,推动体制机制不断创新;着力加快东北老工业基地调整改造,推动经济转型取得更大进展等。国务院 2014 年出台《关于近期支持东北振兴若干重大政策举措的意见》(国发〔2014〕28 号),从激发市场活力、依靠创新驱动发展、提升产业竞争力、增强农业可持续发展能力等重要方面进行筹划。

1. 东北再振兴战略特色

激发市场活力强调简政放权,以简政放权为突破口,促进各类市场主体竞相迸发发展活力。进一步简政放权。对已下放地方的投资项目审批事项,按照"同级审批"原则,依法将用地预审等相关前置审批事项下放地方负责。将列入石化产业规划布局方案的大连长兴岛石化产业基地等相关项目核准及用地预审等前置审批委托省级政府负责。鼓励辽宁省开展投资领域简政放权改革试点，对属于省级审批的投资项目，在依法合规的前提下，尽量减少前置审批事项。将在中关村国家自主创新示范区开展的境外并购外汇管理试点政策拓展至东北地区重点装备制造企业。促进非公有制经济大发展。在东北地区开展民营经济发展改革试点，创新扶持模式与政策，壮大一批民营企业集团，开展私营企业建立现代企业制度示范，探索老工业基地加快发展民营经济的有效途径。进一步放宽民间资本进入的行业和领域，抓紧实施鼓励社会资本参与的国家级重大投资示范项目，同时，要在基础设施、基础产业等领域推出一批鼓励社会资本参与的地方重大项目。在东北地区试点民间资本发起设立民营银行等金融机构。鼓励民间资本、外资以及各类新型社会资本，以出资入股等方式参与国有企业改制重组。在城市基础设施建设、环境治理等领域，积极推广 PPP 等模式。

创新驱动发展要总结经验、完善政策，深化科技体制改革，健全区域创新体系，推动经济转型升级。产学研用协同创新改革试验。打破制约科技与经济结合的体制机制障碍，打通产学研用之间的有效通道，统筹各方面资金并切实提高分配和使用效率。围绕重大技术装备和高端智能装备、新材料、生物等东北地区具有优势和潜力的产业链，以国家重点工程为依托，以骨干企业为主体，以利益为纽带，整合创新资源组建若干产业技术创新战略联盟，设立引导东北地区创新链整合的中央预算内投资专项，加大资金支持力度，集中实施一批重大创新工程，力争在关键核心技术方面取得突破。在东北地区组织实施一批重大技术装备首台（套）示范项目。完善区域创新政策。研究将中关村国家自主创新示范区有关试点政策向东北地区推广，鼓励在科技成果处置权、收益权、股权激励等方面探索试验。研究在东北地区设立国家自主创新示范区。研究利用国家外汇储备资金支持企业并购国外科技型企业的具体办法。研究支持东北地区创新驱动发展的措施。

加强创新基础条件建设。研究在吉林省布局综合极端条件试验装置、在黑龙江省布局空间环境地面模拟装置重大科技基础设施，支持东北地区建设一批国家工程（技术）研究中心、国家工程（重点）实验室等研发平台。推动大型企业向社会和中小企业开放研发和检验检测设备，研究给予相应优惠政策。在东北地区率先启动创新企业百强试点工作。支持中科院与东北地区加强"院地合作"，建设产业技术创新平台。继续组织开展东北地区等老工业基地院士专家科技咨询活动。国家重大人才工程要对东北地区给予重点支持，对高端装备制造、国防科技等领域予以倾斜。

2. 东北再振兴战略促进"双循环"

"双循环"新发展格局背景下的产业链重构，对东北地区产业强链补链延链是一次重要机遇。一要提升主导产业在国内大循环的地位，鼓励东北企业走出东北，在全国更大的范围内参与产业分工。二要补齐产业链供应链关键环节，加大产业链招商力度，吸引产业的关联企业到东北投资设厂，减小供应链半径，形成内需主导下长期稳定的产业链供应链。三要形成技术为核心的产业链闭环，找准产业发展中存在的薄弱环节，从政策、人才、市场等方面加大扶持力度，加强技术攻关，通过补技术短板的形式提高核心技术能力，着力打通"基础研究—成果转化—商业应用"的创新体系。东北再振兴通过进一步调整优化生产力布局，加快改造提升传统产业，积极发展战略性新兴产业，大力发展现代服务业，构建产业发展新格局。

一方面，根据历史积累，东北可以发展高端制造产业，国家集中力量扶持东北地区做大做强智能机器人、燃气轮机、高端海洋工程装备、集成电路装备、高性能纤维及复合材料、石墨新材料、光电子、卫星及应用、生物医药等产业，形成特色新兴产业集群。支持沈阳、哈尔滨航空企业与国际大型航空企业开展总装、发动机、零部件等重大合作项目。推动在沈阳、大连、哈尔滨等地设立军民融合发展示范园区，发展军民两用高技术产业。鼓励吉林开展非粮生产物质资源高端化利用。设立国家级承接产业转移示范区，承接国内外产业转移。

另一方面，加快东北地区生产性服务业发展，在用电、用水、用气等方面与工业企业实行相同价格，在用地方面给予重点支持。加强旅游设施建设，提升旅游业竞争力，打造大东北旅游品牌。扶持东北地区文化创意、影视出版、演艺娱乐等文化产业发展。支持沈阳铁西、长春净月开发区和哈尔滨等国家服务业综合改革试点区域创新服务业发展模式。推进东北地区电子商务试点城市和服务外包示范城市建设。

（六）自贸区发展中的其他区域战略

深入推进京津冀协同发展、粤港澳大湾区建设、长三角一体化发展，通过发展区域经济一体化，既可以加强商品和生产要素在国内的自由流动，又可以更好地发挥区域竞争的制度优势。除此之外，有效发挥自由贸易试验区、自由贸易港、经济特区、开发区、保税区等对外开放前沿高地的作用，聚焦投资与服务贸易便利化改革，不断探索制度创新、先行先试，为国家高水平开放探索新模式新经验，为我国与世界进一步合作畅通道路。通过推进更高水平的对外开放，稳住外贸外资基本盘，稳定产业链供应链，促进我国经济行稳致远发展。[①]

要发挥中国国内大市场对全球优势资源的吸引力，从而挖掘中国经济发展的潜能，就需要尽量破除生产要素跨国流动的壁垒，让全球优势资源能够到中国大市场来寻求就业机会。若要全球人才为中国国内市场提供服务，我们就需要提高对外开放水平。中国目前既有全球第二的经济总量，又有人均中等的收入水平，在很多领域

---

① 李燕.推动形成国内国际双循环发展新格局［EB/OL］.人民网，2020-06-22，http：//theory.people.com.cn/n1/2020/0622/c40531-31755350.html.

都既具备巨大的市场规模,也具备增长的潜力,可以为全球优质生产要素提供就业机会。比如中国的社会消费品零售总额全球领先,这就会吸引未来全球产品的研发设计、品牌建设、分销以及更倾向于满足中国消费者需求偏好的客户服务,这些领域的全球优势资源也会向中国巨大的国内市场流动和集中,形成中国在生产性服务业领域的产业竞争力,推进产业结构升级,并最终推动形成国际竞争力。要实现国内需求对国际要素的引力,从而挖掘发展潜力,就需要高水平对外开放新格局。

发挥大规模经济体的作用,首先就要成为一个"经济体",即商品以及生产要素在内部各个地区间实现比较充分的自由流动,商品市场和生产要素市场可以比较高效率地发挥作用,使得各种行为的投入产出关系比较高效率。近期印发的《关于构建更加完善的要素市场化配置体制机制的意见》就构建更加完善的要素市场化配置体制机制提出了一系列重要措施,李克强总理在十三届全国人大三次会议上所作的《政治工作报告》中也明确指出要推进要素市场化配置改革,并做出了具体安排。

加快落实区域发展战略,需继续发挥中国经济制度优势。一方面,发挥大规模经济体的作用需要商品以及生产要素在内部各地区间实现比较充分的自由流动。另一方面,多年来促进中国经济迅速增长的一个重要制度特征是"区域间竞争",这种独特的经济制度被认为是中国经济在过去几十年中保持高速增长的重要原因。虽然在促成经济高速增长的同时,也带来了"地区分割""区域间产业结构雷同"等负面作用,但是在经济增长潜力巨大的时候,这种"区域竞争"制度的"收益"可能是大于"成本"的。然而,随着经济从高速增长阶段过渡到高质量发展阶段,这种"区域竞争"制度的"收益"逐渐下降,"成本"开始凸显,但是这并不能完全否定这种制度的"优越性",而是应该对其进行一定的调整来更好地发挥其作用,降低其负面影响。其中一个调整方向大致就是将区域竞争过程中的"竞争主体"规模扩大,这就像产业经济学理论所论及的"某个产业发展到相对成熟期时就会出现企业间的合并"。但是不同之处在于,产业经济学中"产业集中度提高"是"市场之看不见的手"所主导的,而"区域一体化"战略则是在市场力量形成的产业集聚的基础之上,"政府之看得见的手"也要更好地发挥作用。

第十章

双循环与跨越"中等收入陷阱"

直面"中等收入陷阱",应把握一些重要认识。本章将重点分析论述。第一,中等收入阶段是一个相对的发展阶段,这一"发展阶段"和"陷阱"固然不可混淆,但两者的相关性亦绝对不可忽视。第二,"中等收入陷阱"可按照世界银行对全球各个经济体收入组别的划分分为"下中等收入陷阱"和"上中等收入陷阱"两个组别,亚洲开发银行研究团队认为,经济体摆脱"下、上中等收入陷阱"所需条件不尽相同,而若以1960年和2008年两个时间切面的数据为基础,世界银行研究团队认为只有13个经济体成功晋级高收入行列。但我们注意到,成功跨越"中等收入陷阱"的为数不多的经济体的经济发展虽各具特色,但总体来看国土面积和经济体量都比较小。[①]相关结论为,成功者跨越"下中等收入陷阱"期间GDP增长率均值至少为8.50%,其后成功者跨越"上中等收入陷阱"持续时间均值为15.9年,这期间GDP增长率均值为5.08%。中国跨越"下中等收入陷阱"持续时间为14年,GDP增长率均值为9.87%,当前面临跨越"上中等收入阶段"的严峻考验。第三,经过分析,我们对迄今"上中等收入陷阱"内经济体的特征得出相关结论:这些经济体在"上中等收入陷阱"中持续时间均值为28.15年、GDP增长率均值为

---

① 贾康,苏京春.直面"中等收入陷阱"真问题[R].财政部财政科学研究所报告,2015(27).

3.10%；从 GDP 平均增长率的区间来看，最高点出现在 5.67%（如马来西亚）；在摆脱"下中等收入陷阱"和"上中等收入陷阱"的过程中，都不乏出现"晋级—退出—再晋级"的反复；以拉美为典型代表的落入"中等收入陷阱"的经济体则可以给予我国经济发展非常重要的前车之鉴，那就是应极力避免民粹主义基础上的福利赶超所带来的不可持续性。直面"中等收入陷阱"这一真问题，一方面要认识到因鲜有大国成功的先例，前述成功者的经验并不能为中国所简单复制，另一方面要特别注重避免拉美式民粹主义基础上的福利赶超对经济赶超发展路径的扭曲，但这些对我国经济社会发展而言还远远不够：我国现阶段的经济升级发展还面临着不可忽略的时代元素与不可回避的基本国情，产业革命加速更迭带来的升级换代的"紧迫压力"、全球经济发展格局中先发经济体的钳制、特定的能源资源与生态环境制约、人口与教育结构的挑战、文化与意识形态的影响以及特别关键的制度变革探索的成败等方面，都是我国谨防落入"中等收入陷阱"的经济追赶—赶超过程中所必须面对的重大现实问题。

（一）"中等收入陷阱"的概念与争议[①]

"中等收入陷阱"这个概念，最早是 2006 年世界银行在《东亚经济发展报告》中用来形象描述经济体特殊的停滞徘徊期的。它在比较全球不同经济体经济发展水平的基础上产生，属于在实证数据的比较中可明确观察到的一种统计现象。

基于人均国民总收入这一指标，世界银行将全球各个经济体划分为四个发展阶段：低收入、下中等收入、上中等收入和高收入，划分标准的上下阈值逐年上升。从世界银行 2014 年最新发布的 2012 年人均国民总收入数据来看，我国人均国民收入为 4 270 美元，站在了当年世界银行上、下中等收入分界值 4 085 美元的上方，成为上中等收入经济体。

1."中等收入陷阱"："中国梦"的顶级真问题

"中等收入陷阱"自 2006 年由世界银行在《东亚经济发展报告》

[①] 贾康，苏京春.直面"中等收入陷阱"真问题［R］.财政部财政科学研究所报告，2015（27）.

中提出以来，已有了许多的相关讨论，并在中国近期的众说纷纭、思想碰撞中，成为一大热点并且引发轩然大波。虽然这一概念的表述在其形式上及量化边界上还带有某种弹性与模糊性，但它绝非是有的论者所称并不存在的"伪问题"。作为一种统计现象，它确实是一种真实世界中的"真问题"，而且应进一步强调：对于艰难转轨、力求在"和平与发展"中崛起的中国来说，这是一个关乎其现代化"中国梦"命运的顶级真问题。无论从历史视角、国际视角、经济发展实践视角还是经济理论视角来看，这一挑战性、考验性问题都无可回避。本章试作展开分析考察与论述。

我国经济发展正处于国际比较参照系之下的中等收入发展阶段，同时也处于推进全面改革与全面法治化的"攻坚克难"时期。有关"中等收入陷阱"到底是否存在、如何解读与应对的讨论近来异常激烈，特别是有观点直指"中等收入陷阱"概念本身，认为其根本上就是一个伪问题和认识上的"陷阱"。[①] 我们对此绝不认同。根据近年来对中等收入阶段经济体的发展实证情况等相关问题的追踪，我们认为必须强调，从历史视角和国际上各经济体经济社会发展实践来看，"中等收入陷阱"显然是一种可归纳、需注重的统计现象，反映着无可回避的真问题。

首先，从历史视角来看，某一经济体的发展轨迹并非总是能够如愿呈现逐步上扬的趋势。自15世纪以来，从西班牙、葡萄牙、荷兰、英国、德国、俄国，到苏联、日本和美国，纵观每一个历史发展阶段，都有个别经济体独领风骚，从不发达阶段逐步崛起，跻身高收入经济体之林。基于经济学所认识到的资源稀缺性与人类欲望无限性之间的矛盾，全球各国在历史发展脉络中实际上总是呈现出

---

① 江涌.中等收入的"陷阱"为谁而设[J].国有资产管理，2013（1）.

多方力量的角逐,并在相互关系的不断演变中呈现出兴亡盛衰的景象。美国著名国际关系历史学家保罗·肯尼迪曾说:"任何大国的胜利或崩溃,一般都是其武装部队长期作战的结果;但也不仅如此,它也是各国在战时能否有效地利用本国可用于生产的经济资源的结果。进一步说,也是由于在实际冲突发生以前数十年间,这个国家的经济力量与其他一流国家相比是上升还是下降所致。[①]"在过去"非和平崛起"时代历史演进的过程中,对于处于特定历史阶段的某一经济体而言,总有处于先行发达者群体和后来追赶者群体之分,不均衡的"你追我赶"是常态,但到了决定能否进入"第一阶层"的前置区间,通常总会表现出严苛的考验。到了20世纪后期以来"和平与发展"的时代,这种"你追我赶"的非均衡发展仍是常态化的基本现实。

2. 其他经济体跨越"中等收入陷阱"启示

从国际经济实践视角看,近百年来全球从低收入发展阶段走到中等收入发展阶段的经济体为数众多,但从中等收入发展阶段如愿走到高收入发展阶段的经济体却屈指可数。工业革命后,两个多世纪以来,三次产业革命接踵而至:一方面前所未有地大幅提升了劳动生产率,经济发展已在发达经济体步入所谓后工业化的信息化时代,科学技术的发展日新月异;同时先进交通工具和通讯工具推动全球经济一体化进程不断加速。在全球经济发展水平绝对量方面得到迅速提升过程中,相对量的考察与排序合乎逻辑地更得到各方关

---

① [美]保罗·肯尼迪.大国的兴衰[M].陈景彪,等译.北京:国际文化出版公司,2006:35.

注,典型的参照系是世界银行根据收入水平对全球各国家和地区进行的分组,包括:低收入(LIC)、下中等收入(LMC)、上中等收入(UMC)和高收入(HIC)。全球范围内多家机构的相关研究均显示,历经一个较长时期的发展之后,仅有极少数国家如愿跻身发达国家之林,而大多数位于中等收入发展阶段的国家仍处于中等收入发展阶段,裹足不前。

许多经济体都曾经经历过所谓"黄金增长"的阶段,但最终通过后发追赶进入高收入发达经济体行列的不多,在世界性影响意义上达成"崛起"意愿的国家则少之又少。对此,日本可说是一个通过黄金增长赶超而最终实现崛起的典型代表,而拉美地区则是一个经历黄金增长后仍然裹足不前的典型代表。1955—1973年日本经历经济起飞时期,GDP年均增长率达到了9.4%,实际上,在此之前的1947—1955年,日本GDP年均增长率也达到9.0%,即在1947—1973年这27年间,经历了经济高速增长的黄金时期,1973年之后增长率逐步回落(如表10-1)。对于拉美地区总体而言,其1950—1980年也经历了30年的黄金增长期(如表10-2),但其后却没有如日本等国那样步入高收入阶段,而是经济社会矛盾丛生,发展态势陷于一蹶不振,至今仍徘徊于中等收入发展阶段。

表10-1 日本GDP年平均增长率

年份(年)	年均增长率(%)
1947—1955	9.0
1955—1973	9.4
1973—1985	3.6
1985—1990	5.2
1990—2000	1.5

资料来源:[日]浜野洁,井奥成彦,等.日本经济史1600—2000.彭曦,等译.南京:南京大学出版社,2010:241,243.

表 10-2　拉美人均 GDP 绝对额变动　　　　单位：美元

国家	1950 年	1980 年	增长率（%）
阿根廷	1 877	3 209	71.0
巴西	637	2 152	237.8
巴拉圭	885	1 753	98.1
巴拿马	928	2 157	132.4
秘鲁	953	1 746	83.2
玻利维亚	762	1 114	46.2
多米尼加共和国	719	1 564	117.5
厄瓜多尔	638	1 556	143.9
哥伦比亚	949	1 882	98.3
哥斯达黎加	819	2 170	165.0
洪都拉斯	680	1 031	51.6
墨西哥	1 055	2 547	141.4
尼加拉瓜	683	1 324	93.9
萨尔瓦多	612	899	46.9
危地马拉	842	1 422	71.3
委内瑞拉	1 811	3 647	101.4
乌拉圭	2 184	3 269	49.7
智利	1 416	2 372	67.5
平均增长率	—	—	101.0

资料来源：Cardoso and Fishlow（1989），按1975年美元计。

从经济理论视角来看，某一经济体的发展一般都要经历"马尔萨斯均衡""经济赶超（产业革命）""卡尔多典型事实下的经济增长（新古典增长）""新经济分叉（内生经济增长）"等不同阶段，尤其是后发国家，其所必须经历的"经济赶超"阶段实际上是决定着未来是否能够转入新古典和内生经济增长的关键时期，且学界早已有对于经济赶超规律性的一系列研讨和论证。美国经济史学家亚历山大·格申克龙提出后发优势理论，美国社会学家 M. 列维从现代化的角度发展后发优势理论，阿伯拉莫维茨提出追赶假说，伯利兹、克鲁格曼和丹尼尔·东提出"蛙跳"模型，罗伯特·J. 巴罗提出独特的技术模仿函数，R. 范·艾肯建立技术转移、模仿和创新的一般均衡模型等。发展经济学一般认为，经济赶超阶段可能成功、也可能失败，成功者便跻身发达经济体之林，而失败者则落入等而下之、类似于"中等收入陷阱"状态，往往会一蹶不振而在纠结痛苦中徘徊多年。

综上所述，历史视角下的发达经济体崛起之路告诉我们，特定的历史发展阶段内不可能所有经济体都成为发达者，总有先行发达者和后来追赶者之分，国际视角下的认识告诉我们，1950 年以来，仅有约 20 个国家和地区成功步入高收入阶段（其中真正有世界性影响的更少），而长期处于中等收入阶段的经济体实际上并不是没有经历所谓"黄金增长期"，比如拉美地区，就在 1950—1980 年期间经历了 30 年高速经济增长阶段，但其后却如陷入泥潭陷阱般裹足不前，而日本则在经历 27 年的高速经济增长后步入高收入阶段，跻身发达经济体之林。以这些考察认识结合发展经济学的相关理论，不难得出这样的结论，即基本的统计现象可引出的概括：少数得以完成经济追赶阶段的经济体步入了高收入阶段，而多数未能完成的经济体则在较长时期内滞留于中等收入阶段。鉴于此，世界银行于 2006 年在《东亚经济发展报告》中首度提出"中等收入陷阱"这一名词，并描述性地指出："使各经济体赖以从低收入经济体成长为中等收入经济体的战略，对于它们向高收入经济体攀升是不能够重复使用的，进一步的经济增长被原有的增长机制锁定，人均国民收入难以突破 10 000 美元的上限，一国很容易进入经济增长阶段的停滞徘徊期。"总之，无论从历史视角、国际经济实践视角还是经济理论视角,"中等收入陷阱"这一概念都绝不是耸人听闻或凭空臆造,而是对于沿历史发展阶段不同经济体经济发展实践中所出现的、真实存在的经济发展现象基于统计数据考察而作的总结,在全球范围内具有较广泛共识,且符合一直以来学界对经济增长路径的认识。对于经历"黄金发展期"又于近年遭遇"矛盾凸显期"且经济发展态势进入"下台阶"的"新常态"的中国,讨论"中等收入陷阱"如何避免这一问题的现实意义是显而易见的:不要以为前面三十几年发展得总体还不多,GDP 年均增长近两位数,总量已居世界第二,今后只要一路发展下去就可以衔接高收入阶段的到来和实现"现代化伟大民族复兴中国梦"了,如不能有效化解矛盾攻坚克难升级换代式发展,大量"中等收入陷阱"的案例作为前车之鉴正等着我们看是否重演!要做到"高瞻远瞩""老成谋国",保持战略思维的应有水准,至少当前阶段特别需要"居安思危"、见事快、预警清晰,对防范措施作充分讨论与必要部署。

3. 跨越"中等收入陷阱",需要"因地制宜"

中等收入阶段是一个相对而言的发展阶段,在表述上,发展的"阶段"和"陷阱"当然不可混淆,但是要高度重视二者的相关性。世界银行对国家和地区收入水平进行了分组,而分组标准则随着每个财政年度数据的变化而产生相应变化,每年划分指标的浮动情况也从某种程度上反映全球经济水平的发展方向和程度。对某一个国家或地区而言,其组别和排位总是在全球经济体比较视角下即在全球经济体参照系下动态变化的,考察表明某一国家或地区与全球经济体发展而言的相对水平。目前,学界也有人认为,每个国家都要经历中等收入阶段,因而并不存在什么陷阱之说,我们认为这种判断是逻辑混乱的,发展的"阶段"上,"通过"的情况各不相同,基本分类上区分落入陷阱和跨越陷阱两种情形,显然具有现实意义。与福利陷阱、塔西佗陷阱、转轨陷阱等有所不同,"中等收入陷阱"所指实质上是一种经济体在中等收入这个特定历史阶段上国际比较视野下的相对发展停滞期,但特别值得注意的是,导致经济体避免落入这种停滞期、不小心落入这种停滞期或者最终成功脱离这种停滞期的原因与经济体发展中实际存在的内因和外因具有广泛联系。在认识中等收入阶段之前,我们有必要对目前全球范围内的经济发展格局有一个总体上的认识。

全球范围内多家机构都曾对"中等收入陷阱"问题进行深入探讨。除世行之外,亚洲开发银行2012年的报告[①]显示,基于1950—2010年可追踪到的各个经济体的连续性数据分析,全球124个国家中,有52个国家位于中等收入阶段,其中有35个经济体的经济在此60年一直处于并按照其经济指标表现于、未来也将继续处于中等收入发展阶段,即落入了"中等收入陷阱"。"中等收入陷阱"可按照世界银行对全球各个经济体收入组别的划分分为"下中等收入陷阱"和"上中等收入陷阱"两个组别,这35个落入"中等收入陷阱"的经济体中,有13个位于拉美地区,其中11个处于"下中等收入陷阱"(包括玻利维亚、巴西、哥伦比亚、多米尼加共和国、厄瓜多尔、萨尔瓦多、危地马拉、牙买加、巴拿马、巴拉圭和秘鲁),2个处于"上中等收入陷阱"(包括乌拉圭和委内瑞拉),无论从绝对数量上观察还是从版图上观察,拉美地区都是落入"中等收入陷阱"的集中区域,因而学界也有人将"中等收入陷阱"形象地称为"拉美化"问

---

① Jesus Felipe, Arnelyn Abdon, Utsav Kumar. *Tracking the Middle-income Trap: What Is It, Who Is in It, and Why*? Asian Development Bank Working Paper, No.306, March 2012.

题；有 9 个位于撒哈拉以南非洲，这 9 个国家都处于"下中等收入陷阱"（包括阿尔及利亚、埃及、伊朗、约旦、黎巴嫩、利比亚、摩洛哥、突尼斯和也门共和国）；有 3 个位于亚洲，其中 2 个处于"下中等收入陷阱"（包括菲律宾和斯里兰卡），1 个处于"上中等收入陷阱"（马来西亚）；还有 2 个位于欧洲，都处于"下中等收入陷阱"（包括阿尔巴尼亚和罗马尼亚）。与此同时，有 23 个经济体步入高收入阶段。经济体要脱离"下中等收入陷阱"和"上中等收入陷阱"所需要具备的经济增长条件十分不同：脱离"下中等收入陷阱"需要的平均年限为 28 年，且平均每年的经济增长速率不能低于 4.7%，而脱离"上中等收入陷阱"需要的平均年限为 14 年，且平均每年的增长速率不能低于 3.5%。我们认为亚洲开发银行的相关研究虽有一定启发意义，但由于数据源等问题而导致与经济发展现状差距过大而在很大程度上降低了参考价值。

基于世界银行数据，分别以 1960 年和 2008 年作为时间节点，观察时间横切面上全球各个经济体的数据表现，中等收入理解为 1960 年处于中等收入发展阶段而 2008 年则已处于高收入发展阶段的经济体。这些经济体仅有 13 个，分别为以色列、日本、爱尔兰、西班牙、中国香港、新加坡、葡萄牙、中国台湾、毛里求斯、赤道几内亚、韩国、希腊和波多黎各。1960 年濒于低收入阶段和中等收入阶段交界处的中国，在历经 48 年的发展后，明显由低中等收入阶段向高中等收入阶段过渡，但该区域中更多经济体则呈现出停滞不前的状态，始终在中等收入阶段挣扎。

我国经济 1960 年处于低收入阶段与中等收入阶段的交界处，至 2008 年步入中等收入发展阶段，并于近年来完成了由下中等收入阶段向上中等收入阶段的过渡。然而，历经 30 多年的"黄金增长期"后，我国经济增长正在步入"新常态"，亟须前瞻性地考虑"中等收入陷阱"这一挑战，寻求跨越陷阱之路。由中等收入发展阶段走向高收入发展阶段的过程，与我国历史文化中的"鲤鱼跳龙门"颇具异曲同工之意。我们认为，在认识"中等收入陷阱"产生原因及有待规避问题的过程中，首先应当把握两个基本认识：第一，成功跨越"中等收入陷阱"的经济体各有各的特长，落入"中等收入陷阱"的经济体却颇有相似之处。第二，取成功者之长，避失败者之短，但最终的路径选择可能将是带有鲜明个性色彩的。

4. 我国已跨越"下中等收入陷阱"，站在"上中等收入陷阱"边缘

从世界银行发布的2012年人均国民总收入数据来看，处于下中等收入阶段的经济体有49个，处于上中等收入阶段的经济体有48个。我们测算，目前处于上中等收入阶段的经济体中，有20个已经居于其中超过16年，有的甚至达到了三四十年之久，未能跨越"上中等收入陷阱"。其中，巴西、塞舌尔、委内瑞拉等国家，都经历过"晋级—退出—再晋级"的痛苦过程。

面对前面半个世纪全球100多个中等收入经济体约90%不能如愿进入高收入经济体的前车之鉴，我国如不能有效化解矛盾，攻坚克难，升级发展，跳不过"上中等收入陷阱"绝非危言耸听，亟须防患于未然。

需要特别指出，我国讨论的如何避免"中等收入陷阱"，具体而言是跨越"上中等收入陷阱"这一问题，这才是关乎现代化"中国梦"命运的顶级真问题。

中国改革开放后已成功跨越了"下中等收入陷阱"，现已站在"上中等收入陷阱"边缘，但是"黄金发展期"的特征正在消退，"矛

盾凸显期"的特征日益显著。尤其是,近年来经济增长步入"新常态"形成了一系列的纠结和"两难":经济增速要守住合理区间,既要"去产能、去杠杆",又要"保民生、稳就业""有效市场"和"有为政府"要有效结合等等。粗放式发展模式显然不可持续,"帕累托改进"空间已大为缩小,改革已然进入深水区。

(二)居安思危,如何直面"中等收入陷阱"真问题

未来发达经济体崛起之路告诉我们,特定历史发展阶段内,不可能所有经济体都成为发达者,总有先行发达者和后来追赶者之分。国际视角下的考察认识则告诉我们,1950年以来,仅有约20个国家和地区成功步入高收入阶段。长期处于中等收入阶段的经济体也并不是没有经历所谓"黄金增长期",拉美地区在经历30年高速经济增长阶段后如陷入泥潭般裹足不前,而日本则在经历27年的高速经济增长后步入高收入阶段、跻身发达经济体之林。结合发展经济学理论,我们看到少数经济体得以完成经济追赶步入高收入阶段,而多数未能完成追赶的经济体则在较长时期内滞留于中等收入阶段。世界银行于2006年在《东亚经济发展报告》中首度提出的"中等收入陷阱"这一名词,是对于沿历史发展阶段不同经济体真实存在的经济发展现象,基于统计数据考察而作的总结,在全球范围内具有较广泛共识,且符合一直以来学界对经济增长路径的认识。[1]

在"十四五"时期以及未来中长期经济社会发展过程中,面临

---

[1] 贾康,苏京春.中国的坎:如何跨越"中等收入陷阱"[M].北京:中信出版社,2017.

当下经历"黄金发展期"又于近年遭遇"矛盾凸显期",且经济发展态势进入"下台阶"的"新常态",我国讨论如何避免"中等收入陷阱"这一问题的现实意义是显而易见的。不要以为前面三十几年发展得总体还不错,GDP年均增长近两位数,总量已居世界第二,今后只要一路发展下去,就可以衔接高收入阶段的到来,实现伟大民族复兴"中国梦"了;如不能有效化解矛盾、攻坚克难,实现升级换代式发展,则大量"中等收入陷阱"的案例正等着看我们重蹈覆辙!"中等收入陷阱"是一个关乎现代化"中国梦"命运的顶级真问题。要做到"高瞻远瞩""老成谋国",保持战略思维的应有水准,至少当前阶段特别需要居安思危、预警清晰,对防范措施作充分讨论。

1. 产业革命加速更迭,"技术赶超"压力巨大

每一次产业革命后,世界经济格局都会发生重要变化。爆发于18世纪中叶的第一次产业革命(即工业革命)直至19世纪中期结束,以纺织业为起点,因机械化大生产而带动相关产业链条如冶金工业、煤炭工业、运输业(主要是铁路和海运)和制造业的发展,使英国一跃成为"世界工厂"。而后19世纪60、70年代,以美国和德国为中心,第二次产业革命(即电气革命)围绕重化工业这一核心,使房地产、汽车制造、钢铁工业、化学工业和电力等产业得以迅速发展。至20世纪初,美国乘势而上,进一步主导20世纪50年代之后的第三次产业革命(即信息技术革命),以最前沿的原子能技术和电子计算机与互联网技术,稳固成就全球经济霸主地位。在此过程中,德国、日本、法国等国家也纷纷崛起,技术水平的提高不断提升全要素生产率,从而帮助这些经济体实现了经济长期增长。

我国作为发展中国家,更应基于产业革命是某一经济体经济腾

飞重大契机的视角来理智看待"后发优势"。若从经济赶超的视角看来，产业革命更迭的时间区间也恰是后来赶超者可实现超越的时间区间，若在上一次产业革命阶段没能由技术后发优势而实现崛起，被动进入下一次产业革命阶段后，势必要发起和实现新一轮赶超，才有可能达到崛起目标。然而，从三次产业革命兴起的时间上来看，其更迭在不断加速，从工业革命爆发到电气革命爆发，期间经历了约 120 年，而从电气革命爆发到信息技术革命爆发，期间仅经历了约 80 年。以我们目前所处的信息技术时代发展态势来看，人工智能等新技术革命的到来已隐约可见，产业革命的加速更迭使后进赶超者的发展时间更加紧迫，越紧迫则越容易追赶不上，越容易落入"中等收入陷阱"。

与此同时，在充分发挥"后发优势"、贯彻经济赶超过程中，我国还必须将新技术方面基于创新的战略储备提上日程。就国外现状来看，美国、日本等位于全球技术高地的国家，其已经全面实现产业化、凝结在全面推向市场的产品中的核心技术，虽然已经是全球范围内的领先水平甚至是最高水平，但却往往并非代表这些国家技术的真实水平。以日本的汽车制造技术和液晶电视制造技术为例，其产业技术水平已经领先目前市场出售产品核心技术的两代、三代，而出于继续攫取高额利润等考虑，这些高端核心技术目前仅处于蓄势待发的状态，实际上形成一种强有力的技术战略储备。对于后发国家而言，赶超的实现可能并非仅仅是追平目前技术水平，而是至少要追平技术战略储备水平。作为一个科技爆发时代的发展中国家，不同领域的科技研发水平是参差不齐的，客观而论，我国毕竟已有一些技术在全球范围内实现领先水平，甚至有的已是最高水平，但由于配套技术相对落后等原因，这些技术在应用中往往并不广泛和充分。结合成功跨越"中等收入陷阱"经济体的经验，我们应当特别注重在这类技术成果方面充分"扬长",对于达到领先水平的技术,无论是否能够迅速"接地气",都要首先纳入技术战略储备梯队,积累、结合于利用"后发优势"赶超发达经济体主流技术的升级过程中。

2. 全球发展格局钳制,贸易摩擦制约踵至

比较而言,先行发达者一般具有更易得、更开阔的发展空间,以19世纪的英国为例,在开创性地实现机械化大生产之后,英国作为当时最大的工业制品供给国和原棉进口国,一方面能够享受全球各地源源不断供给而来的优质原材料,另一方面能够享受向全球各地源源不断地出口工业制成品的比较优势,取而代之的美国、德国也是如此。占尽先机的先行发达者往往也是全球经济发展格局的主导者,他们更能够按照自己的意愿发展经济。而对于后发追赶者来说,经济发展的环境往往更为险峻,先进经济体和"霸主"在贸易摩擦中的打压,以及需要按照先行发达者制定的"游戏规则"来发展,使后发赶超者的发展势必于全球经济发展格局中承受先行者的压力和排挤。

我国目前的经济总量尽管在绝对数量上无法与美国相较,但在排序上已然跃至"世界第二"位置,作为一个正处于中等收入发展阶段的"世界第二",全球经济发展格局的钳制已今非昔比,种种摩擦、制约因素接踵而至。随着国际竞争进入新阶段,除第一压制外,第三以下者有更多的怨怼因素和麻烦制造行为,原来的"穷兄弟"们也容易离心离德。因此,在中等收入发展阶段下,如何将特定情境处理好,避免落入多面夹击,在全球经济发展格局的钳制下力争营造良好的社会经济发展外部环境,在全球化背景下全面打开国际

贸易的共赢面，是我国"十四五"时期及中长期发展中的重大挑战。

3. 能源资源环境制约，集约增长刻不容缓

经济学所强调的资源稀缺性与生态环境的制约在中等收入发展阶段更具有特殊意味。以日本为例，在经济赶超的过程中出现由曾引以为豪的重化工业转向加工组装型产业，主要原因就是不得不面对"石油危机"所带来的严重资源制约。从我国基本国情出发，在资源、能源方面由于"胡焕庸线"所表达的基本国情之"半壁压强型"，和资源禀赋客观形成的以对环境压力最大的煤为基础能源绝对主力的格局，和前面30年外延为主的粗放发展阶段，合成了资源、环境压力异乎寻常的"三重叠加"。

作为国土面积世界第三、人口世界第一、经济总量世界第二的大国，我国经济发展布局沿"胡焕庸线"这一中部主轴呈现突出的空间发展不均衡，所形成的能源消耗、环境压力的"半壁压强型"这一基本国情，对我国在"十四五"时期及中长期经济社会发展中引发的负面因素绝不容忽视：若不能经过以重化工业为主要支撑的"压缩型—密集式"外延、粗放发展模式而较快进入集约式增长的"升级版"，能源资源和生态环境制约势必成为我国经济发展的桎梏，从而导致经济发展停滞。若积极转变发展模式，则势必要经历十分艰难痛苦的转型期，并且要以技术超越和制度变革的成功为基础：一方面在资本投入边际效益递减的同时，通过技术水平、制度供给有效性的提高保障全要素生产率的提高，从而对冲下行因素、缓解制约，在较长时期内实现经济较快速增长；另一方面在通过制度变革激发管理创新的同时，降低劳动力之外的经济运行成本，提高经济综合效率，从而更优地实现资本积累而保障长期发展。

在基本的发展战略思路上，面对能源资源和生态环境"半壁压强型"之上"三重叠加"的制约这一基本国情，我们不得不更为侧重较复杂的供给管理，以非常之策求破非常之局。只有处理得当，我国经济才有望实现长足进步和发展，一旦处理不好而"碰壁"（既可能是碰到能源资源导致的发展硬约束，又可能是碰到生态环境导致的发展硬约束，也可能是碰到转型不成功导致的发展硬约束），就极有可能落入"中等收入陷阱"。

4. 人口基数结构挑战，"未富先老"已成定局

除了资源环境这一基本国情之外，我国在"十四五"时期及中长期所必须面对的另外一个很现实的基本国情，就是人口众多和老龄化已呈"未富先老"之势。

首先，我国人口总量世界第一，从以人均指标划分不同经济发展阶段这一标准来看，我国步入高收入阶段注定是"路漫漫而修远"。按照世界银行 2013 年发布的数据，位居世界第二的我国 GDP 已达到 9 240 270 百万美元，但人均 GDP 仅为 6 807 美元，距离全球人均 GDP 平均水平 10 613 美元相差 3 806 美元，距离高收入国家人均 GDP 水平 12 616 美元相差 5 809 美元，距离美国人均 GDP 水平 53 042 美元相差 46 235 美元。这意味着若想让我国人均 GDP 达到高收入国家水平，我国的 GDP 总量需要达到 16 791 970 百万美元，即追平美国 GDP 总量。人均指标如迟迟不能达到高收入标准，我国经济就会停留在中等收入发展阶段即落于"陷阱"之内。

其次，我国人口结构已呈现明显的老龄化。有学者测算，人口老龄化对于整个养老体系形成公共支出压力的高峰，约出现于 2030—2033 年，距离现在不到 20 年的时间，此后压力的缓慢下降

还要有几十年的过程。要看到在这个很长的历史阶段之内，我国养老体系从硬件到服务所有的投入必然产生一系列的压力性质的要求，势必会对经济发展带来很大负担与拖累。

再次，由于教育结构不合理而导致的劳动力供给结构问题，也是我们直面"中等收入陷阱"所必须考虑的不利因素。从成功跨越"中等收入陷阱"经济体的经验来看，以色列和日本都是整个亚洲平均受教育年限最高的国家。以色列颇有针对性、优质的高等教育为其科技进步奠定了良好的劳动力基础，且是全球工业国家里平均学历程度排位第三的国家，仅次于美国和荷兰。而日本除了教育的普及和具有较高水平的高等教育以外，还特别重视社会教育的作用，且在其企业制度中特别重视人才培育，一直不断促进并保持着高水平的科技研发能力。我国目前教育模式培养出的劳动力与经济发展所需人力资本现实需求存在较明显的错配，被动摩擦已在影响就业水平和消费水平，处理不当就会严重制约我国未来经济社会发展。

5. 文化"软实力"不足，双创难免遭受制约

我国的深厚文化积淀如何转为国际竞争中的优势因素，一直是困扰中国的难题。实际生活中，不少中式文化的消极因素，至今无形中制约着我国的创新力，人们往往不敢为天下先，不善于思辨和冒险创造，社会弥漫"官本位"的思想意识，善于遵循较为森严的等级制度而不敢、不能发表真知灼见。这些文化与传统意识特征，形成"软实力"的不足、感召力的欠缺，实际上制约着全球信息科技革命日新月异变化中我国经济社会的发展。将文化积淀与意识、信仰转变为有利于经济发展的积极因子而非制约因子，我国"大众创业、万众创新"等政策才可能得到有效落实和发挥作用，"综合国

力"中"硬实力"的上升才可能与"软实力"的打造相伴而行,使现代化之梦不至落空。这更是一种深刻的、综合性的挑战。

6. 制度创新待实质推进,管理技术创新空间有待拓展

制度学派和新制度经济学早已告诉我们"制度"因素在微观经济中的不可或缺,而实际上,在经济发展的宏观视角下,制度供给更是最为重要的因素之一。以 18 世纪的英国为例,于 1776 年发明蒸汽机的瓦特,在其 19 岁那年离乡从苏格兰的格里诺克到伦敦寻求仪器制造匠的培训,两年后成为一名"数学仪器制造师",最终成就了蒸汽机的发明,引发第一次产业革命的到来。这类案例表明,技术的发明和创造总体上绝非一个个"黑天鹅"事件,而是与专业化分工和经济组织下的制度结构密切相关,换言之,在英国经济当时的专业化水平与经济组织所构造形成的经济制度运行结构和要素流动机制之下,引领世界技术潮流是迟早的必然事件。制度是造就人才、推动新技术产生的核心要素,是创新的最主要动力机制,更是经济运行有效与否的关键。从日本的"昭和遣唐使"政策到西方世界的"新公共管理运动",实际上都体现了制度变迁对经济发展的重要作用。以日本为例,除技术模仿外,日本还特别注重法治化市场经济基本制度安排,进而以成本管理、经营计划调查、职务分析等制度的学习,不断提升企业管理和经济运行的现代化程度,从而有效降低运行成本,推动、激励技术模仿过程中的技术创新,大大提升了生产能力,成为经济发展的长足动力。其中,十分典型的是以生产工艺为对象的统计性品质管理,结合日本企业的特点,扩展为全公司范围的综合性全面质量管理(TQC,Total Quality Control),即促使公司内所有的劳动者为提高产品质量而致力于发现问题和改良工

作，而这些实实在在地促使从海外引入的技术在日本得以较充分发展，推动了技术从模仿到超越的实现。制度创新的实质性推进，总体上成为进一步打开管理创新和技术创新空间的关键。

立足于"十四五"时期，放眼中长期经济社会发展，在十九届三中、四中、五中全会之后关系到国家前途、民族命运的关键阶段上，能否冲破利益固化的藩篱，克服既得利益的强大阻力和障碍，把"硬骨头"啃下来，从而在制度变革的探索中获得解放生产力、进入"新常态"、打造升级版的成功，直接决定着我国经济社会是否能够相对顺利地跨越"中等收入陷阱"、在未来如愿跻身发达经济体之林。

(三)中国如何在双循环中跨越"中等收入陷阱"

1. 以"五位一体"为依托框架

以经济建设为中心是改革开放后党的基本路线,但"坚持以经济建设为中心",绝不意味着孤立地搞经济建设。在实践中,这一基本路线的内容不断得到丰富,指导方针从经济建设、政治建设、文化建设的"三位一体",推进到加上社会建设的"四位一体",再推进到加入生态的文明建设"五位一体"。

从"三位一体""四位一体"到"五位一体"总体布局,党中央不断总结社会主义建设经验,深化对社会主义建设规律的认识,不断提高驾驭经济社会发展的能力,治国理政的方针与思路趋于丰富,社会主义现代化事业的实践升级优化。从全能型无限政府转向服务型有限政府,从粗放增长转向集约增长,从强调GDP的关键性指标作用到告别"GDP崇拜"、倡导和推进全面协调可持续发展,中国的发展导向更加适应"人的全面发展"的客观要求,政府的职责更加明晰、工作更加高效,党的执政能力稳步提升。

在应对国际金融危机冲击中,中国成为全球表现最好的主要经济体,这固然得益于中国处于经济快速发展阶段、多种力量的综合支撑、城镇化空间较大以及市场回旋空间大等因素，但更关键的是由于中国经济发展有社会主义建设总布局为依托，因而更为稳固、坚韧。这种"五位一体"总体布局，将继续成为中国跨越"中等收入陷阱"的全局性依托框架。

经济建设是中国特色社会主义建设总布局的一个方面，经济建设成就的取得与总布局的其他方面密不可分。"坚持以经济建设为中心"，绝不是孤立进行经济建设。正是因为我们没有只进行经济建设，而是从"三位一体"到"四位一体"再到"五位一体"，在经济发展水平不断提高的同时推动中国特色社会主义事业全面发展，才创造了令世人惊叹的经济奇迹。

改革开放之初，我们党确立了社会主义初级阶段基本路线，其核心是"坚持以经济建设为中心"。1986年党的十二届六中全会提出"以经济建设为中心，坚定不移地进行经济体制改革，坚定不移地进行政治体制改革，坚定不移地加强精神文明建设"的发展布局。在改革和发展过程中，党团结带领全国人民紧紧围绕经济建设这个中心，努力实现经济、教育、科技、文化的繁荣和发展，使人民生活水平快速提高，政治文明和精神文明建设不断推进。党的十三大、十四大、十五大、十六大延续了经济建设、政治建设、文化建设"三位一体"的总布局，成为很长一段时间中国特色社会主义建设的重要战略部署和基本框架设计。

随着改革开放深入推进，我国经济活力得到激发、"黄金发展期"特征显现的同时，出现了收入差距拉大、社会分层凸显、社会结构变化等新情况。对此，2006年党的十六届六中全会提出构建社会主义和谐社会的重大任务，以社会管理创新为核心的社会建设被提到新的高度，中国特色社会主义事业总布局由"三位一体"扩展为经济建设、政治建设、文化建设、社会建设"四位一体"。

随着经济规模不断扩大，粗放型经济发展方式的弊端凸显，经济发展中高耗能、高污染、高成本问题以及由环境恶化引发的种种社会问题成为制约经济社会持续发展、影响社会和谐稳定的重要方面。党和国家一贯重视生态环境保护，2012年党的十八大报告进一步把生态文明建设摆在中国特色社会主义事业全局的高度，明确提出经济建设、政治建设、文化建设、社会建设、生态文明建设"五位一体"的总布局。这是适应发展阶段变化、顺应人民群众期待的重大理论和实践创新，是对治国理政理念的极大丰富。

经济发展水平越高、关系越复杂，经济建设就越需要政治、文化、社会、生态文明等方面建设的协同配合。从"三位一体""四位一体"到"五位一体"总布局，我们党不断总结社会主义建设经验，深化对社会主义建设规律的认识，不断提高驾驭经济社会发展的能力，丰富了治国理政的方针与思路，优化了推进社会主义现代化事业的实践。从提高人民生活水平到丰富百姓的精神世界、文化生活，再到建设生态文明、改善人居环境，执政为民的理念始终蕴含其中并不断升华。从全能型无限政府转向服务型有限政府，从粗放增长转向集约增长，从强调GDP的龙头指标作用到告别"GDP崇拜"、倡导和推进全面协调可持续发展，我国的发展导向更加适应于人的全面发展，政府的职责更加明晰、工作更加高效，党的执政能力稳步提升。在应对国际金融危机和2020年席卷全球的新冠肺炎疫情冲击中，我国成为全球表现最好的主要经济体。这固然得益于我国处于经济快速发展阶段多种力量的综合支撑、城镇化空间较大以及市场回旋空间大等因素，但更关键的是由于我国经济发展有社会主义建设总布局为依托，因而更为稳固、坚韧。

2. 以"四个全面"为起跳器

党的十九届五中全会强调,"协调推进全面建设社会主义现代化国家、全面深化改革、全面依法治国、全面从严治党的战略布局"。这表明"四个全面"战略布局正式由"全面建成小康社会、全面深化改革、全面依法治国、全面从严治党"发展为"全面建设社会主义现代化国家、全面深化改革、全面依法治国、全面从严治党"。"十四五"时期是我国全面建成小康社会、实现第一个百年奋斗目标之后,乘势而上开启全面建设社会主义现代化国家新征程、向第二个百年奋斗目标进军的第一个五年。双循环新发展格局需要以"十四五"时期经济社会发展指导思想和必须遵循的原则。习近平总书记在2020年8月24日企业家座谈会中强调,"逐步形成以国内大循环为主体、国内国际双循环相互促进的新发展格局",就是针对当下动荡多变的全球大局而作出的应对策略,双循环的策略,也将会是贯穿"十四五"规划内容的一条主线。"四个全面"战略布局与跨越"中等收入陷阱"这一重大问题的关联极为密切,具有形成动力机制转型升级的起跳器的关键意义。

第一个全面是全面建设社会主义现代化国家,决胜全面建成小康社会取得决定性成就,建成小康社会取得决定性成就已经为开启新征程奠定坚实基础。确保如期全面建成小康社会、实现第一个百年奋斗目标胜利在望。

第二个全面的内容比第一个全面要更为深刻,意义更为深远——在全面小康的同时,若不结合改革取得决定性成果,全面小康的价值要大打折扣,因为全面小康只是实现伟大民族复兴"中国梦"的一个节点目标,必须在实现这一目标的同时形成继续发展的后劲,必须依仗有效制度供给为龙头,使全面改革取得决定性成果,从而进一步解放生产力。

体现提升物质文明的生产力进一步解放，又必须合乎规律地匹配法治化、民主化的政治文明，因而必须匹配第三个全面即全面依法治国。

加之，在中国的现代化进程中，既然历史决定了中国共产党是执政党，那么别无选择，必须有第四个全面即全面从严治党，解决好共产党执政的"合法性"问题。这里的合法性并不是指有白纸黑字规定其合法，而是指"人心向背"、人民群众是否衷心拥护其执政地位的自然法性质的"合法性"问题。

把"五位一体"总体布局推进到"四个全面"战略布局，中国跨越"中等收入陷阱"可生成更为充沛有力的动力支撑，便有了进入关键位置后"决定性跃升"的起跳器。

3. 以"供给侧结构性改革"为动力源

基于"五位一体"总体布局和"四个全面"战略布局，习近平总书记代表党中央明确提出了"供给侧结构性改革"战略方针。可以说，在中国引领"新常态"、跨越"上中等收入陷阱"之路上，"供给侧结构性改革"就是新旧动力转换与升级的引擎，即动力源。

经济学理论分析表明，经济增长动力机制的转型升级主要基于社会需求而卓有成效地在供给侧实现，原有"三驾马车"认识框架下所强调的消费、投资和出口需求三大方面的动力体系认知，只有联通至基于结构优化的消费供给、投资供给和出口供给，才可能形成完整认知并支持宏观调控的优化。供给结构的优化机制，又必须依托于以改革为核心的制度供给，从而提供最大红利。

目前，我国一般产品市场已基本放开，但要素市场和大宗基础能源、资源市场比价关系和价格形成机制仍然存在严重扭曲,人为压低要素价格,导致形成粗放经济增长模式(高能耗、高污染)。对生产者和投资者实际上的非规范补贴,又使经济增长严重依赖投资和形成大量落后的过剩产能,结构失衡矛盾迟迟不能有效化解,甚至趋于突出。因此,必须依靠有效市场优胜劣汰机制的力量,加上有为、有限政府理性的政策供给,对经济结构进行"升级版"为取向的调整改造,实现向可持续增长路径转变的动力机制转型升级。

最为关键的要领,在于支持科学决策和优化政策设计,面对中国改革深水区重大现实问题寻求解决之道,深化企业改革,消除不当垄断,充分发挥市场资源配置作用,打开"制度红利"这一转轨中最大红利源的释放空间,形成激发经济社会活力、潜力的有效制度供给长效机制。

中国独特的市场发育和经济赶超正是改革中最难处理的一项基本矛盾。国际竞争的基本现实已不允许我们再常规地、跟随式地经历和等待以平均利润率机制主导的市场发育及经济结构优化的自然过程,需要从供给侧得到一种比自发的市场配置更强有力的机制——政府"理性主导"机制,并使之与市场机制"1+1＞2"式地叠加,才能逐渐接近并最终实现"追赶—赶超"的现代化战略目标。

2020年7月中共中央政治局会议指出,当前经济形势复杂严峻,我们遇到的很多问题是中长期的,必须从持久战的角度加以认识,加快形成以国内大循环为主体、国内国际双循环相互促进的新发展格局,建立疫情防控和经济社会发展工作中长期协调机制,坚持结构调整的战略方向,更多依靠跨周期设计和调节,实现稳增长和防风险长期均衡。

"供给侧结构性改革"作为在"强起来"新时代完成现代化历史飞跃并要构建现代化经济体系的主线,我们可以在新供给经济学研究群体的研究基础上特别强调,它是以有效制度供给来释放供给侧的全要素生产率,带出整个供给体系质量和效率的提高,是要以我们在改革深水区"冲破利益固化的藩篱"。

自2010年以来的阶段转换与引领新常态,其需要解决的问题是什么?中央的分析认识十分明显,在"黄金发展期"特征还未消退的情况下,"矛盾凸显期"特征却已到来,我们必须抓住不放、有效解决的"矛盾主要方面"——供给侧的结构问题;在实现"强起来"的新时代推进"新的两步走"的现代化发展,需要正确处理的社会主要矛盾,即人民群众美好生活需要与不平衡、不充分的发展之间的矛盾——不充分的发展主要是不平衡的结构问题带出来的,所以追求高质量的"升级版"的发展,关键在于坚持好结构优化调整的战略方向。

基于这个重要认识判断,党中央明确提出了"供给侧结构性改革"战略方针,党的十九大把由制度结构优化带出整个供给体系质量与效率提高的改革,明确表述为打造现代化经济体系、提高国家治理能力与水平的主线,这显然是覆盖"新的两步走"战略实施全时段的,是一个跨越若干经济周期的长期、超长期概念。在当前复杂严峻形势下,中央明确表述的"掌握好跨周期调节",正是把我们调控任务的前瞻视界,放在风云变幻、来潮去潮的"跨周期"战略高度,以指导我们的全局部署、总体协调和各项工作,以求能够立足当下,放眼未来,有备无患,处变不惊,在掌握好跨周期调节过程中,稳步实现中国和平发展与伟大民族复兴的战略目标。

4. 以"一带一路"和"自贸区"为助推器

"一带一路"和"自贸区"将为中国经受历史性考验而跨越"中等收入陷阱",形成强有力的助推器。面对来自国际各方面更加明显的种种不确定性,要运用宏观调控"相机抉择"原则,指导方针上注重扩大内需,把握相对明显的一些确定性因素,这就顺理成章地引出了对于"内循环"的更为倚重,将其作为扩张需求给经济升温的主体因素。但是注重扩大内需、抓内循环,绝不意味着重返闭关锁国,而是在决不放弃维系与发展外循环努力的同时,依靠内循环控制和收敛不确定性,在内外循环的新发展格局中,形成国内国际供需循环升级版式的相互促进。

习近平总书记代表党中央提出"一带一路"倡议,具有重大的全球效应、全局意义并将产生久远的历史影响。中华民族自鸦片战争带来"三千年未有之变局"而拉开近代史帷幕之后,国家安危问题曾在"洋务运动"时期历经"海防、塞防之争",以后多年被动挨打,一路积贫积弱,内忧外患。从20世纪初推翻帝制,到几十年后告别内战达到民族国家基本统一框架,又在此几十年后实现经济社会转轨中实现经济起飞,近40年间综合国力大大增强,和平发展崛起态势显现,终于可以正面推动以外向型"走出去"和平发展为特征的商贸大国经略周边、经略西部、经略海洋的"一带一路"战略性倡议。

这一宏大战略的实施,是遵循和平发展、经济搭台开路的基本路径,在全球化时代,把中国广袤腹地潜在的市场空间与外部世界更有效、便捷地贯通,寻求与其他经济体的互惠共赢,成为中华民族经"三步走"实现"中国梦"的重要配套条件,并以"人类命运共同体"的共赢机制造福于全世界人民。在具体实施中,需要基础设施先行:在向西的"一带"上,可具体分为西南、西西、西北三路走向而大兴相关基础设施和公共工程,打造"硬件环境"(不排除局部"连片开发"),并培育"软件配套因素";在向南再向西的海域,需在以三沙市辖区为代表的广阔海域加紧兴建永久居民点、后勤补给基地和通讯、管理网点等,一直发展、联通到多条航路上各类船只可据此与多大洲多个经济体频繁通航通商状态。这些天文数字的资金投入,必须多方筹集,并借助多个经济体共同参与、配合的亚洲基础设施投资银行、金砖银行、主权财富基金和其他多元、多渠道资金,共同形成支撑合力。

在这个战略倡议的实施推进过程中,一个重要的机制创新点是多元筹资与运用PPP。这一机制近几十年间在欧美和若干新兴市场经济体应运而生、方兴未艾,在我国近年更是涌现了一系列实操案例,虽国内总体仍属初创和方兴未艾阶段,但在PPP已得到了决策与管理部门前所未有的高度重视和大力推行,亟待结合"一带一路"战略倡议,充分发挥其用武之地。这对于缓解政府资金压力,提升建设、运营绩效和培育市场主体,在沿线各国以高绩效机制改善民生繁荣经济,具有重大意义。

同时,改革开放以来,经历三轮开放,分别是深圳特区、上海浦东和加入世贸组织之后,中国从上海开始的自由贸易试验区(以下简称"自贸区")已成为气象磅礴的第四轮开放。建立自贸区的核心之意是"改革"而不是"政策",是以上海自贸区"先行先试"而广东、福建、天津等多地跟进的改革来"清理文件柜",修改一些与国际通行做法相悖的法律法规,从而更积极地形成循序渐进的法治建设,并在未来的国际谈判中自然形成中国的话语权和影响力。自贸区的设立实际也是为中国日后应对拟议中新的国际贸易框架协议——跨太平洋战略经济伙伴关系协议(TPP)和跨大西洋贸易和投资伙伴协定（TTIP）等的主动准备，在全球化进程遇有逆流、全球价值链基础上的自由贸易、投资协定、服务贸易开放等规则制度如何优化调整的抉择面前，中国选择"再入世"，是要向更高标准靠拢，在合作与竞争中与外部世界"摒弃你输我赢的旧思维"，并且积极充分地互动合作。确立"准入前国民待遇和负面清单"的自贸区，开拓我国对外开放、深化改革的新模式新领域，使企业在市场竞争中"法无禁止即可为"，海阔凭鱼跃、天高任鸟飞，相应于此，政府管理则实行正面清单，"法无规定不可为"，而且跟上"责任清单"，"有权必有责、必问责"，从而以高标准法治化营商环境极大地促进全面改革开放。目前国际上已有70多个国家采用"准入前国民待遇和负面清单"管理模式，我国要在考虑现处经济阶段、监管体系国情的基础上，借鉴国际通行制度办法，主动在上海开始推进自贸区综合制度建设，并在广东、福建、天津等地复制上海自贸区框架后，势必积极推进后面一轮又一轮"可复制"的进程。在各地大胆试验，着力打造高标准法治化营商环境，完善市场体系进程中，势必同时改造金融服务业的薄弱环节，提升文化、教育、医疗等领域，也提升企业社会责任、环境能源可持续发展、知识产权保护等方面的水准。"自贸区"改革试点的远景，将是在全国统一市场上使这一制度创新得到较全面完整的复制。

放眼中长期经济社会发展，在新的历史时期关系国家前途、民族命运的关键阶段上，只要我们紧紧抓住供给侧这个矛盾的主要方面，贯彻实质性的结构性改革战略方针冲破利益固化的藩篱，即克服既得利益的强大阻力和障碍，把"硬骨头"啃下来，获得解放生产力、引领"新常态"、打造升级版的成功，以"五位一体"总体布局作为跨越"中等收入陷阱"的依托框架，以"四个全面"战略布局作为跨越"中等收入陷阱"的起跳器，以"一带一路"和自贸区助推对外贸易与全球化中的和平发展,必将能够守正出奇地使我国经济社会相对顺利地跨越"上中等收入陷阱"、在未来如愿跻身世界发达经济体之林,从而联通"中国梦"伟大民族复兴。依目前的发展态势测算,中国很有希望在"全面小康"之后的 10 年间,大体在 2025 年或稍后决定性地跨越"中等收入陷阱"。

结语

在危机中育新机,于变局中开新局

（一）以持久战思维，在新发展格局中推进现代化

2020年7月30日中央政治局会议指出：当前经济形势复杂严峻，我们遇到的很多问题是中长期的，必须以"持久战"的角度加以认识，加快形成以国内大循环为主体、国内国际双循环相互促进的新发展格局，建立疫情防控和经济社会发展工作中长期协调机制，坚持结构调整的战略方向，更多依靠跨周期设计和调节，实现稳增长和防风险长期均衡。

中央决策层的这一指导意见，包含十分丰富而深刻的内容，具有长期视野与"跨周期"前瞻纵深的战略思维，需要我们深入领会，将其精神与要领贯彻到经济社会发展的各项实际工作中去。

（二）当前经济形势的复杂严峻，与"三重叠加"等中长期问题紧密关联

中国经济运行在2010年之后，告别年度两位数增长的高速特征，GDP增幅不断下降，从2010年的10.6%，下行到2019年的6.1%。这一过程中首先是中国成为中等收入经济体后"认识、适应和引领新常态"的经济发展阶段转换因素，使"牺牲一些速度"而寻求"中高速"的高质量发展成为必然选择；后又在2018年开始,叠加了不期而至的中美贸易摩擦,使原来引领"新常态"中已初具形态的中高速平台状况(2015年后长达12个季度经济增速为6.7%—6.9%)未能得到稳固而继续下行;再到2020年初,新冠肺炎疫情暴发,形成使经济急剧下行的严重冲击,我国国民经济面临几十年来未有的负增长局面(第一季度 –6.8%,第二季度收窄为 –1.6%)。当前复杂严峻的经济形势,就其下行与低速特征而言,是新常态、贸易摩擦和疫情"三重叠加"造成的。若从时间维度考查,引领"新常态"显然是中长期问题,我们还要经过5—10年的努力,使国民经济以比6%可能更低一些的中高速状态,完成"L型"的转换,以中高速可持续的发展跨越"中等收入陷阱"成为高收入经济体;贸易战既已到来,那么也必然是"打打停停,停停打打"的中长期过程,需要在一系列复杂的挑战性问题的处理中,力求与美方"斗而不破",延续中国的和平发展与和平崛起。如何完全战胜新冠肺炎疫情,未来的前景也还有十分明显的不确定性,本土最严重的短期冲击已过,但基于全球态势和病毒演变大概率的考虑,是疫情抗御工作需要常态化,使经济社会生活在很有可能中长期与新冠病毒的共存过程中,实现对疫情的有效控制、收敛和最终将其消灭。一言以蔽之,上述这些紧密相连于经济形势复杂性、严峻性的问题,都具有中长期问题的特征。

(三)为把握好国内大循环为主体的双循环,必须充分认识"内循环为主体"新发展格局的长期性

由于对前述"三重叠加"等中长期问题造成的我国经济下行压力,必须力求加以对冲,所以面对来自国际方面更加明显的种种不确定性,我们别无选择地要运用宏观调控"相机抉择"原则,指导方针上更加注重扩大内需,把握相对明显的一些确定性因素,这就

顺理成章地引出了对于内循环的更为倚重，将其作为扩张需求给经济升温的主体因素。但是注重扩大内需、抓内循环，绝不意味着重返闭关锁国，而是在决不放弃维系与发展外循环努力的同时，更多依靠内循环控制和收敛不确定性，在内外循环的新发展格局中，形成国内国际供需循环升级版式的相互促进。这种双循环相互结合、相互促进而其中内循环更多充当主体角色的新格局，也将体现出其长期性，因为中国当下面临的最大的外部压力与不确定性是来自美国意欲遏制中国的战略企图，这是构成中国需消解的巨大外部不确定性的主要成因。与这一因素打交道，将是未来相当长时期内中国新发展格局的伴随特征，我们对此必须充分认识，形成足够长期的思想准备，以应对百年未有之变局和可能难以预料的惊涛骇浪，把握好内循环与双循环中内生潜力的释放及其对外部不确定性和不利因素的抗御。

（四）长期坚持结构调整战略方向，掌握好跨周期调节

自 2010 年以来的阶段转换与引领新常态，其需要解决的问题是什么？中央的分析认识十分明显，在"黄金发展期"特征还未消退的情况下，"矛盾凸显期"特征却已到来，我们必须抓住不放、有效解决的"矛盾主要方面"——供给侧的结构问题；在实现"强起来"的新时代推进"新的两步走"的现代化发展，需要正确处理的社会主要矛盾，即人民群众美好生活需要与不平衡、不充分的发展之间的矛盾——不充分的发展主要是不平衡的结构问题带出来的，所以追求高质量的"升级版"的发展，关键在于坚持好结构优化调整的战略方向。基于这个重要认识判断，党中央明确提出了"供给侧结构性改革"战略方针，党的十九大把由制度结构优化带出整个供给体系质量与效率提高的改革，明确表述为打造现代化经济体系、提

高国家治理能力与水平的主线,这显然是覆盖"新的两步走"战略实施全时段的,是一个跨越若干经济周期的长期或超长期概念。在当前复杂严峻形势下,中央明确表述的"掌握好跨周期调节",正是把我们调控任务的前瞻视界,放在风云变幻的"跨周期"战略高度,以指导我们的全局部署、总体协调和各项工作,以求能够立足当下,放眼未来,有备无患,处变不惊,在掌握好跨周期调节之中,去稳步实现中国和平发展中达于伟大民族复兴的战略目标。

(五)"持久战"思想落在稳增长和防风险的长期均衡上

综上所述,可知中央的战略思维,在立足中长期、跨周期推动"稳中求进"的现代化进程考虑中,顺理成章地强调了"持久战"的认识角度。要保持战略耐心、前进定力而持久地应对挑战与风险的历史考验,完成中国"行百里者半九十"的现代化冲关。这一思想要领,合乎逻辑地落在实现"稳增长和防风险的长期均衡"上。

中国的经济成长性是我们在长时期中追求稳定增长的客观基础。我国经过40多年改革开放而成为全球经济总量居第二位的经济体,但仍是世界上最大的发展中国家,一方面要认识我国的"发展中"特征,另一方面要认识我国的"发展潜力"特征。中国的工业化就全国而言,还处在中期向中后期、后期的转变中,与工业化伴随的城镇化真实水平可以户籍人口城镇化率(现为44.38%)再适当靠近常住人口城镇化率(现为60.6%)来认识——我认为可取50%左右的量值,那么完成工业化、走过城镇化高速发展期,至少还要走过15年以上的时间段,伴之以坚定不移的市场化、国际化、高科技化(即信息化)与法治化、民主化,中国经济社会的成长性还极为可观——经济增速近年虽下行,但未来我国经济完成"L型"转换实现较长期中高速稳增长状况,是有弥合二元经济进程中客观的潜力释放空间、回旋余地和强大韧性作为客观条件的。

中国长期稳增长的实现，又与我们"做好自己的事情"、正确处理防风险而紧密相连，是必须把握好的主观因素。复杂严峻局面中风险因素的来源，是内部如何在深水区攻坚克难以改革进一步解放生产力的挑战，与外部如何应对百年未有之变局中的国际竞争挑战，两方面所形成的矛盾与压力的交织，但只要我们坚定不移地坚持以经济建设为中心的党的基本路线，"思想再解放，改革再深化，工作更抓实"，并继续坚定不移地推进全面开放，在自身稳增长的同时拥抱全球化，处理好打造人类命运共同体的国际合作竞争，我们将有望在跨周期的"持久战"中，掌握好升级版高质量发展的稳增长与防范、化解内外风险因素之间的长期均衡，稳中求进地争取"中国制造"的世界工厂向"中国创造""中国智造"高端水平的上升，使中国的现代化与"和平与发展时代"的人类文明进步，并行不悖，相得益彰。

（六）更好掌握主动权以新格局谋发展

浓缩本书内容而作为结语的最后一段话，是我们站在新时代新的历史起点上，应当深刻领会中央指导方针，以"双循环"形成新发展格局最主要的新意，就在于审时度势侧重以"内循环为主体"，更为积极主动地应对种种挑战而追求新阶段上的高质量发展，"在危机中育新机，于变局中开新局"，在改革开放、经济建设为中心道路上"双循环"更卓有成效的相互促进，乘风破浪一往无前，在发展新格局中实现中华民族和平崛起和现代化的伟大民族复兴。

参考文献

［1］邓小平文选：第3卷［M］.北京：人民出版社，1995.

［2］宁吉喆.以经济发展新成效确保开好局起好步［N］.人民日报，2021-01-04（9）.

［3］穆兆勇."稳中求进工作总基调"的缘起与意义［J］.人民论坛，2020（Z2）：100-102.

［4］刘伟，蔡志洲.新世纪以来我国居民收入分配的变化［N］.北京大学学报，2016（5）.

［5］白重恩，钱震杰.国民收入的要素分配：统计数据背后的故事［J］.经济研究，2009（3）.

［6］王小鲁.灰色收入与国民收入分配［J］.比较，2007（31）.

［7］王小鲁.灰色收入与发展陷阱［M］.北京：中信出版社，2012.

［8］彭文生.渐行渐远的红利——寻求中国新平衡［M］.北京：社会科学文献出版社，2013.

［9］程名望，Yanhong，盖庆恩，史清华.农村减贫：应该更关注教育还是健康？——基于收入增长和差距缩小双重视角的实证［J］.经济研究，2014（11）.

［10］李实，朱梦冰，詹鹏.中国社会保障制度的收入再分配效应［J］.社会保障评论，2017，1（04）：3-20.

［11］贾康.中国企业税费负担的"全景图"和改革的真问题［J］.经济导刊，2017（8）.

［12］霍建国.实行高水平对外开放 开拓合作共赢新局面［EB/OL］.光明网，2020-12-07，http：//share.gmw.cn/news/2020-12/07/content_34435341.htm.

［13］前沿访谈.畅通双循环 开创新格局［EB/OL］.中央纪委国家监委网站，2020-08-20，http：//www.ccdi.gov.cn/yaowen/202008/t20200820_224077.html.

［14］中共中央 国务院印发《粤港澳大湾区发展规划纲要》［EB/OL］.新华网，2019-02-18，http：//www.xinhuanet.com/politics/2019-02/18/c_1124131474.htm.

［15］任志宏.充分发挥粤港澳大湾区在促进"双循环"中的作用［EB/OL］.南方网，2020-08-11，http：//gba.china.com.cn/2020-08/11/content_41251540.htm.

［16］关于贯彻落实粤港澳大湾区发展战略 全面建设国家创新型城市的实施意见［EB/OL］.东莞市人民政府，2019-03-22，http：//www.dg.gov.cn/zwgk/zfxxgkml/szfbgs/zcwj/qtwj/content/post_591731.html.

［17］《粤港澳大湾区建设深圳指引》发布［EB/OL］.新华网，2020-06-17，http：//www.gd.xinhuanet.com/newscenter/2020-06/17/c_1126123809.htm.

［18］省委、省政府印发关于贯彻落实《粤港澳大湾区发展规划纲要》的实施意见［EB/OL］.广东省人民政府，2019-07-05，http：//www.gd.gov.cn/gdywdt/gdyw/content/post_2530491.html.

［19］中共中央 国务院印发《长江三角洲区域一体化发展规划纲

要》[EB/OL].中华人民共和国中央人民政府,2019-12-01,http://www.gov.cn/zhengce/2019-12/01/content_5457442.htm.

[20]中国(海南)自由贸易试验区总体方案[EB/OL].中华人民共和国中央人民政府,2018-10-16,http://www.gov.cn/xinwen/2018-10/16/content_5331223.htm.

[21]中共中央 国务院关于支持海南全面深化改革开放的指导意见[EB/OL].2018-04-14,http://www.gov.cn/zhengce/2018-04/14/content_5282456.htm.

[22]中共中央政治局 津冀协同发展规划纲要[EB/OL].新华网,2015-04-30,http://www.xinhuanet.com/politics/2015-04/30/c_1115147507.htm.

[23]李燕.推动形成国内国际双循环发展新格局[EB/OL].人民网,2020-06-22,http://theory.people.com.cn/n1/2020/0622/c40531-31755350.html.

[24]贾康,苏京春.直面"中等收入陷阱"真问题[R].财政部财政科学研究所报告,2015(27).

[25]江涌.中等收入的"陷阱"为谁而设[J].国有资产管理,2013(1).

[26][美]保罗·肯尼迪.大国的兴衰[M].陈景彪,等译.北京:国际文化出版公司,2006.

[27]贾康,苏京春.中国的坎:如何跨越"中等收入陷阱"[M].北京:中信出版社,2017.

[28]贾康,刘薇.双循环视域下需求侧改革的内涵、堵点及进路[J].新疆师范大学学报(哲学社会科学版),2021(05).

[29]贾康.缓解百姓后顾之忧,释放消费潜力[N].环球时报,2021-01-22(015).

［30］贾康.深水区改革需啃下"硬骨头"［J］.法人,2021（01）：42-45.

［31］贾康,刘薇.加快形成新发展格局的政策建议［J］.理论导报,2020（12）：10-12.

［32］贾康."双循环"新发展格局的认识框架［J］.金融经济,2020（12）：3-8.

［33］贾康,刘薇.加快形成新发展格局的政策建议［N］.经济日报,2020-12-18（012）.

［34］贾康.风向没变！应系统认识需求侧改革［N］.环球时报,2020-12-17（015）.

［35］贾康.加快形成内外循环相互促进的新发展格局［J］.群言,2020（12）：17-20.

［36］贾康.以内外循环的相互促进 开拓发展新格局［J］.科技与金融,2020（12）：24-27.

［37］贾康.全面小康：体现共同富裕的不懈追求［N］.宁波日报,2020-10-15（008）.

［38］贾康.贾康：如何实现稳增长和防风险长期均衡［J］.山东经济战略研究,2020（10）：53-55.

［39］贾康.疫情冲击下的中国目标与挑战［J］.财政监督,2020（20）：32-39.

［40］贾康,吴园林."十四五"时期我国财税体制改革问题及对策［J］.全球化,2020（05）：5-17,134.

［41］贾康,欧纯智.PPP促进公共投资提效升级的创新机理——多元目标、负外部性和政府规模视角［J］.财会月刊,2020（20）：3-8.

［42］贾康.把握新基建的时代机遇：当下与未来［J］.群言,2020（09）：13-16.

［43］贾康．如何实现稳增长和防风险长期均衡［N］．北京日报，2020-09-07（013）．

［44］贾康．关于当前经济发展中内循环的几个问题［J］．经济导刊，2020（09）：49-51．

［45］贾康．要有高水平的供给侧结构性改革［J］．国际融资，2020（08）：26．

［46］贾康．注重内循环绝不排斥对外开放［N］．环球时报，2020-08-04（015）．

［47］贾康．论疫情冲击下的交通基础设施有效投融资［J］．财会月刊，2020（15）：3-8．

［48］贾康．推进共同富裕，要啃"硬骨头"［N］．环球时报，2020-07-03（015）．

［49］贾康．不必担心"新基建"会走老路［N］．环球时报，2020-04-28（015）．

［50］贾康．新基建：既是当务之急，又是长远支撑［J］．党政研究，2020（04）：11-16．

［51］贾康．共同富裕与全面小康：考察及前瞻［J］．学习与探索，2020（04）：77-81．

［52］贾康．新冠疫情对中国经济的影响及对策分析［J］．经济研究参考，2020（06）：80-85．

［53］贾康．为企业减负要考虑"全景图"［N］．环球时报，2020-02-18（015）．

［54］贾康．以制度创新实现新旧动能转换［N］．社会科学报，2020-02-06（001）．

［55］张晓宇，贾康．适当提高税收占财政收入比重 促进经济包容性增长［J］．华东经济管理，2020，34（02）：59-67．

[56] 贾康.金融创新与高质量乡村振兴[J].财政监督,2019(20):23-28.

[57] 贾康.经济发展动力体系认知与财政支持新动能的思路和要领[J].地方财政研究,2019(09):4-12,27.

[58] 贾康.金融科技要支持实体经济发展[J].中国国情国力,2019(08):1.

[59] 贾康,梁季,刘薇,孙维.大国税改:中国如何应对美国减税[J].金融纵横,2019(07):102.

[60] 郭晴."双循环"新发展格局的现实逻辑与实现路径[J].求索,2020(06):100-107.

[61] 林毅夫,张军,石烁.中国是如何融入世界实现经济追赶的(上)[J].金融市场研究,2020(09):2-17.

[62] 林毅夫,张军,石烁.中国是如何融入世界实现经济追赶的(下)[J].金融市场研究,2020(10):1-12.

[63] 余永定.改革开放历史进程下的中国经济循环[J].金融市场研究,2020(09):18-26.

[64] 改革开放30年我对外开放取得巨大成就[EB/OL].中国政府网,2008-11-12,http://www.gov.cn/test/2008-11/12/content_1146749.htm.

[65] 张毅.国际经济协调背景下看中国经济体制改革[J].人民论坛,2015(26):98-100.

[66] 李建伟.中国经济增长四十年回顾与展望[J].管理世界,2018,34(10):11-23.

[67] 林岗.中国的经济改革道路:实质、意义和前景[J].中国人民大学学报,2009,23(01):1-7.

[68] 郝继明.60年经济体制:演变轨迹与基本经验[J].现

代经济探讨，2009（08）：29-34.

［69］史本叶，马晓丽.中国特色对外开放道路研究——中国对外开放40年回顾与展望［J］.学习与探索，2018（10）：118-125.

［70］中国经济"三期叠加"：换挡期、阵痛期、消化期［J］.领导决策信息，2013（32）：4-7.

［71］范金，袁小慧.中国经济新常态的特点、国际经验和应对重点［J］.南京社会科学，2015（05）：10-16.

［72］王宝滨.中国投资高速增长不可持续［J］.调研世界，2014（01）：4-9.

［73］张明哲.新时期产能过剩的特征及银行应对策略研究［J］.当代经济管理，2013，35（10）：88-93.

［74］统计局.供给侧结构性改革深入推进转型升级步伐加快.中国政府网，2017-07-14，http：//www.gov.cn/xinwen/2017-07/14/content_5210438.htm.

［75］张茉楠.当前"逆全球化"趋势与新一轮全球化走向［J］.宏观经济管理，2017（05）：33-37.

［76］韩保江.实行高水平对外开放 开拓合作共赢新局面［EB/OL］.光明日报，2020-12-23，https：//news.gmw.cn/2020-12/23/content_34485821.htm.

［77］贾康.中国金融改革创新的六个势在必行［J］.经济，2017（18）.

［78］贾康.金融创新有八个"势在必行"［EB/OL］.中国金融新闻网，2019-11-13，https：//www.financialnews.com.cn/pl/zj/201911/t20191113_171341.html.

［79］微信公众号"贾康学术平台"相关内容，https：//3g.163.com/news/sub/T1489025733498.html.

［80］Jesus Felipe, Arnelyn Abdon, Utsav Kumar. Tracking the Middle-income Trap: What Is It, Who Is in It, and Why? Asian Development Bank Working Paper, No.306, 2012–03.

后　记

自 2020 年 5 月中共中央政治局常委会提出"构建国内国际双循环相互促进的新发展格局"以来，与"双循环"有关的认识成为各方高度关注的热点。

在中央有关重要会议与文件多次强调促进内循环为主体的双循环和构建新发展格局指导方针的背景下，中译出版社乔卫兵社长向我们提出了撰写一部专著的设想，后经过多轮讨论，拟定写作大纲，并争取时间投入写作。2021 年春节后向出版社交上初稿。在吸收乔社长和责任编辑的修改意见后，此书稿终于付梓。在此，我们要向乔卫兵社长和出版社有关各位编辑、出版工作者表示衷心感谢！另外，华夏新供给经济学研究院张晶晶、方凌晨和王乐女士协助了书稿的资料收集与数据处理工作，特此致谢！

由于时间紧、水平有限，书中不当之处，恭请读者朋友们指正。

贾　康　刘　薇
2021 年 4 月 8 日